인간이
사는 목적 ①

인간이 사는 목적

①

김두흠 지음

이담 Books

　제가 새힘교회를 개척한 지가 이제 만 14년이 되었다. 죄와 허물로 죽어야 마땅한 종을 구원시켜 주시고 자녀 삼아 주시고 훈련과 연단과 교육을 시켜 하나님의 대언자로 세우시어 오늘에 이르기까지 인도해 주신 하나님께 감사와 찬양과 영광을 드린다. 저는 목회를 시작하면서 가장 힘들고 어려웠던 것이 설교가 아닌가 생각한다. 저는 사실 설교를 잘하는 것보다 성도들 앞에서 바른 설교를 하려고 애를 썼다. 저는 강단에서 설교할 때 어떻게 하면 더 은혜롭고 영감이 넘치는 설교를 할까 많은 고민을 하던 중 이 책을 발간하게 되다.

　이 책은 기독교 신학에 입각하여 인간이 사는 목적이 무엇인지를 소개하기 위해 작성되었다. 신학적인 사실과 교육학적인 사실, 사회의 일반적인 일들에 대해서 가장 알기 쉽게 기록했다.

　누구나 쉽게 이해하게 하기 위해서 평이한 언어로 기록했으며, 풀어서 설명하였다. 그리고 이 책에서는 신학에 기초를 두고, 성경에 기초를 두어, 구약, 신약, 목회학, 전도학, 선교학, 심리학, 교육학, 행정학 등 다양하게 알게 하고자 하였다.

1권에서는 '환란 중에도 즐겁게 하시는 하나님'을 시작으로 하여 성경의 전반적인 이야기를 설교 형태의 글로 만들었다.

각 권마다 다양한 주제를 다루었으며, 일반인들이 이해하기 쉬운 예화를 실생활 이야기로 설명하였다.

이 책을 통하여 많은 사람들이 성경과 기독교에 대해서 좀 더 깊이 알아 갔으면 한다.

이 책을 출판하는 데 도움을 주신 한국학술정보(주) 채종준 대표이사님과 강태우 선생님 그리고 새힘교회 교인들과, 한만봉 총장님을 비롯한 한민대학교 교직원 및 학생들 그리고 옆에서 항상 힘을 북돋아 주고, 도움을 준 가족에게 감사를 드린다.

2010년 8월 한민대학교 전주캠퍼스에서

김두흠 씀

CONTENTS

인간이 사는 목적 1

제목: 환란 중에도 즐겁게 하시는 하나님(신앙간증)

| 성경: 로마서 **8장 18절**

환란 중에도 즐겁게 하시는 하나님(신앙간증)

로마서 8장 1~17절까지는 죄와 사망의 법에서 해방된 성도는 천국 기업을 물려받을 하나님의 양자가 된다는 사실과 하나님의 후사로 하늘 영광에 참여하려면 고난도 각오해야 한다고 말하고 있습니다.

인생을 살다보면 갑작스러운 재앙, 질병, 그리고 사람들의 비난과 조롱 속에서 너무나 견디기 힘들고 어려운 때 지난 시간의 좋은 일이나 행복했던 아름다운 것을 기억하면 큰 위로를 받게 되고 고난을 견딜 수 있습니다. 고난의 때에 이미 받은 복과 앞으로 받을 복을 세어보는 일은 고난을 이기게 하는 힘이 됩니다.

우리는 어떠한 고난의 아픔을 겪는다고 할지라도 자신에게 여전히 주어지고 있는 생명을 하나님의 크신 축복으로 기억하며 감사해야 합니다. 우리가 살고 있는 모든 것은 전적으로 하나님의 은혜로 인한 축복임을 알아야 합니다. 우리가 생명을 갖고 이 땅에 태어나 삶을 계속 영위할 수 있는 것은 하나님의 은혜가 아니면 아니 됩니다. 우리의 숨쉬는 일부터 먹고 입고 즐기는 모든 일이 하나님의 은혜로 인한 것이나 우리가 이 세상에 빈손으로 왔다 지금 소유한 모든 것 건강, 재물, 지식, 지위, 자녀 모두 하나님의 은혜로 주어진 것입니다. 그리고 가장 귀한 축복은 죄로 죽을 수밖에 없는 우리에게 복음을 주시고 영원한 생명을 주신 것입니다.

하나님이 우리를 고난 가운데 처하게 하신 데는 여러 가지 뜻과 목적이 있습니다. 하나님께서는 우리를 고난을 통하여 우리의 죄와 연약함을 깨닫게 하시고 돌이키게 함으로 하나님 앞에 더 가까이 다가서게 하시기 위하여 우리를 고난 중에 처하게 하시는 것입니다.

징계와 고통을 통해서 죄와 멸망의 길로 가는 우리를 막으시고 의와 생명의 길로 이끄시기 원하시는 하나님의 깊으신 뜻과 섭리를 우리는 알아야 합니다. 본문은 성도가 비록 이 세상에서 살기 힘든 고난을 받는다 할지라도 성화의 노력을 결코 게을리하거나 낙망치 말아야 하는 이유와 또 그러한 고난 속에서도 성도의 궁극적인 구원 성취에 있습니다. 성도안에 내주하시는 성령님의 도우심과 태초 우리의 구원을 작정하시고 계획하시고 실행하시어 장차 천국 영광에 반드시 이르게 하실 하나님의 성실하심입니다.

이제 저의 신앙 간증을 하고자 합니다. 저는 유교문화에 찌든 전북 진안군 소재 산골마을 부농의 가정에서 장남으로 태어났으며 제 밑으로는 3명의 남동생과 2명의 여동생이 있는데 저희들은 당시에 전혀 주님을 알지도 못하고 교회에도 가보지 못하고 자라왔습니다. 그런데 제가 처음 교회를 접하게 된 사건이 있었습니다. 대학 재학 중 자원입대를 하여 훈련소에서 사격을 하다가 관리 소흘로 인해 제가 가지고 있던 M1소총을 분실하게 되었습니다. 어찌할 방도를 몰랐던 저는 교회에 가서 기도하면 찾을 수 있을 거라는 막연한 기대감으로 처음 교회에 나가게 되었고 다행히 하나님께서 역사하셔서 목사님을 통해 분실한 총을 찾게 되었습니다. 지금 생각해보면 주님께서 그때 저를 붙잡으셨으나 저는 그것을 알지 못하고 소기의 목적만을 달성하고 주님을 외면하였습니다. 그리고 얼마 뒤 평탄한 듯 군복무를 마치려고 하던 때에 주님은 월남전쟁이 한참 고조에 달하던 때에 전역을 얼마 남겨두지 않고 소속부대 선임하사와 시비가 되어 술을 마시고 상관인 선임하사를 폭행하게 되었습니다. 당시에는 대다수의 장병들이 월남파병을 기피하여 고아나 가정형편이 어려운 자들과 복무 중 사고친 장병들을 대상으로 영창을 보내지 않은 조건으로 강제파병을 징집하였는데 저 역시 영창에 가지 않기 위해 파병을 선택하여 가게 되었습니다. 월남에서는 수시로 장병들의 사망소식이 들려왔고 그로인해 저 역시 속으로 많은 두려움이 생겨서 나도 모르게 담대함을 달라고 막연히 기도를 하였습니다. 고향에서는 이국만리 머나먼 전쟁의 땅으로 장남을 보낸 어머니께서는 정화수를 떠놓고 각종 잡신에게 아들의 무사귀환을 빌었다고 합니다. 어린 시절부터 태권도를 수련했던 저는 파월 후 주월 한국군 태권도 교관으로 선발되어 미 1사단과 월남5사단에서 태권도 사범으로 복무하다가 무사히 귀국하였습니다. 당시에 많은 사상자가 있었으나 저는 주님의 인도하심으로 털끝 하나 상치 않았고 저는 또 한 번 주님을 외면하였습니다. 제대 후 월남 태권도 교관의 경력을 인정받아 무도 경찰관으로 특별채용되어 대구경찰서 강력계에서 근무를 하였습니다. 그러던 중 지역적 갈등으로 인해 경상도 출신의 직원들과 다투게 되었고 타지에서 독불장군처럼 생활했던 저는 강원도 오지인 평창경찰서로 발령을 받아 전근을 가게 되었습니다. 지금은 교통편이 좋아 전국이 1일 생활권이 되었으나, 당시에는 강원도에서 고향인 전북까지 대중교통을 이용하여 2일

이상이 꼬박 걸리는 매우 먼 거리였습니다. 스스로 좌천되었다고 낙심하고 있던 때 산골 외지인 강원도를 벗어날 수 있는 기회가 생겼습니다. 당시 어수선한 시국에 치안본부에서는 국가의 주요요인을 경호하고 국내외 주요 정치적 사건을 담당시키기 위해 전국에 있는 경찰관 중 30세 미만의 무도 고단자를 특수요원으로 선발하였는데 운이 좋게도 제가 선발 되었습니다. 그리하여 서울 서대문경찰서로 발령을 받아 전직 김대중 대통령과 그 아들 홍일 씨 등 야당 주요 인사들의 정치적 사찰과 정치범 검거를 전담하였고, 당시 대통령의 장녀인 박근혜 씨 경호와 서울시장 김현욱 씨 경호임무를 전담하였습니다. 이후 고향에서 근무를 희망하여 전주경찰서로 자리를 옮겨 약 10여 년간 근무를 하면서 현재의 아내를 만나 결혼을 하여 가정을 꾸리고 슬하에 1남 3녀의 자녀를 두게 되었습니다. 당시 권력의 중심에서 있던 저는 더욱 교만해져 갔고 더욱 큰 꿈을 위해 경찰관직을 사임한 후 서울 주택은행 안전관리실에 근무하다가 사업에 손을 대기 시작하였습니다. 전주에서 제일 먼저 정화조 사업에 뛰어 들었고 이후 전주에서 제일 큰 목재소를 운영하게되어 한때 경제적인 풍요도 누릴수 있었습니다. 그러한 권력과 풍요로 인해 저는 하나님을 더욱 알지 못하고 오히려 이방신을 숭배하면 주님을 믿는 사람들을 핍박하는 데 앞장섰습니다. 그러자 하나님께서는 교만한 저를 연단하고 세우시기 위해 연쇄

부도를 통해 경제적인 모든 것을 잃게 하셨고, 그로 인해 저는 실의에 빠져 술과 원망의 마음으로 하루하루를 살았습니다. 이후 아무것도 없던 저는 그곳 생활을 모두 정리하고 현재 목회하고 있는 허허벌판으로 이사하여 판잣집을 짓고 궁핍한 생활을 이어가고 있었습니다. 처음에는 사업의 실패가 묘소를 잘못 써서 그런 줄 알고 묘소를 이장하고 굿을 하면서 지역 내 유명한 점집을 찾아 다녔습니다. 그러나 저의 아내는 경제적 고난과 역경을 통해 주님을 의지하게 되었습니다. 아내는 주변의 집사님의 전도로 신앙에 첫발을 내딛고 어려운 환경 가운데에서 주님을 바라보게 되었습니다. 아내는 방황하는 저를 위해 기도하면서 교회에 가기를 권면하였으나 저는 세상을 원망하고 외면하면서 저의 마음은 더욱 강팍해져 갔습니다. 그러던 중 주님께서는 제가 정말 소중히 생각하는 것을 통해 연단하시며 저를 주님 앞으로 이끄시게 하셨습니다. 저는 지금도 목회를 하면서도 진돗개 사육과 관련해서는 주님께 완전히 내려놓지 못해 늘 회개하고 있듯이 진돗개에 대한 남다른 애착이 있습니다. 당시에도 어려운 가정형편 가운데에서도 저는 진돗개를 계속 사육했고 진돗개 협회활동을 하면서 지역지부장과 심사위원 등 왕성한 활동을 하였습니다. 그런데 그렇게 좋아하던 진돗개로 인해 저에게 시련이 찾아왔습니다. 1988년 한국진도견 협회에서 올림픽 개최 거리 퍼레이드 견을 선발하는 과정에서 제가 운영하는 전북지부의 참가견들이 모두 선발되지 않았고 전북지부회원들은 그 원인을 저에게 돌려 저를 원망하고 폄하하는 말들을 계속하고 있었습니다. 저는 매우 화가 나서 그 말을 한 사람을 찾아가 진상규명을 하고 혼내주기 위해 술을 마시고 그 집을 찾아갔습니다. 그러나 평소 저의 성격을 알고 있던 그사람은 제가 찾아간다는 소식을 듣고 미리 숨어버려 저는 그사람을 만나지 못한 채 소란만 피우다가 무심결에 "너희 같은 놈들을 상대하느니 차라리 교회에 가서 예수나 믿겠다"고 소리를 질렀습니다.

저를 말리기 위해 따라왔다가 그 말을 들은 아내는 좋은 기회라고 생각하고 제게 계속 교회에 나가기를 권유 하였습니다. 아내의 권유를 너무 완강히 거부할 수 없었던 저는 1989년 아내가 출석하는 작은 개척교회에 나가게 되었습니다. 처음에는 교회에 나가기가 너무도 쑥스럽고 부담스러워 주일날 소주 2병을 마시고 취기를 빌어 교회에 나갔습니다. 그 후 지속적으로 교회에 출석은 하였으나 살아계신 주님을 체험하거나 신앙이 뿌리를 내리지는 못하면서 방황을 하였지만 주변에서 "종교가 뭐냐?"고 물으면 "기독교이다"고 말하면서 주변의 이방신들을 차츰 멀리하면서 교인들과의 친분이 쌓이고 잦은 교재가 이루어졌습니다. 그렇게 몇 개월이 지나 청포도가 무르익을 무렵 담임목사님께로부터 야외 재직회에 참여해 줄 것을 권유받았으나 저는 거부하였습니다. 그러나 교회가 개척교회이기에 남자 성도가 몇 사람되지 않아 어쩔수 없이 전주 근교 포도밭에서 실시하는 야외 재직회에 참여하게 되었습니다. 포도를 먹고 교회 건축과 관련된 회의를 하였는데 건축예산과 관련된 내용이 제기되자 서로 얼굴만 바라보며 아무 말이 없었습니다. 목사님께서는 "오늘부터 우리가 매일밤 9시에 모여 40일간 체련공원 인근 야산에서 작정기도를 하자, 오늘 이곳에 참석한 사람들은 한 명도 빠짐없이 나와라"고 하여 저는 속으로 건축헌금을 낼 형편도 않되고 포도도 얻어 먹었으니 어쩔 수 없이 첫 기도회는 참석해야 된다는 의무감이 생겼습니다.

기도회 첫날에 찬송을 잘 몰라서 따라 찬송을 부르지도 않고 성도님들만 쳐다보고 있다가 기도시간에 남의 기도를 들으며 "하나님, 진짜 계시면 저좀 도와주세요"라는 말만 되풀이하였고 무슨 기도를 어떻게 해야 할지 몰랐습니다. 그러면서 '내일부터는 절대 나오지 않겠다'고 다짐을 하였습니다. 그러나 주님께서는 그런 저를 쓰시기 위해 집사님들을 붙여 주셨고, 그 집사님들은 하루도 거르지 않고 매일 저희집을 찾아와서 기도회 참석을 독려하였습니다. 그렇게 이끌려 수일을 기도회에 참여하던 어느날 문득 저에게 의구심이 생겼습니다. '하나님이 진짜 계신가? 왜 사람들은 저렇게 열심히 하나님을 갈망할까? 그래! 하나님이 계신지 내가 직접 한번 체험해 봐야겠다'는 생각이 들었습니다. 나는 기도회 끝날 무렵에 참석한 교인들에게 "내가 내일 직접 하나님이 계신지, 안계신지 확인해 보겠습니다. 만일 내가 하나님을 만나지 못하면 더 이상 나를 교회에 가자고 하지 말고 여러분도 교회에 다니지 마세요"라고 했더니 모두가 대수롭지 않게 생각하며 웃었습니다.

다음날도 변함없이 아내와 함께 체련 공원인근에 있는 야산에서 실시하는 기도회에 참석하였습니다. 도착 후 찬송과 말씀을 나누고 각자 흩어져 기도를 하였습니다. 나는 산 맨 꼭대기까지 올라가 상수리 나무 아래에 자리 잡고 앉아 하늘에 대고 손가락질을 하며 소리쳤습니다. "하나님, 계시면 한번 나와 보세요! 하나님, 진짜 계십니까!"라고 수차례 외쳤습니다.

그런데 이게 웬일입니까! 하늘에서 집채만 한 한 불덩이가 나의 몸위를 내리쳤습니다. 나는 순간 아무 생각없이 무릎을 꿇고 회개하기 시작했습니다. "아버지, 잘못했습니다. 한 번만 용서해 주세요…" 눈물로 간절히 간절히 애원했습니다. 나의 몸은 더 이상 나의 의지대로 되지 않고 자꾸 낮아지면서 땅속으로 깊이 기어들어 가고 있었습니다. 순간 내가 일생동안 세상에 살면서 지은 모든 죄들이 영화 필름처럼 돌아갔고 저는 모든 죄를 낱낱이 고백하며 회개하였습니다. 내가 살면서 잘못한 것이 얼마나 많던지... 회개하고 또 회개했습

니다. 한참의 시간이 지나 회개하며 땅을 파던 모든 손가락
이 부르터지며 피가 나면서 몸은 더욱 경직되고 죽을 것만
같았습니다. 내장이 모두 뒤틀리며 끊어질 것만 같은 고통이
찾아오면서 혀가 오그라져 도저히 내가 무슨 말을 하는지 알
아들을 수조차 없는 말을 하며 밤을 지샜습니다. 밤새 주님
께 회개 하면서 "주님 용서해 주세요. 용서만 해주시면 무슨
일이든지 다 하면서 주님만을 위하여 살겠습니다."라고 나도
모르게 주님과 굳은 약속을 하였습니다.

새벽이 되어 가누기 힘든 몸을 겨우 이끌고 허우적거리면
서 비틀걸음으로 산 아래로 내려오니 목사님과 성도들이 모
두 찬송을 부르고 있었습니다. 너무 힘이 들어 아내에게 집
으로 가자고 말하였으나 나의 아내는 나의 말을 알아듣지 못
하였고, 주변의 성도들은 저를 무서워 했습니다. 후에 알고보
니 주님께서 제게 주신 방언의 은사였습니다. 그렇게 주님을
직접 체험하고 확신을 하게 되면서 문뜩 이런 생각이 들었습
니다. '절에 스님도 공을 들일 때 밥을 굶으면서 고행을 하는
데 나도 밥을 굶으면서 하나님께 기도해 보리라' 이후 저는
그날부터 3일 동안 금식을 하면서 기도하였습니다. 3일의 금
식이 끝나자 내 의지로는 할 수 없었던 기적이 나타났습니다.
그렇게 좋아하던 술이 싫어졌고 몸에서 받아들이질 않아 술
을 끊게 되었습니다. 찬송과 기도가 모두 방언으로 되었고

잠을 자면서도 방언을 하며 하나님과의 대화를 사모하였습니다. 그러던 중 어느 날 새벽 4시경 이상한 음성이 너무 생생하게 들려왔습니다. "일어나라! 일어나라!"

나는 너무 놀라 잠에서 깨어 옆에서 자고 있던 제 아내에게 "무슨 소리를 듣지 못하였냐?"고 묻자 아내는 전혀 듣지 못하였다면서 그냥 자라고 하였으나 나는 집 주위를 살피다 잠이 안와서 잠에서 깨어 교회로 곧장 달려 갔습니다.

새벽예배를 준비하시던 담임목사님께서 깜짝 놀라시며 무슨 일이냐고 물었습니다. 저는 그냥 교회 강대상 앞 바닥에 무릎 꿇고 앉아 기도했습니다. 후에 그것이 제가 새벽재단을 쌓도록 인도하신 하나님의 음성임을 알게 되었습니다.

그런데 얼마 뒤 기도하던 중 문뜩 이런 생각이 들었습니다. '예수 믿으면 미친다고 하던데 내가 미친 것 아냐?'

그러자 갑자기 어디선가 "믿어라, 믿어라, 믿기만 해라!"라는 소리가 들렸습니다. 저는 그 음성이 주님의 음성임을 확신하고 지금까지 단 한 번도 주님을 의심해 본 적 없이 순종하며 살았습니다. 그 후 주님께서는 나에게 많은 이적과 표적을 보여 주셨습니다. 1990년 4월 진도견 협회에서 총무로 있던 친구가 멧돼지에게 물려 죽는 일이 발생하였습니다. 그 친구는 평소 저와 친분이 두터워 수시로 왕래하던 중 하루는 함께 산행을 하게 되었는데 덫에 걸린 멧돼지를 발견하였습니다. 그 친구는 멧돼지가 죽은 줄 알고 잡기 위해 접근하였다가 변을 당하였습니다. 저는 장례를 치른 뒤 수요예배에 참석하였다가 친구의 집을 방문 하였는데 마침 그 집에는 죽은 사람이 극락을 갈 수 있도록 신굿을 하고 있었습니다. 저는 어찌할 줄 모르고 있다가 집 안으로 들어갔지만 매우 마음이 무겁고 좋지 않아 속으로 기도했습니다. '예수님 도와주세요. 예수님 도와주세요!' 무당이 장구와 꽹가리에 맞춰 춤을 추다가 갑자기 제 앞에 와서 넙죽 엎드려 큰절을 하면서 "형님 죄송합니다. 제가 고기를 좋아하다 보니 그렇게 되었습니다"라고 한 후 저를 계속 회피하였습니다. 저는 그때 마음속으로 '역시 예수 믿는 사람은 귀신도 무서워 하는구나!' 라고 생각하면서 하나님께 감사를 드린 적이 있습니다.

또한 주님께서는 여러 가지 환상을 통해 저를 인도하셨습니다.

환상 가운데 죽은 저의 시체가 도로 한 가운데 더러운 가마니로 덮혀 있었고 사람들이 죽은 저를 쳐다보면서 통곡하고 있는 것을 보여주셨다가, 깨끗한 수정같이 맑은 물속에 죽어 있는 내 모습을 보여 주심으로 주님의 자녀로 거듭난 나를 보여주셨습니다.

어려운 환경 탓에 헌금생활을 제대로 하지 못했던 제게 주님의 음성이 들려왔습니다.

"너는 언제 벌어서 건축헌금 할래? 1년이 52주인데 1주에 만 원씩만 하여도 52만 원을 할 수 있지 않느냐?"

저는 1년이 52주인지도 모르고 살았습니다. 그 후로 저는 매주 1만 원씩 건축헌금을 하였고 헌금이 부족하면 아이들의 돼지 저금통까지 털어 매주 빠지지 않고 헌금을 하였습니다. 생계가 어려워 걱정하는 제게 주님은 신명기 8장 9~10 절의 약속의 말씀을 주셨습니다.

'네가 먹을 것에 모자람이 없고 네게 아무 부족함이 없는 땅이며 그 땅의 돌은 철이요 산에는 동을 캘 것이라, 네가 먹어서 배부르고 네 하나님 여호와께서 옥토로 네게 주셨음을 말미암아 그를 찬송하리라'

정확히 1년뒤 주님은 허허벌판 판자집에 살고 있는 저희 가정에 사람을 붙여 주어 조립식 주택 건축과 승용차를 허락하셨습니다. 믿음을 가지고 저는 주님을 모르고 죽어가는 불쌍한 영혼을 위해 기도했으며 내 육신의 부모와 형제 자녀들을 전도하였습니다. 그 후 우리 집안은 제사가 없어지고 제사 대신 하나님께 예배를 드리게 되는 믿음의 가정이 되었습니다. 저는 하나님의 크고 놀라우신 은혜의 체험을 통해 전주 근교의 기도원과 각종 집회에 참석하여 더욱 은혜생활에 정진하였습니다.

그러던 중 주님의 종이 되기를 사모하는 마음이 생겨 48세에 신학교에 입학하였습니다. 너무나 오랜만에 공부를 하다 보니 학업이 어렵고 힘이 들었고, 가정형편도 넉넉하지 못해 아내가 식당을 운영하며 뒷바라지를 하였는데 너무 힘이들어 학업을 포기하려고 기도하였습니다.

그때 주님은 또다시 음성을 들려주셨습니다. "너는 늦지 않았다. 앞으로 23년간 내 일을 할 수 있으니 남은 생애를 나 여호와만을 위해 일하라!"

이 음성에 저는 "아멘"하였습니다.

그 뒤 학업을 지속하면서 매주 전주에 있는 종합병원에서 찬양과 기도사역을 하였고 약 4년간 전주 소년원에서 부흥강사로 부흥회를 인도하였습니다. 주님께서는 힘들고 지친 내게 말씀을 의지하게 하시고, 특별히 경제적 어려움등 현실의 상황에서 방황할 때 '내게 능력 주신 자 안에서 내가 모든 일을 할 수 있느니라(빌 4:3)'고 힘을 주셨습니다.

신학교를 마치고 저는 저보다 14살 아래인 담임 목사님과 두 분의 부목사님이 계신 전주 성산교회에서 교육전도사로 섬겼습니다. 그러던 중 1996년 말 평소 저를 의지하며 함께 동역했던 주변의 성도님들이 교회를 개척하자고 찾아와 계속 권유하며 시내 근교 건물상가를 전세로 얻었습니다. 저는 수차례 거절하다가 '이것이 주님의 뜻이구나! 주님이 나를 쓰시기 위해 이렇게 사람들을 붙여 주심으로 세우시는 구나!'

라고 생각하고 1997년 1월 첫주 그분들과 저희 가족들을 데리고 그 상가에서 개척예배를 드렸습니다. 교회의 이름을 놓고 주변의 많은 목사님과 기도하던 중 주님께서는 제게 '오직 여호와를 앙망하는 자는 새 힘을 얻으리니 독수리 날개치며 올라감 같을 것이요 달음박질하여도 곤비치 아니하겠고 걸어가도 피곤치 아니하리라'라는 이사야 40장 31절의 말씀을 내게 주셨습니다. 저는 그 말씀을 의지하여 교회를 새힘교회라고 이름지었는데 약 1년간 그곳에서 예배를 드리며 섬기던 중 교회의 행정적인 문제에 부딪혔고 아무것도 가진 것이 없던 저는 어찌할 바를 몰라 고민하였습니다. 그러나 주님께서는 나의 입술을 주장하여 설교 중에 교회를 옮긴다고 성도들에게 호언하였고 이후 저희 집을 개보수하여 그곳으로 교회를 옮기게 되었습니다. 교회를 옮기자 많은 성도들이 떨어져 나갔고 여러 어려움에 봉착하였으나 주님께서는 제게 '두세 사람이 내 이름으로 모인 곳에 나도 함께 하리라'라는 마태복음 18장 19~20절 말씀을 의지하게 하셨습니다. 이후 저희 교회를 통해 귀신 들린자가 찾아와서 예수의 이름으로 고침을 받게 되었고, 병든 자가 회복되는 기적과 표적을 보여 주심으로 성도가 하나, 둘씩 늘어나며 전도의 역사가 일어났습니다.

그렇게 주님의 능력을 힘입은 저는 조금씩 교만해져 갔습니다. 건강자랑과 신앙간증이 제 인생의 자랑이 되고 있었습니다. 부흥하지 못한 교회 목사님들에게 목회자가 기도하지 않아 부흥하지 못한다고 큰소리 쳤습니다.

주님은 이런 저를 가만히 두지 않으시고 연단하셨습니다. 2000년 9월경 소화불량으로 한의원 진료를 수차례 받았지만 호전이 되지 않아 종합병원에서 위내시경 검사결과 위암판정을 받았습니다. 늘 건강에 자신이 있었던 저였기에 실망감은 더욱 하였습니다. 자녀들과 가족들은 주님을 원망하였습니다. "왜 목회자로 기름부어 택하시고 목회를 시작하자마자 이러한 질병을 통해 연단을 주었냐"고 엎친 데 겹친 격으로 둘째 딸이 건강보험을 들어 주었는데 "나는 하나님이 보호하시니까 암 같은 것은 안걸린다"고 허세를 부리며 교만하게 암특약을 제외시켜 보상받지 못하였습니다.

그러나 저는 주님을 원망하지 않고 주님께서 나를 쓰시겠다고 오래전 주신 말씀을 의지하면서 로마서 5장 3~4절 말씀을 묵상하였습니다. '우리가 환란 중에도 즐거워하나니 이는 환난은 인내를 인내는 연단을 연단은 소망을 이루는 줄 앎이로다' 다행이 담당 의사선생님은 검사결과 극히 초기 증세여서 수술 후 항암치료 없이 회복이 가능하다고 하였고 수술도 성공적으로 되었습니다. 수술 후 입원치료를 받으며 회복되어 가던 중 주님께선 환란 가운데 또 다른 소망을 허락하셨습니다.

1인실을 사용하자는 자녀들의 권유에 그러고 싶은 마음은 있었으나 병원비가 부담된다는 아내의 완강한 반대로 6명이 함께 사용하는 다인실에 입원을 하였습니다. 그런데 제 옆 침대에 위암 말기로 수술을 받으시는 분이 서류를 작성하고 있어 "무슨 서류냐?"고 묻자 자신이 월남전에 참전하였는데 월남전 참전자 중 암진단을 받은 사람은 고엽제 피해로 인하여 국가보훈대상자로 선정된다고 하여 서류를 준비하고 있다는 것이었습니다. 저는 그분께 월남전에 참전했다고 하니 그럼 한번 신청해 보라고 권유를 하여 신청하게 되었습니다. 후에 암말기 치료를 받고 있는 그분은 돌아가셨고 저는 고엽제 고도 판정을 받아 매월 보훈금과 각종 세제혜택, 학비 감면 등을 받게 되었습니다. 만일 건강보험에 가입하여 보험금을 받았다면 6인실 병실이 아닌 1인실을 사용했을 것이고 그렇게 되었다면 보훈 신청하는 것도 모르고 지나쳤을 것인데 주님께서는 이 모든 것을 미리 예비하신 줄 믿습니다. 이후 저는 더욱 주님을 두려워 하며 주님을 의지함으로 후유증 없이 건강하게 되었고 물질의 여유와 축복으로 정규대학 편입과 대학원 과정을 경제적 부담없이 마치고 석사와 목회학 박사, 신학박사 학위취득까지 하게 되었습니다.

또한 주님께서는 제 아내의 손길을 통해 또 한 번 큰 축복을 허락하셨습니다. 2001년 4월경 아무 재정적 준비없이 성전화장과 보수를 위해 기도하던 중 아내가 산나물 채취를 하다가 100년 된 산삼을 발견하였습니다. 아내는 산삼을 채취하고 처음에는 이것을 어떻게 사용해야 되나 고민하였답니다. "남편, 아들, 연로하신 시아버지…… 아냐, 이것을 팔아서 헌금을 해야겠다."고 생각하던 중 건강문제로 고민하던 한 성도님께서 그것을 쓰시기를 원하였습니다. 그러나 그 성도님께서는 형편이 넉넉하지 못해 갈등하고 있는 것을 보고 아내가 선뜻 조건없이 산삼을 성도님께 드렸고 그것도 다 하나님의 일이고 은혜라고 생각하였답니다. 하나님께서는 우리에게 더욱 큰 축복을 허락하셨습니다. 그 산삼을 받은 성도님이 건축업을 하셨는데, 감사의 표현으로 교회를 확장하고 아름답게 건축시켜 주셨습니다.

광야에서 만나와 메추라기를 통해 일용할 양식을 허락하신 하나님께서 저희에게도 물질의 궁핍함으로 주님을 멀리하지 않도록 매일 일용할 양식을 허락하셨습니다. 이후에도 주님께서는 잦은 연단과 고난을 통해 소망을 이루는 삶을 허락하셨습니다. 현재 교회가 크게 부흥하지 않고 성도가 많이 있지는 않지만 저는 주님께서 제게 약속하신 사명을 감당하기 위해 오늘도 아내와 함께 주님 앞에 무릎 꿇고 나아갑니다.

제1강

| 성경: 베드로전서 1장 1~12절 |

제목: 산 소망

예수 그리스도의 은혜와 평안이 여러 분에게 함께하시기를 기원합니다. 새해의 첫 주입니다. 작년에 우리가 이루지 못했던 것과 아쉬운 부분들은 떨쳐 내고 새로운 시작을 해야 할 것입니다. 믿는 자에게는 어제가 중요한 것이 아니라 오늘이 중요하고 내일이 중요하기 때문입니다. 믿음은 과거형이 아니라 현재요, 미래형입니다. 아무튼 새해에는 하나님의 은혜와 그리고 하늘의 복이 여러분에게 넘치기를 기원합니다.

오늘은 베드로전서 1장 1~2절을 강론하겠습니다. 문맥상 12절까지는 읽었어도 강론은 2절까지만 하겠습니다. 요즘은 복음으로 산다는 것이 갈수록 힘이 드는 시대입니다. 늘 하나님은 우리가 고난과 역경을 통해 오직 믿음으로 정결하게 되기를 원하시기 때문입니다. 항상 우리가 건강하고 보이는 세계의 것들로 늘 편안하고 만족하면 좋은 것인데 믿는 자들에게는 거기서 기쁨과 평강을 누리도록 만들어진 자들이 아니기 때문에 늘 고난이 이어지는 것입니다.

그런데 늘 그런 아픔만 이어지면 살 수 없을 것인데 하나님이 이 고난을 이길 힘을 주시고, 믿음으로만 서면 고난 속에서도 승리와 기쁨을 주시고, 필요한 모든 것을 공급하시기 때문에 우리는 고난 속에서도 감사하는 것입니다. 성도의 고난은 믿음의 단련이요, 장차 완성될 나라의 영광인 것입니다. 고난과 승리와 영광의 열매 그것이 성도의 길입니다.

베드로서는 고난과 승리와 장차 나타날 영광에 대해 말하고 있습니다.

베드로서는 예수님의 수제자가 기록하였습니다. 가장 예수님 때문에 고난의 길을 갔던 사람입니다. 그런데 그 고난이 하나님 앞에서는 영광의 고난이라고 말합니다. 정금으로 다시 태어난 고난입니다. 그러면 베드로서의 기록목적이 무엇인가요? 베드로전서 5장 12절을 보면 이 은혜에 굳게 서라고 말하고 있습니다. 그러니까 이 은혜 위에 교회가 굳게 서도록 하기 위해 베드로전서를 기록하였다고 볼 수 있을 것입니다.

이 은혜가 무엇인가 하는 것은 너무 광의적이지만 앞부분에서 그 개념을 정의한다고 볼 수 있을 것입니다. 같은 은혜라는 단어를 사용하고 있어도 베드로전서에서 한정된 은혜가 있을 것입니다. 요즘 우리나라에 정치개혁이라는 말이 항상 화두에 오르고 있습니다. 그러니 그 개혁이라는 말도 군사정권 때와 현재 민주정부가 주장하고 있는 의미는 많이 다를 것입니다. 군사정권 때는 집권자들의 입맛에 맞는 것이고 지금 개혁의 콘셉트는 주권의 주인인 국민의 입장에 맞는 개혁입니다.

같은 단어라고 할지라도 항상 그 문맥에 한정해야 하는 것입니다.

이 편지를 받는 대상을 보면 1~2절 예수 그리스도의 사도인 베드로는 몇 개의 지역으로 보내는 편지입니다. 베드로는 이스라엘을 위한 사도이고, 바울은 이방인의 사도인데 여기는 이방지역인 터키지방도 있습니다.

그런데 베드로는 말년에는 로마서에 복음을 증거했습니다. 그리고 거기서 순교한 것으로 전해 오고 있습니다.

이 편지는 로마에서 죽기 전에 기록한 성경이라고 볼 수 있습니다. 그런데 5장 13절을 보면 바벨론에서 이 편지를 쓰고 있는 것처럼 되어 있습니다. 실제 바벨론인가 로마인가 그것은 별로 중요하지 않습니다. 또한 이 편지를 받는 자들이 이방인인지 유대인인지 많은 논쟁이 있습니다. 그러나 그것도 별로 중요한 것은 아닙니다. 그 이유는 베드로는 이 서신에서 이방인과 유대인을 대비하고 있는 것이 아니라 믿는 자와 믿지 않는 자를 대비시키고 있기 때문입니다. 여기서는 유대인이었다가 예수를 믿었든지 이방인이었다가 예수를 믿었든지 그것에 관심이 있는 것은 아닙니다.

예수 그리스도의 입장에서 보면 이제는 이방인이나 유대인이나 다 죄 아래 있는 자들이요, 어두움 가운데 있는 자들인 것입니다. 유대인이나 이방인이나 예수 안에서 차별이 없이 어둠에 처한 자들이요, 죄 아래 있는 자들인 것입니다. 그러니까 초점은 예수 밖에 있느냐 안에 있느냐를 말하는 것이지 예수 안에서는 더 이상 이방인이나 유대인이나 차별이 없다는 것입니다. 이제는 예수 안에 있으면 참유대인이고 예수 밖에 있으면 이방인이 되는 것입니다.

다음으로 베드로전서의 구성의 틀을 보면 예수 안에서는 이방인과 구별이 없지만 시내 산의 언약의 틀을 가지고 있습니다. 그 이유는 예수님이 완성한 나라가 시내 산에 세운 나라를 완성하였기 때문입니다.

그래서 항상 천국을 말할 때도 시내 산의 개념으로 설명을 하는 것입니다. 처음 하나님이 세우신 나라가 시내 산의 나라이기 때문에 이후의 모든 나라는 시내 산의 나라의 개념을 갖는 것입니다.

그러니까 건국이념이 시내 산에 있습니다. 천국을 설명할 때도 하나님 나라의 개념은 항상 시내 산에서의 나라의 개념으로 설명을 하는 것입니다. 처음 하나님과 이스라엘이 언약을 하고 언약의 법을 준 곳이 시내 산입니다. 그때 하나님은 너희는 내 백성이 되었으므로 이렇게 살아라 말을 하는 것입니다. 그러니까 언약하면 하나님의 백성으로 사는 것입니다. 그렇게 시내 산에서 언약이라는 용어를 정의했습니다.

그러니까 예수님과 맺은 언약을 설명할 때도 새 언약이지만 구약과 질서는 다르겠지만 그 개념을 가지고 와서 이제 예수님의 백성으로 사는 것을 말한다고 볼 수 있을 것입니다. 자연스럽게 신약의 모든 단어는 구약언어의 개념을 갖는 것입니다. 우리나라도 항상 정권이 바뀌어도 나라의 정신은 건국이념에서 출발하고 있습니다. 건국이념은 처음 만든 헌법입니다. 헌법의 내용이 바뀌어도 건국이념은 항상 맨 처음에서 그 개념을 가지고 출발을 하는 것입니다.

출애굽의 구조를 가지고 시작하고 있습니다. 출애굽기 19장을 보면 여호와 하나님이 이스라엘에 말하기를 내가 너를 구원했는데 내 백성으로 살게 하기 위해 구원했다는 것을 밝히고 너희가 내 백성으로 살겠느냐고 물어보고 언약을 체결하는 순서로 되어 있습니다.

그러니까 언약을 맺기 전에 하나님이 그들에게 베푼 구원의 은혜들을 상세하게 설명하고 있습니다. 그처럼 여기서도 베드로는 하나님이 그리스도 안에서 얼마나 큰 것인가를 서두에서 밝히고 그리고 그 은혜 가운데 사는 것이 무엇인가를 설명하는 방식으로 되어 있습니다.

하나님이 베푸신 은혜를 12절까지 밀하고 1절부터는 그 은혜로 사는 삶이 무엇인가를 구체적으로 말하고 있습니다. 곧 내게 속한 백성으로 거룩하게 살라는 것입니다. 그런데 중요한 것은 이미 하늘의 생명과 기업을 받은 자들이지만 이 세상에서는 그 생명이 인정을 받지 못하고 있다는 것입니다. 그것은 질서가 다르기 때문입니다. 세상 사람에게는 천국은 없는 것입니다. 영생과 심판과 참생명이 무엇이고, 부활과 이 세상이 잠깐이라는 것과 하나님의 역사를 모르기 때문에 성도의 질서를 이해하지 못하는 것입니다. 그러니 믿는 자는 고난이 있는 것입니다.

세상에서 고난을 받고 인정을 받지 못할지라도 그리스도의 고난의 발자취를 따라서 장차 나타날 영원한 소망을 바라보고 믿음으로 이겨 내라고 말하고 있습니다. 그렇게 해야 주님이 다시 오실 때 존귀와 영광과 칭찬을 주실 것입니다. 그러니 장로들은 그리스도처럼 목회하고 곧 자기를 버리는 목회를 하고 너희 젊은 자들도 그리스도처럼 그의 뒤를 따르라고 말하고 있습니다. 겸손하라는 것입니다. 그러니 지금의 시대는 믿음으로 깨어 있지 않으면 늘 유혹이 있고 시험이 있습니다.

세상과 하나님 나라와는 질서와 생명이 다르기 때문에 늘 트러블이 있기 마련입니다. 그것은 당연한 것입니다.

모두 주님을 버릴지라도 나는 주님을 버리지 않겠다는 베드로처럼.

그래서 주님의 얼굴 앞에서 주님을 모른다고 3번이나 부인했던 그 나약함처럼, 목자를 치면 양이 흩어졌던 것처럼 또 왕이 죽으면 백성이 흩어지는 것처럼 실제로 예수님이 죽자 제자들이 흩어졌습니다. 그러나 예수님께서는 지금은 나를 따를 수 없지만 후에는 나를 따르리라 하셨습니다. 부활하신 뒤로 예수님은 베드로에게 네가 나를 사랑하느냐 세 번을 물으시면서 거듭거듭 내 양 떼를 치라고 하셨습니다.

그러시면서 네가 젊어서는 네 마음대로 다닐지라도 후에는 그렇지 못하리라고 하셨습니다. 다른 사람이 베드로의 허리에 띠를 띠고 끌고 다닐 것입니다. 그렇게 나를 따르라 주님을 말씀하셨습니다. 베드로가 사도의 우두머리입니다. 베드로를 꺾으면 교회를 정복하는 것처럼 되어 있습니다. 그러니 악한 자들은 베드로를 그냥 놔두지 않을 것입니다. 천주교는 베드로의 사도권을 그대로 받았다고 하여 교황이 사도와 같은 권한을 행사합니다. 그러나 베드로의 사도권은 그가 죽음으로 끝이 난 것이지 사도권이 승계된 것은 아닙니다.

승계가 된다면 그가 고백하고 있는 믿음이 승계될 것입니다. 베드로는 이러한 위치를 차지한 제자이기 때문에 자신이 복음을 위해 고난의 발자취를 기꺼이 따라간 것처럼 다른 자들도 고난의 발자취를 좇아 영광에 이르라고 말하고 있습니다.

고난의 길이 아니고서는 영광에 참여할 길이 없는 것입니다. 그것이 베드로서의 내용입니다. 세상은 항상 믿는 자의 삶을 이해하지 못합니다. 그러니 늘 가족이라고 할지라도 조롱과 핍박이 있고, 믿는 자들까지도 조롱과 질시가 있는 것입니다.

2절에 성부, 성자, 성령이 나오고 있는데 이 말씀은 삼위일체 하나님은 성부, 성자, 성령의 계신다는 삼위일체의 증거본문이 아니라 구원역사를 증거하고 있는 본문입니다. 2절을 좀 더 구체적으로 강론하겠습니다. 베드로는 택하심을 입은 자들에게 편지를 하는데, 그들은 하나님의 미리 아심을 따라 택하심을 받았습니다. 여기서 미리 안다는 말은 하나님이 미리미리 구원받을 자를 정해 놓고 버릴 자는 버리고 구원받을 자는 구원하신다는 말이 아니라 구약적인 의미가 있습니다. 구약에서 여호와 하나님이 이스라엘을 향하여 "내가 너를 알았고"에서 그 알았다는 말은 사랑과 친교로 알았다는 것이지 인식적이나 지식적으로 아는 것이 아닙니다. 교제로 아는 것입니다. 부부 관계도 내가 아내를 알았고 했을 때 지식으로 아는 것이 아니라 사랑의 교제로 아는 것입니다.

미리 아심은 하나님이 그를 사랑했다는 것입니다. 하나님의 사랑이 그를 구원에 이르게 한 것입니다. 그리고 언약을 하신 것입니다. 마치 이스라엘을 부르신 방식처럼 교회를 부르고 있습니다. 하나님이 아신다는 것은 하나님이 창조를 하시기 전에 미리 모든 것을 계획했다는 말이 아니라 구약은 조상들 안에 이스라엘이 하나님의 사랑을 입었고 교회는 그리스도 안에서 하나님의 사랑을 입었다는 것입니다.

구약에서 하나님의 백성이 이렇게 만들어진 것처럼 신약에서는 이렇게 하나님의 백성이 만들어진다는 것입니다. 이것이 하나님이 미리 아심을 따라 저희를 구원하신 것입니다. 그 미리 아심은 예수 그리스도를 통해 구원하신다는 내용입니다. 영을 따라 이제 하나님의 백성이 되게 한다는 내용입니다. 또 성령의 거룩하심을 입은 것은 성령이 내 안에서 나쁜 생각을 억제하고 깨끗하게 한다는 말이 아닙니다.

구약에서 이스라엘은 시내 산에서 물을 뿌림으로 하나님 앞에 순종하는 백성으로 언약되고 거룩하게 출생되고 구별되었던 것처럼 그러니까 개개인의 윤리를 말하는 것이 아니라 언약이 하나님 앞에서 거룩하게 하는 것입니다. 그처럼 이제 신약은 성령으로 하나님께 속한 자가 되었다는 구원역사를 말하는 것입니다. 성령을 받고 하나님의 백성이 되는 복을 말하는 것입니다. 이제 너희들은 예수의 피로 인 쳐졌으니 취소되지 않고 그것은 영원한 생명의 약속이라고 말하고 있습니다.

바로 베드로는 이 편지를 받고 있는 자들이 이러한 백성이 되었다는 것을 말하고 그 구원의 생명에 맞게 생활하고 믿음을 가지고 승리하라고 말하는 것입니다. 구약과 신약을 대비하고 있지는 않지만 베드로는 구약식으로 교회가 하나님의 백성이 되었다는 것을 말하는 것입니다. 사랑하는 여러분, 그리스도 안에서 우리는 하나님의 백성으로 택정함을 입었습니다. 이 구원은 취소되는 법이 없습니다. 그리고 이 구원은 이미 세상을 이긴 구원입니다.

이미 성령으로 우리는 하나님만을 사랑하고 순종하고 따르는 자들로 인침을 받았습니다. 그 길은 아들의 길을 가야 하는 것입니다. 그것이 우리의 승리요 장차 나타날 온전한 영광에 우리가 부끄러움이 없이 참여하는 길인 것입니다. 여러분 모두가 힘써 세상과 싸워서 다 승리하고 세상에 생명을 주며 마지막 날 영광에 면류관을 다 받아쓰는 여러분이 되시기를 바랍니다. 아멘.

제2강

| 성경: 베드로전서 1장 3~6절 |

제목: 산 소망

예수 그리스도의 은혜와 평안이 여러 분에게 함께하시기를 기원합니다. 새해를 맞이해서 베드로전서를 좀 강론하겠습니다. 베드로서는 예수님의 제자인 베드로가 기록한 편지입니다. 신약성경은 사도들이 각 교회에 보낸 편지로 구성되어 있습니다. 베드로는 1절에 나와 있는 지방의 교회들에 그가 순교 직전 언약적인 틀을 따라 글을 보냈습니다. 언약의 틀을 따라 편지를 보냈다는 말은 구약의 틀을 가지고 편지를 보냈다는 말과 같습니다.

출애굽기 19장을 보면 하나님이 이스라엘에 모세를 통해 말씀하셨습니다. "내가 너희들을 종 되었던 애굽에서 구원하였고, 너희들을 조상들을 통해 선택하였다. 이제 너희들이 나의 백성으로 살겠느냐."는 질문을 하고 있습니다. 이스라엘은 이런 하나님의 질문에 아멘으로 답함으로 하나님을 위해 사는 자들로 언약이 되었습니다. 그러니까 언약이라는 말은 하나님은 이스라엘에 하나님 노릇을 해 주겠다는 것이고 이스라엘은 하나님의 백성으로 살겠다는 것을 말하는 것입니다.

베드로서가 이러한 형태를 가지고 기록되었습니다. 그러니까 베드로는 이 편지를 받고 있는 자들에게 "예수님을 믿는 것 때문에 너희가 많은 고난을 당할 것이다. 그 고난이 당연한 것은 세상과는 너희들의 삶의 질서가 다르고 생명이 다르기 때문이다. 그러나 믿음으로 싸워 이겨라." 하는 단순한 논리를 말하는 것이 아닙니다. 베드로는 먼저 서두에서 하나님이 아들을 통해 우리와 새 언약을 맺기 위해 하신 일이 무엇이고 그 일의 결과가 무엇인가를 먼저 말해 주고 있습니다.

그러니까 베드로는 하나님이 우리에게 베푸신 구원의 탁월성과 그 능력과 소망과 기업이 무엇인가를 말해 주고 있습니다. 그리고 나서 이런 소망을 하나님이 주셨으므로 그 소망 가운데 살 것을 요구하고 있는 것입니다. 내가 너희를 구원하기 위해 이러한 일을 했고, 그 일은 3절에 나와 있습니다(읽음). 그리고 그 일의 결과는 4절 이하에 나와 있습니다. 말세에 나타난 구원을 주신다는 것입니다. 베드로가 순교 직전에 이 편지를 쓰고 있으니까 약 AD 63년경이 될 것입니다.

예수 믿는 그것, 교회 다닌다는 그것, 전도를 한다는 그것 때문에 그들은 국가적인 핍박을 받고 다 죽어 갔습니다. 세상은 죽으면 다 끝나는 것으로 되어 있습니다. 그래서 살아 있는 동안에 영화를 누리려고 온갖 노력을 다하는 것입니다. 보이는 것에 갇히고 있습니다. 그런데 보이는 것이 없고, 억울하게 죽는다면 모든 것이 허무하게 끝이라는 것입니다. 그러니 육체적인 삶에 모든 가치를 두는 것입니다. 그런데 만약 예수 믿는 자들이 믿음으로 서 있지 않으면 흔들린다는 것입니다.

그런 그들에게 산 소망이 무엇인가를 가르쳐서 믿음에서 흔들리지 않고 산 믿음으로 승리할 것을 가르치고 있는 서신입니다. 죽으나 죽지 않고 부활하며, 세상에서 주님을 위해 고생을 하고 죽고 매를 맞는다면 그것은 하늘의 영광으로 나타날 것이라고 말하고 있습니다. 산 소망을 가지고 흔들리지 말고 세상에 소망을 두지 말고 믿음으로서서 걸어가라는 것입니다. 예수님을 믿는 자들이 믿음으로 가치로 산다는 것이 참으로 중요합니다. 이 말은 믿음에 최우선을 두고 산다는 말과 같습니다.

특히 요즘은 점점 그리스도의 정신과 세상의 정신은 더 많은 갭을 형성해 가고 있습니다. 이 말은 믿음의 생활을 하는 자들에게 분명한 신앙고백을 요구하는 시기라고 볼 수 있을 것입니다. 어디서든 어떤 사람을 만나든 자신이 그리스도인인 것을 말하고 그리고 그리스도인으로 사는 것에 흠이 없는 자들이 필요한 시기입니다. 믿음의 색이 회색이 되어서는 안 된다는 것입니다. 3절을 보면 산 소망을 강조하고 있습니다. 곧 살아 있는 소망입니다.

4절에서는 그 산 소망을 좀 더 구체적으로 말해 주고 있습니다. 그 소망은 썩지도 않고 더럽지도 않고, 쇠하지 않는 기업을 잇게 하는 것이라고 말하고 있습니다. 그러면 그 기업이 어디에 있는가? 그것은 하늘에 있다고 말합니다. 3절에 "주 예수 그리스도의 아버지 하나님이 그 많은 긍휼대로 예수 그리스도의 죽은 자 가운데서 부활하심으로 우리를 거듭나게 하사 우리에게 산 소망을 주셨다."고 말하고 있습니다. 다른 말로 하면 주 예수의 부활로 인해 주어진 구원이 우리의 산 소망인 것입니다. 그러니까 예수님의 아버지인 하나님이 아들에게 긍휼을 베풀어서 아들이 십자가에서 죽었는데 삼 일 만에 살아나게 했다는 것입니다. 그런데 아들의 부활이 우리를 거듭나게 했다는 것입니다. 하나님이 아들의 부활을 통해 죄와 사망의 세세를 깨뜨리고 영생의 새로운 시대를 열기로 작정하신 것입니다.

이 시대에 태어나 하나님을 섬기는 것이 거듭난 것입니다. 새로운 생명으로 태어난 것을 거듭남이라 말하는 것입니다. 그러면 구체적으로 거듭났다는 것이 무엇인가? 하나님의 백성으로 새롭게 출생했다는 것을 말하는 것입니다. 소속이 세상에서 하늘로 바꾸어지는 것입니다. 그러니까 거듭났다는 말은 단순한 행동의 변화를 말하는 것만이 아니라는 것입니다. 물론 거듭나면 그 소속이 달라지니까 새로운 소속의 법을 따라야 하는 것입니다.

예수를 믿으면 하늘에 속한 백성으로 거듭 태어났으니까 거짓을 멀리하고, 술과 담배를 멀리하고, 열심히 살아야 합니다. 중요한 것은 잘못된 행동의 몇 가지를 수정하는 것이 거듭남이 아니라 하나님의 백성으로 새롭게 출생했다는 것이 거듭남의 뜻입니다. 그러니까 회개하는 것도 내가 하나님의 자녀가 아직 덜 되었기 때문에 죄를 짓는가 보구나 하고 하나님의 자녀가 완전하게 되게 해 달라고 해서는 안 된다는 것입니다. 우리의 모든 윤리적인 삶은 완전한 하나님의 백성이 되었고, 하늘의 소망을 가졌고, 썩지도 않고 쇠하지도 않는 하늘의 기업을 가졌기 때문에 거기에 합당한 윤리적인 삶을 요구하는 것입니다.

남녀가 결혼을 하면 완전한 부부가 되는 것이지 기능적인 면이 익숙해져야 완전한 부부가 되는 것은 아닙니다. 관계로 완전해지는 것이지 기능적인 면으로 완전해지는 것은 아닙니다. 남녀가 결혼해도 이제까지 살아온 습관이 바뀌는 것은 아닙니다. 조금 상대방을 위해 배려하는 것이지, 그대로 있는 것입니다. 부부간의 문제도 보면 생각의 차이가 참으로 중요하다는 것을 알 수 있습니다. 항상 나로부터가 아니라 상대방 입장에서의 생각이 그것이 인격을 만드는 과정입니다. 특히 남편은 연약한 아내의 편에서 모든 것을 생각하고 행동하는 것이 인격적입니다.

완전한 관계는 언약이 성립함으로 이루어지는 것입니다. 그리고 그 다음은 완전한 관계를 채우는 삶이 되는 것입니다. 이처럼 하나님이 우리에게 고난을 이기라고 하신 것은 그 고난을 이길 수 있는 관계가 되었기 때문에 말씀하신 것입니다. 또한 하늘의 기업을 주셨기 때문입니다. 생명으로는 이길 수 있는 생명을 주었고, 선물로는 하늘의 기업을 주신 것입니다. 다른 말로 하면 하늘의 생명으로 하늘의 기업을 받을 자로 중생한 것입니다. 거기에 속한 자들이 되었다는 것입니다.

중생이라는 말과 거듭났다는 말은 다 동일합니다. 5~7절을 보겠습니다. 이 편지를 받고 있는 자들은 예수님을 구주로 믿음으로써 산 소망을 가졌습니다. 이스라엘은 썩게 될 가나안의 땅을 받았습니다. 그러나 이제 교회는 다시는 썩지 않는 천국을 선물로 받았습니다. 천국은 하나님이 계신 곳이고 천국을 선물 받았다는 것은 하나님이 사는 것입니다. 영생은 하나님 앞에서 영원히 사는 것입니다. 가나안을 선물 받고 썩고 죽어 가는 생명으로 사는 시대가 아니라는 것입니다. 그러나 하나님이 그들을 보호하고 있었기 때문에 그들이 하나님을 믿은 믿음 안에만 서 있으면 아무리 이방의 나라가 힘이 세다고 할지라도 이스라엘을 침범하지 못하였습니다.

또 하나님 안에만 있으면 하나님이 그들을 다 먹여 살리셨습니다.

이제 우리가 예수를 믿는 순간부터 우리는 하늘을 상속받고 다시는 썩지 않는 부활의 몸을 말세에 누릴 것이지만 지금은 그 생명을 약속으로 가지고 있습니다. 주님이 오시면, 곧 재림하시면 모든 무덤이 다 열리고 예수 안에 있는 자들은 영원히 썩지 않을 기업을 상속받게 될 것입니다. 그러나 지금은 아직도 썩을 육체를 가지고 있고 실제로 우리는 죽어 갑니다. 그러나 우리 안에 영원한 그리스도의 생명이 있기 때문에 마지막 날에 다시 썩을 육체가 영원히 썩지 않을 몸을 가지게 될 것입니다.

그날을 우리가 바라보고 살고 있습니다. 그날을 우리는 소망하고 살고 있습니다. 다시는 썩지도 않을 그 나라를 위해 우리는 살고 있는 것입니다. 그러면 장차 주님 재림 때문에 그러한 복이 있고 현재는 항상 고난을 받고 힘들게 사는 것인가 하는 것입니다. 이제는 불과 구름기둥으로 보호하는 정도가 아니라 아들이 친히 영으로 보호하십니다. 이제는 그 누구도 우리의 생명을 빼앗아 가지 못합니다. 그러니 믿는 자가 세상이 두려워서 내일이 두려워서 오늘을 비겁하게 살지 말라는 것입니다. 먹는 것 때문에 마시고 입는 것 때문에 세상 사람 때문에 비겁하게 살지 말라는 것입니다.

자신의 삶을 믿음 안에서 조절할 필요는 있겠지만 비겁하지는 말라는 것입니다. 예를 들면 식당에 간다거나 병원에 가면 많은 사람이 있습니다. 거기서 믿음을 나타낸다고 큰 소리로 기도할 필요는 없는 것입니다. 항상 자신이 예수 믿는 것이라는 것을 나타낼 때도 상식을 벗어나서는 안 되는 것입니다. 그런 의미로 스피커를 크게 틀고 도로를 달리면서 전도를 하는 것도 바람직한 전도방식은 아닙니다. 가장 좋은 전도방법은 자신의 삶을 통해 다른 사람이 하나님을 볼 수 있도록 사는 것입니다.

믿는 자에게도 사필귀정이라는 말이 적용이 될 것입니다. 믿음의 바른 길을 가는 자는 반드시 하늘의 복을 누릴 것입니다. 그러니까 사소한 일에서부터 최선을 다하는 자가 믿음으로 승리할 수 있을 것입니다. 말 한마디, 생각 하나, 행동 하나, 그 하나하나에 믿음으로 최선을 다하는 삶이 그리스도인으로 사는 것입니다. 그러니까 제가 예배의 자세를 중요하게 생각하는 것입니다. 예배 하나 믿음으로 바르게 드리지 못하는 자가 바른 신앙으로 산다는 것을 어불성설이 되는 것입니다.

항상 그리스도에 대한 무상이 우리의 생각 중에서 떠나서는 안 되는 것입니다. 떠나면 실패하고 죄를 범하는 것입니다. 능력이 없는 삶을 사는 것입니다. 죽음을 이기신 주님이 세상의 왕이고 그분이 세상을 통치하고 장차 영광의 나라를 준비해 놓으셨습니다. 그러니 우리가 살 때 잠깐 근심이 있을 수 있습니다. 그 근심은 지극히 당연한 것입니다. 그 근심은 금방 지나갑니다. 그리고 믿음의 금심을 통해 더 큰 영광을 얻게 될 것입니다. 그 기쁨은 영생의 나라입니다. 우리는 그 나라를 소망하고 결국은 그 소망을 이루게 될 것입니다.

이런 생명을 가지고 있기 때문에 세상 누구도 우리를 해하지 못하는 것입니다. 우리가 믿음으로 살면 세상은 변합니다. 우리가 세상의 중심입니다. 우리가 세상을 변화시킬 자들입니다. 믿음으로 근심하고 고난을 받고 그렇게 하겠지만 믿음으로 싸우면 반드시 승리가 있고 세상은 변하고 가정도 변합니다. 가정도 모든 일을 하나님께 맡기고 정면 돌파해야 승리가 빨리 오는 것입니다. 하나님이 없는 평화, 그것은 가짜입니다. 자기가 죽기를 각오하면 세상은 다 변하게 되어 있습니다.

그러니 믿음 때문에 오는 연단은 기쁨이 있는 것입니다. 그 연단 과정 속에서 하나님이 기필코 승리하게 하겠지만 또 믿음의 연단을 통해 승리하는 자들에게는 하늘의 상급과 하나님의 칭찬이 준비되어 있기 때문에 예수 때문에 오는 고난이라면 항상 기뻐한다는 것입니다. 사랑하는 여러분, 우리가 많은 고난을 받을 수 있는데 그 고난이 믿음의 고난이어야 한다는 것입니다. 자기 욕심과 욕정 때문에 오는 고난은 하나님과는 상관이 없습니다. 여러분의 자아와 욕심을 죽이고 하나님 때문에 고난을 받아 장차 주님 재림의 나라에서 하나님께 칭찬을 듣는 여러분이 되시기를 바랍니다. 아멘.

제3강

| 성경: 베드로전서 1장 3~12절 |

제목: 산 소망

　　예수 그리스도의 은혜와 평안이 여러
분에게 함께하시기를 기원합니다. 베드로는 극한 고
난에 처해 있는 성도들에게 산 소망을 가지고 믿음으로 승리할 것을
말하고 있습니다. 그런데 언약의 틀을 따라 기록하고 있습니다. 우리
가 예수님을 통해 받은 그 구원의 복이 무엇인가를 말하고 그 구원
으로 살 것을 말하는 것입니다. 언약의 틀이라는 것은 하나님이 이
스라엘 백성에게 하신 틀입니다. 하나님이 이스라엘 백성을 애굽에
서 구원하시고 하나님만을 섬기는 백성으로 삼기 전에 하나님이 그
들에게 하신 구원의 일들을 말하셨습니다.

　하나님이 베푸신 구원의 일과 그들이 누리게 되는 복을 말씀하고
나서 "내가 너희들에게 이렇게 큰 구원을 베풀었는데 이제 나만을
섬기는 백성으로 살겠는가?" 질문을 한 것입니다. 그러자 이스라엘
이 '아멘' 함으로써 하나님만을 섬겨야 할 자들로 언약이 성립이 된
것입니다. 이처럼 베드로도 예수를 믿고 구원을 받은 자들에게 산

소망으로 살아야 할 것을 말하기 전에 하나님이 아들 안에서 베푸신 구원의 은혜를 먼저 말하고 있습니다. 예수님의 부활을 통해 산 소망을 갖게 하시고 썩지 않는 더럽지도 않는 쇠하지도 않는 기업을 잇게 하셨다고 말하면서 시험에서 주님 말씀을 따라 승리하는 백성으로 살 것을 요구하고 있습니다.

세상은 하늘의 생명과 다릅니다. 세상은 하늘의 질서와 다릅니다. 세상이 돌아가는 톱니바퀴와 천국의 톱니바퀴는 돌아가는 방향이 다릅니다. 그러니 마찰이 있고 시험이 있을 수밖에 없는 것입니다. 그러나 성도는 하늘의 복을 받았고, 산 소망을 받았고, 썩지 않는 생명을 받았습니다. 그리고 그 시험은 잠깐이고, 그 시험을 통해 금은 변하지만 다시는 변하지 않는 영광을 그리스도의 재림 때 누리게 될 것입니다. 이런 소망을 가졌기 때문에 세상의 시험에 타협해서는 안 되는 것입니다.

세상은 믿음이 좋은 자들에게 항상 적당한 타협을 요구합니다. 세상은 항상 목적을 위해서는 수단이 정당화되곤 합니다. 그러나 그리스도인들은 목적을 위해서 수단이 정당화되어서는 안 될 자들입니다. 그리스도인들은 결과지상주의가 아니라 현재 그리스도의 말씀으로 성실하게 살고 있는가가 중요합니다. 지난번 선거 때 모 후보는 그리스도인이었습니다. 그런데 표를 의식해서 절에 가서 합장을 했습니다. 세상의 눈에는 그것이 지혜로운 사람처럼 보일 것입니다.

적당한 타협과 양보 그것이 세상을 살아가는 지혜입니다. 그러나 성경의 지혜는 하나님을 위해 죽도록 충성하는 길을 가는 것뿐입니다. 죽음으로 순종하는 길밖에는 없는 것입니다. 그런데 그 길을 가면 현재의 삶 속에는 고난이 있지만 하나님이 능히 이기게 해 주실 것이요, 장차 하나님의 영광에 참여하게 하실 것입니다. 이 편지를 받고 있는 자들에게만 이런 시련이 있는 것이 아니라 현재 우리에게도 날마다 시련이 있습니다. 크게는 복음적인 시련입니다.

복음을 많이 알고 있다는 것은 그만큼 책임이 따릅니다. 교회 안에서도 시련이 있습니다. 복음으로 바르게 살려고 하면 성도끼리도 시기를 합니다. 한국교인들은 밴댕이 속들이 많이 있습니다. 그릇들이 너무 좁아요. 자신의 위치가 어떻든 그 일로 인해 교회가 세워지고 하나님 나라가 전파되고 형제가 복음으로 유익을 얻는다면 자기의 존재는 그것으로 기뻐해야 할 것입니다. 그런데 그러지를 못합니다. 자기영웅주의가 강합니다. 자기를 죽이는 법이 없습니다.

자기의 에고가 아니라 주님을 위해서 자기를 지우는 것이 참으로 중요합니다. 예수님을 정말로 사랑하는 자들은 자기를 다 버려야 합니다. 자기는 없고 그리스도만 자기 안에 살아서 숨 쉬어야 하는 것입니다. 자기 생각, 자기 에고, 자기 이익이 아니라 교회의 이익, 하나님의 이익 때문에 움직여야 한다는 것입니다. 우리는 주님의 말씀을 기억해야 합니다. 십자가 앞에서 하나님께 기도하기를 자신의 뜻이 아니라 아버지의 뜻이 이루어지기를 기도하시고 그 십자가의 길을 가셨습니다. 그리고 부활하여 하나님 나라의 왕이 되셨습니다.

주님이 아버지의 뜻을 이루시기 위해 가신 길이 가시밭길입니다. 세상으로부터 조롱을 받고 가신 길입니다. 그런데 사람들은 영광의 길을 가고자 하기 때문에 고난이 오면 견디지를 못하는 것입니다. 성도의 기쁨은 환경에서 오는 것이 아니라 하나님과의 바른 관계에서 주어지는 것입니다. 6~7절을 보면 근심이 필연적이고 그러나 기뻐한다는 것입니다. 그 이유는 너희 믿음의 시련이 불로 연단하여도 없어질 금보다 더 귀하여 예수 그리스도가 나타나실 때 칭찬과 영광과 존귀를 얻게 하는 것이라고 말합니다. 금은 연단을 하면 아주 귀하게 됩니다. 그러나 그것은 결국은 없어집니다. 아무리 귀한 것이라도 없어져요. 그러나 그리스도의 이름으로 받는 연단은 없어지지 아니하고 결국은 영광으로 나타난다는 것을 말하고 있습니다.

고난의 가치에 대해 말하고 있습니다. 금은 귀하지만 그것은 없어집니다. 그러나 그리스도를 위해 당하는 고난은 영광의 모양으로 나타나는 가치를 가지고 있습니다. 만일 우리가 주님 때문에 살다가 고난을 받는 그중에서 우리의 믿음이 더욱 순결하여지고 믿음을 지키고, 거룩하게 살고 주님처럼 온유한 마음으로 주님을 순종하고 주님의 교회를 봉사할 것 같으면 그것으로 인해서 자신이 손해를 보고 환난이 있다면 그 고난을 감사함으로 받아야 한다는 것입니다. 왜냐하면 주님의 날에 고난과 환난과 손해는 영광의 모습으로 나타날 것이기 때문입니다.

기쁨으로 받습니다. 그런데 될 수 있으면 손해 보지 않으려고 재고 산다면 자기의 편의만 좇아 산다면 그것은 영광으로 나타나지 아니합니다. 자신의 유익만을 좇는 신앙생활의 열매는 악한 열매로 나타날 것입니다. 교회 일도 마찬가지입니다. 신앙생활에는 공짜가 없습니다. 반드시 자신이 뿌린 대로 자신이 거둘 것입니다. 믿음으로 자신이 씨를 뿌리면 자신과 후손이 거두고 하나님 나라에서 거둘 것입니다. 그러니까 자식이 있는 자들은 더욱 믿음의 바른 씨를 뿌려야 합니다. 자신이 뿌린 믿음의 씨앗은 언젠가는 자신과 자식이 거둡니다.

8~9절을 보면 지금 서신을 받고 있는 자들은 예수님을 보지 못하

고 믿는 자들입니다. 그런데 사실 구약을 보면 이스라엘은 하나님 앞에서 하나님을 보고 살아야 복이 있습니다. 그런데 예수님은 지금 부활하고 안 계십니다. 그런데 예수님을 보지 않고 믿는 자가 더 복이 있다는 것입니다. 보아야 복이 있는데 보지 않고 믿는 자가 복이 있고 기뻐한다고 말하고 있습니다. 그것은 주님의 얼굴을 보지 못하고 있으나 그들이 천국백성으로 구원을 받았기 때문에 기뻐한다고 말하고 있습니다.

주님이 오셔야 그 얼굴을 볼 것입니다. 그러나 볼 것을 믿고 말할 수 없는 영광스러운 즐거움으로 기뻐하고 있습니다. 이미 천국의 구원을 받았고 그것을 성령을 통해 누리고 있고, 장차 주님이 나타나시면 영광과 칭찬과 존귀를 주실 것입니다. 성령이 우리 안에 오심으로써 우리는 이미 그리스도를 모시고 살고 있고, 온전한 구원을 누리고 있고, 썩지 않는 영원한 생명을 가지고 살고 있습니다. 이 말이 우리의 생명이고 즐거움입니다. 뭐 누가 믿음으로 복을 받았다네, 그 말도 위안이 될 수 있습니다.

또 재미있는 시사거리가 기쁨을 줄 수 있습니다. 그런데 우리는 누구의 예가 아니라 하나님의 음성에서 기쁨을 누려야 합니다. 하나님의 말씀을 주어진 시간 안에 강론하기도 바쁜데 누가 어떠하더라, 그것은 별로 의미가 없는 것입니다. 하나님이 말하고 있습니다. 이보다 더 큰 영광과 벅참과 희열이 어디 있겠습니까? 자신의 믿음의 정도를 가는 것은 헛된 것이 아닙니다. 성도는 최소한 치사한 사람이 되어서는 안 됩니다. 우리는 헛된 영광을 구하고 있는 것이 아니라 주님을 바라보고 있으며 온전한 기쁨 가운데 있는 것입니다.

주님만이 우리의 기쁨이고 주님을 위해 자신을 죽이고 사는 것이 우리의 영광인 것입니다. 주님을 위해 손해 볼 것이 없는가? 주님을 위해 고난을 받을 것이 없는가? 주님을 위해 십자가를 질 것이 없는가? 그렇게 사는 자가 복된 자고 장차 나타날 그리스도의 영광에 참여할 것입니다. 나는 여러분이 그런 용기 있는 그리스도인이 되기를 바랍니다. 10~12절을 보면 이 편지를 받고 있는 자들은 세상 마지막 날에 받을 구원을 이미 받았습니다. 이것은 말할 수 없는 영광입니다. 이 구원은 조상들이 대대로 믿음으로 바라본 구원입니다.

이미 하나님이 이 구원을 위해 선지자들을 통해 준비해 오신 것입니다. 그러니 조상 대대로 이 구원을 바라보고 살아왔고 이제 그들은 이 구원을 받는 영광에 참여한 것입니다. 11절에 그리스도의 영이 선지자들에게 증거했다는 것이 사실 구약은 여호와의 영이지만 지금 베드로는 예수님과 하나님을 일치시키고 있기 때문에 여호와의 영을 그리스도의 영으로 말하는 것입니다. 물론 선지자들도 결국은 그들의 수고가 그리스도를 위한 것이기 때문에 그런 의미로 그들은 그리스도를 바라보고 일한 것이 되는 것입니다. 지금 그들이 누리고 있는 예수 안에의 구원은 그들의 조상들이 대대로 소망했고 바라본 구원입니다. 이 완전한 구원을 그들이 누리고 있다는 것입니다. 아니 우리가 누리고 있습니다. 이 마지막 구원의 일이 이제 교회에 증거되고 있습니다. 이 구원은 우리를 위함입니다. 그것이 이제 증거가 됐습니다. 부활하신 주님은 교회에 계시고 천사들은 교회에서 하나님의 영광을 봅니다.

이제 교회가 하나님이 거하시는 영광의 거소입니다. 이렇게 큰 구원을 우리가 받은 것입니다. 하나님이 우리 중에 거처를 삼으셨습니다. 그러니 지금은 우리가 우리의 눈으로 주님의 얼굴을 보지 못합니다. 그래도 기뻐합니다. 그 이유는 결국은 주님을 볼 것이고 온전한 구원에 참여할 것이기 때문입니다. 그러나 지금은 그 구원을 향해 우리는 걸어가고 있는 것입니다. 우리는 지금 그 믿음의 목표에 도달한 것이 아니라 역사와 함께 그 믿음의 목표를 향해 한 걸음씩 믿음의 발걸음을 걷고 있는 것입니다.

그 완전함의 나라를 위해 우리는 걸어가고 있고 천사들도 우리의 믿음 안에서 하나님의 영광을 봅니다. 천사는 항상 하나님의 성소에서 하나님을 찬양하고 영광을 드러내는 존재입니다. 그러니까 교회가 하나님의 성소입니다. 하나님의 영광이 드러나 있습니다. 그런데 천사가 그 성소에서 곧 교회에서 성도의 믿음을 통해 드러난 하나님의 영광을 보고 있습니다. 곧 하나님의 영광을 호위하고 있다고 해야 할 것입니다. 우리는 이렇게 하나님의 큰 구원을 받았습니다.

그러니 우리는 거룩하고 서로 사랑해야 합니다. 그리고 신령한 성전이 되고 신령한 제사장이 되어야 합니다. 믿음 때문에 오는 고난을 당연한 것으로 받고 주님처럼 말하고 주님처럼 봉사하고 주님처럼 순종하고 겸손하고, 주님의 뒤를 따라야 합니다. 그러면 목자장이 나타나 존귀와 상급과 영광을 주실 것입니다. 여러분, 세상은 우리의 말에 귀를 기울이지 않습니다. 마치 노아가 그렇게 외쳤지만 타락한 길을 간 자들과 같습니다. 그러나 우리는 우리의 길을 가야 합니다. 각자에게 맡겨진 십자가를 지고 주님의 뒤를 따라야 합니다.

남이 무어라고 하던 내 모습으로 내 믿음의 길을 가야 합니다. 우리의 구원이 영광의 구원인 것과 동시에 고안으로 길을 가서 완성될 구원입니다. 열심히 믿음의 씨를 뿌리지 않는 자에게는 그 열매와 상급은 없습니다. 고난을 피하지 말고 당당하게 믿음으로 싸워 이겨야 하고 하나님의 영광의 빛을 당당하게 비추어야 합니다. 여러분이 하나님을 높여야 하나님도 여러분을 높이는 것입니다. 우리의 능력은 은과 금으로 배 불리는 것이 아니라 지금은 보이지 않으나 장차 볼 주님의 얼굴과 그의 칭찬과 상급과 영광을 위해 주님처럼 사는 것입니다.

주님처럼 산다는 것은 자신을 포기하는 것입니다. 주님이 다시 오시면 우리를 핍박했던 자들은 다 심판을 받고 부끄러운 자들이 될 것입니다. 그러니 이 악한 세상에서 주님만 사모하면서 믿음의 길을 가면서 주님을 증거하는 그리스도의 증인이 되어 마지막 날에 여러분 모두가 목자장이 되신 예수님 앞에서 영광과 칭찬과 상급을 받는 여러분이 되시기를 바랍니다. 그때까지 비굴하지 말고 믿음으로 달음질하는 여러분이 되시기를 바랍니다. 아멘.

제4강

| 성경: 베드로전서 1장 13~25절 |

제목: 진리에 거하라

　　　　예수님의 은혜가 여러분에게 이 시간
에도 풍성하게 넘치기를 기원합니다. 베드로는 하
나님의 구원의 능력을 먼저 말하고 그 구원의 능력을 받은 자들이
믿음으로 살 것을 말하고 있습니다. 옛 유대인들이 추구했던 가나안
의 것들이나 지금 세상 사람이 추구하는 것들은 다 썩는 것입니다.
그러나 우리가 받는 구원 아니 역사가 진행되어 완전하게 받을 그
구원은 쇠하지도 않고 썩지도 않는 구원입니다. 우리는 그 구원을
향해 믿음으로 걸어가고 있습니다. 그런 의미로 우리의 구원의 과정
이 이스라엘이 애굽에서 나와 가나안에 들어가는 광야의 여정과 일
면 비슷한 점이 있습니다.

　우리가 이스라엘과 다른 점은 그들은 아직 역사적으로 어린아이들
이고 우리들은 장성한 자들이고 그들은 연약한 생명을 가졌고 우리
는 장성한 생명을 가진 것입니다. 중요한 것은 이스라엘이 그들의
구원의 완성인 가나안에 들어가기 전에 하나님이 목표한 구원에 동

행이 없으면 구원의 완성인 가나안에 들어갈 수 없다는 것입니다. 그 과정은 고난의 여정이지만 그들은 하나님의 말씀으로 동행해야 그들은 그 구원의 완성에 이를 수가 있을 것입니다.

그러니까 그들의 고난의 여정은 더 큰 구원의 완성을 향한 고난의 길인 것입니다. 그러면 이스라엘에 왜 고난의 길을 가서 구원의 완성에 이르도록 하셨는가. 성경은 그들이 하나님만 의지하는 정결한 백성으로 살도록 하기 위함이었다고 말하고 있습니다. 그런 것처럼 우리의 구원의 여정도 마찬가지입니다. 장차 죽음이 다시는 없는 그리고 상급을 받을 그 나라에 이르는 길이 고난의 여정이라는 것입니다. 반드시 고난을 가야 그 구원에 이를 수가 있는 것입니다.

그러면 그 고난은 헛것인가? 성경은 하늘의 온전한 구원을 얻는 과정이기 때문에 금보다 더 귀한 연단인 것을 말하고 있습니다. 그 연단을 통해서만 썩지 않고 쇠하지도 않는 나라에 들어가고 상급의 나라에 들어갈 수 있기 때문입니다. 이러한 모든 것은 우리를 향한 하나님의 사랑 때문입니다. 그 사랑의 내용은 아들을 우리를 위해 죽게 하고 다시 삼 일 만에 부활하게 하신 것입니다. 아들의 부활이 우리를 향한 하나님의 사랑의 내용입니다. 그러니 그것이 하나님의 진리입니다.

이제 우리가 하나님의 이 사랑 가운데 거하는 길은 우리도 하나님을 닮아서 형제를 뜨겁게 사랑하는 것입니다. 이것이 우리의 진리의 내용이고 우리의 거룩입니다.

그러면 하나님의 진리가 구체적으로 무엇입니까? 그것은 우리에게 증거된 하나님의 말씀입니다. 일차적으로는 그 진리의 말씀이 아들의 부활입니다. 다음으로 하나님의 진리가 무엇이냐 하면 그것은 하나님의 말씀인데 구약을 인용해서 그 말씀이 무엇인가를 간증해 주고 있습니다. 구약성경 이사야 40장 6~8절을 인용해서 말씀하고 있습니다. 이 세상의 모든 영광은 풀의 꽃과 같이 사라지지만 주의 말씀은 세세토록 있다. 너희에게 전한 말씀이 곧 주의 말씀입니다.

너희에게 전한 이 복음은 무엇인가? 결코 변할 수 없는 이 복음은 무엇인가? 이 복음은 주님의 약속을 우리에게 전하는 내용입니다. 이 약속은 먼저 이스라엘이 받았습니다. 그들이 먼저 영광을 받았습니다. 그러나 그 약속은 썩을 것들로 받았습니다. 그들이 받은 모든 가나안의 복과 영광은 결국 다 썩을 것들이요, 다 죽을 것입니다. 이스라엘이 영광의 땅이라고 생각한 가나안의 땅은 그들이 멸망하여 바벨론포로 끌려갔을 때 다 황무지가 되었습니다. 레위기 26장이 그것을 예언해 놓고 있습니다.

레위기 26장 43절에 보면 그들이 죄를 범하면 가나안의 땅이 안식하고 황폐하게 되리라고 약속하고 있습니다. 그처럼 그 땅이 황무하게 되었습니다. 이스라엘의 모든 영광이 다 사라졌습니다. 또 그들은 바벨론의 포로가 되었습니다. 구약식으로 하면 그들은 그렇게 됨으로써 하나님의 모든 영광을 다 잃어버린 것입니다. 하나님의 모든 복과 생명이 다 썩은 것입니다. 구약 때는 하나님의 복과 영광과 생명이 가나안의 보이는 것들로 다른 말로 하면 먹고 마시는 것으로 주어졌기 때문입니다. 그런데 썩을 자들에게 예언한 대로 이 복음의 말씀이 우리에게 이루어졌습니다. 이 진리의 말씀은 아들의 부활의 소식입니다. 누구든지 예수님을 믿으면 멸망하지 않는다는 소식입니다. 이 진리의 말씀은 산 소망이어서 참생명이며 참음료이어서 다시는 썩는 영광이나 생명이 아닙니다. 우리가 듣고 있는 말씀은 썩지 않는 하늘의 말씀이요, 영원한 것입니다. 그러니 누구든지 예수님을 구주로 믿고 그분의 말씀으로 살며 이 복음을 붙들면, 곧 아들의 말씀을 붙들면, 아들의 부활의 소식을 붙들면 우리는 다시는 썩지 않고 쇠하지도 않는 영원한 하늘의 기업을 소유하게 될 것입니다.

이것이 장차 나타날 우리의 산 소망입니다. 완전한 진리의 내용입니다. 그러면 이 소망을 우리가 받았는데 이 소망을 우리가 쟁취하는 삶의 자세가 무엇인가? 그것은 허리를 동이고 근신하고 두려움으로 지내는 것입니다. 근신하라는 말은 두려움으로 지내라는 말과 같습니다. 이 말은 우리가 구원을 받을 것인가? 아닌가? 구원의 근본을 의심하라는 말이 아니라 종이 주인이 오셔서 일한 내용을 점검할 때 부끄러움이 없는 자세로 사는 것처럼 심판주로 우리의 삶을 계산하러 오실 주님을 맞이할 준비를 그렇게 하라는 것입니다.

종은 주인을 사랑하면 주인을 위해서 게으름을 피울 수가 없는 것입니다. 항상 열심히 주님의 살림을 늘리기 위해 최선을 다하는 것입니다. 그 모습을 두려워하는 것으로 표현하고 있습니다. 항상 깨어서 열심히 살라는 것입니다. 그러면 왜 우리가 근신하고 두려움으로 주님을 기다리면서 살아야 하는가? 그것은 하나님은 사람을 외모로 보시지 아니하시고 각 사람의 행위대로 판단하는 하나님 아버지이기 때문입니다. 이전에는 판단의 질서를 따라 판단을 하였지만 곧 제사장이 판단하고 선지자가 판단하였지만 이제 주님 안에서는 더 이상 죄악의 간격이 없기 때문에 모든 사람을 하나님이 동일하게 대하십니다.

그리고 하나님이 직접 판단하십니다. 사람의 행위를 하나님이 직접 판단하십니다. 그러니 자신은 이미 구원을 받았으니 이제 함부로 살아도 된다고 생각하지 말고 근신하여 두려움으로 종말의 구원을 이루어 가야 할 것입니다. 자신의 믿음 행위를 조심해야 합니다. 하나님이 두려워서가 아니라, 하나님의 심판의 매가 두려워서가 아니라 하나님을 사랑하기 때문에, 하나님의 사랑을 알기 때문에 하나님을 두려워하고 믿음으로 더욱 굳게 서야 하는 것입니다.

자식도 어릴 때는 부모가 두려우니까 나쁜 짓을 하지 않고 부모님의 말씀을 따라 살았습니다. 그러나 그것은 어리석은 순종입니다. 다 크면 부모를 사랑하기 때문에 부모님의 말씀에 순종합니다. 부모의 사랑을 배신할 수가 없으니까 근신하고 깨어서 부모님을 사랑하는 것입니다. 아내도 남편의 말에 순종하는 것은 남편의 사랑을 배신할 수 없어서 남편을 사랑하고 남편의 말에 순종하는 것입니다. 남편은 아내가 남편의 사랑 때문에 남편에게 순종하는 아내를 만들어야 하는 것입니다.

사랑의 배신이 두려움이고 그것이 아픔입니다. 우리가 바로 하나님을 사랑하기 때문에 하나님의 사랑을 받았기 때문에 우리가 더욱 하나님 앞에서 거룩함으로 살아야 한다는 것입니다. 조심조심하는 것입니다. 남편이 자고 있으면 아내는 남편을 사랑하기 때문에 사랑하는 남편이 깰까 봐 조심조심하는 것입니다. 그런데 깨면 잔소리할까 봐 조심조심한다면 그것은 불행한 것입니다. 부부의 관계도 그렇습니다. 기능적으로는 잘못할 수 있습니다. 그러나 그 일이 사랑 때문에 이루어진 것이라면 그것은 영광스러운 것입니다.

다음으로 하나님은 우리를 외모로 취하지 않을 뿐만 아니라 우리가 받은 복이 너무 크니까 그 복을 만홀히 여기지 말라고 말합니다. 은과 금으로 산 것이 아니라 그리스도의 보배로운 피로 값 주고 산 것이니, 없어질 옛것, 썩을 것들로 우리를 산 것이 아니니 동물의 피가 아니라 아들의 피로 우리를 대속했으니 우리는 하늘의 기업을 이을 하나님의 백성이 된 것입니다. 그러면 그 피는 어떤 피입니까? 창세로부터 준비된 피였는데 이제 우리를 위해 흘리신 피입니다. 그 피로 우리가 구원을 받았기 때문에, 그 사랑으로 우리가 구원을 받았기 때문에 깊이깊이 묵상하고 놓지 말라는 것입니다.

이 피의 구원은 모세를 통해 준비된 것이 아니라 아들을 통해 창세전에 예비하셨고 이 복은 구약선지자들이 그때를 바라보고 봉사했지만 그때는 아직 아들이 육체 가운데 오시지 않았고 이제 드디어 우리를 위해 육체 가운데 오시고 죽은 지 사흘 만에 부활하여서 우리의 부활주가 되셨습니다. 이 일을 사도들을 통해 우리에게 간증하였습니다. 하늘의 아들을 보내시고 그분을 대속시킴으로써 우리를 하늘의 백성이 되게 하셨습니다. 아들처럼 아버지의 품에 안기는 복을 받은 것입니다. 이 복을 받았기 때문에 하나님은 날마다 우리가 하늘의 복으로 살았는지를 썩지 않는 하늘의 복으로 살았는지를 판단하시기 때문에 조심조심해서 믿음의 생활을 하라는 것입니다. 이 큰 복을 주신 하나님을 배반하는 삶을 살지 말라는 것입니다. 그러면 우리가 구체적으로 무엇을 조심해야 할 것인가요?

그것은 근신하고 두려워함으로 거룩하라는 것입니다. 그러면 거룩의 삶의 정도는 무엇인가. 그것은 그리스도 안에서 살라는 말과 같습니다. 요한일서를 보면 하나님은 빛이라고 말하고 하나님은 어두움이 없다고 말하고 그러니 그 하나님을 아버지로 믿는 자들은 그 안에 어두움이 없어야 한다고 말하고 있습니다. 그러니까 우리 안에 어두움이 없다는 의미로 우리는 거룩해야 하는 것입니다. 구약 때는 가림이 있습니다, 어두움이 있습니다. 죄의 휘장입니다. 하나님이 캄 캄한 데 계셨습니다.

그런데 하나님은 자신을 다 드러내셨습니다. 자신의 심장을 오픈 하셨습니다. 곧 아들을 다 주셨습니다. 아들을 아버지와 가림이 없는 분으로 함께 계셨습니다. 그분이 이제 우리에게 오셨으므로 우리도 하나님과 가림이 없는 자들이 되었습니다. 그런 의미로 우리는 하나 님과의 관계에서 어두움이 없습니다. 가림이 없습니다. 그러니 가림 이 없다는 의미로 하나님 앞에서 거룩하게 살아야 하는 것입니다. 하나님이 우리를 향한 사랑이 우리와 관계 속에서 죄의 간격을 없앴 습니다. 그것이 진리인데 창세전에 예비하신 아들의 피로 우리를 그 영광으로 값 주고 사신 내용이 진리입니다.

그러면 우리가 그 진리 가운데, 그 빛 가운데, 그 거룩함 가운데 근신하며 두려움으로 사는 것이 무엇인가요? 진리는 아들이 부활하 였다는 것이고, 빛은 우리가 하나님의 품 안에 있다는 것이고 거룩 함은 하나님이 하시는 일에 변함이 없다는 것을 의미합니다. 그런 하나님을 닮아 사는 것이 하나님의 품 안에서 사는 것이고 하늘에 소망을 두는 삶이고 근신하고 두려움으로 사는 것이고 하나님을 사 랑하는 것으로 사는 것입니다. 하나님을 사랑하는 것은 형제를 피차 뜨겁게 사랑하는 것으로 나타나야 합니다.

사랑하는 여러분, 우리는 하나님을 최선을 다해 사랑해야 합니다. 여러분의 목숨을 다 바쳐도 부족하므로 하나님을 사랑해야 합니다. 그리고 형제를 사랑해야 합니다. 곧 교회를 사랑해야 합니다. 그것이 우리가 이룰 거룩이고, 근신이고, 두려움이고 빛 가운데 사는 것입니 다. 우리는 세상을 바라보고 사는 자들이 아닙니다. 다시는 썩지 않는 하늘을 바라보고 사는 자들입니다. 그러니 우리의 행위가 무엇 때문에 생각하고 행해지고 있는가를 알아야 합니다. 무엇 때문에 부자가 되려 하고 고난을 받고 세상에서 멸시를 받고 있는 것인가? 그 이유가 하나님 때문에, 교회를 세우는 것 때문에, 형제의 사랑 때문에 일어나는 일이라면 여러분은 하나님 앞에서 승리자로 사는 자들인 것입니다.

여러분 모두가 하나님 때문에 늘 믿음의 길을 가는 자들이 되시기를 바랍니다. 하나님은 여러분을 도우실 것이고 그 완전한 날에 하늘의 기업으로 상 주실 것입니다. 아멘.

제5강

| 성경: 베드로전서 2장 1~3절 |

제목: 구원에 이르도록 자라 가는 신앙

예수님의 은혜와 평강이 여러분에게 넘치기를 기원합니다. 오늘은 2장을 강론하겠습니다. 여러분이 늘 말씀을 사모하는 마음과 실천의 자세로 대하고 말씀으로 하나님과 합당한 교제를 하였으면 좋겠습니다. 생각이 조금도 다른 데로 가지 않고 하나님만 사랑하는 관심으로 말씀을 듣기를 바랍니다. 사랑은 관심과 실천으로 나아가는 것입니다. 아무리 하나님을 사랑한다고 하고 교회를 사랑한다고 해도 관심과 그 실천이 없으면 거짓인 것입니다.

저는 여러분이 하나님께 예배하는 마음과 모습이 늘 최선이었으면 좋겠습니다. 1장에서는 산 소망을 바라보고 고난을 이기는 것이 그 중심이었습니다. 믿음의 생활은 늘 고난이 있기 마련입니다. 그 이유는 세상과 교회는 늘 질서적으로 대립되어 있기 때문입니다. 우리가 가정에서 살면서도 식구 간에도 의견이 대립되면 평안이 없고 말다툼이 있기 마련입니다. 그처럼 교회와 세상은 질서와 생명이 다르기 때문에 늘 대립되는 것이 정상인 것입니다.

세상은 죽음으로 모든 것이 끝나는 것으로 알고 있고, 그러기에 자신의 영광을 위해서 물질이 가치 있는 것입니다. 그러나 교회는 죽음으로 끝나는 것이 아니라 천국과 심판이 있다는 것을 압니다. 또 가치가 보이는 것에 있는 것이 아니라 보이지 않는 하나님의 나라에 있다는 것을 압니다. 그러니 늘 대립이 있는 것입니다. 그 대립으로 인해 오는 고난을 이기도록 말하는데 하나님이 힘을 주실 것이고 승리하게 할 것이고 결국은 하늘의 기업으로 나타나게 할 것이기 때문에 어떤 상황 가운데서도 흔들리지 말고 이기도록 권면하고 구원에 바른 동행을 요구하고 있습니다.

2장에서는 1장의 내용을 이어서 말하고 있습니다. 산 소망 가운데서 하는 삶이 무엇인가를 말하는데 우리가 받은 구원이 무엇인가 그리고 그 구원에 동행이 무엇인가를 말해 주고 있습니다. 우리는 삼손을 잘 알고 있습니다. 그는 나실인으로 하나님께 부름을 받은 자입니다. 그러나 그는 나중에 여인의 꾐에 빠져 하나님을 저버렸습니다. 그 결과 그는 버림을 받았습니다. 그러니까 구원이라는 것은 운명의 전환이 아니라 그 구원에 동행만이 그 구원을 지켜 낼 수가 있고, 구원의 목표점에 도달할 수가 있는 것입니다.

2절에 보니까 갓난아이들과 같이 순전하고 신령한 젖을 사모하라고 말합니다. 이것은 구원으로 자라게 하는 것이라 말합니다. 그러니까 지금 2장부터는 구원의 완성으로 자라 가기 위한 구체적인 삶이 무엇인가를 더 자세히 말하고 우리의 구원의 능력이 무엇인가도 더 자세히 말하고 있습니다. 구원에 이르도록 자라라 말합니다. 그러니까 현재의 구원은 자라 가야 하는 구원인 것입니다. 우리가 예수님을 믿고 하나님의 백성이 되었는데 그것이 끝이 아니라 자라 가야 그 끝에 도달할 수가 있다는 것입니다.

그러면 어떻게 자라 가야 할 것인가? 자라 간다는 것은 우리의 도덕적인 성품을 말하는 것은 아닙니다. 그리스도가 없는 나의 묵상은 하나님과 상관이 없는 자기성찰입니다. 하나님을 묵상하지 않고 성령의 도우심이 없는 자기 도덕심, 자기 윤리, 자기 이성의 개발은 다 무익한 것입니다. 하나님이 배제된 자기의 유익은 다 헛것입니다. 하나님을 위해서 부자가 되지 않고 자기를 위해서 부자가 된다면 그것은 하나님의 나라와는 아무런 상관이 없는 것입니다.

구원으로 자라 간다는 것은 일차적으로 모든 악독과 모든 궤휼과 외식과 시기와 모든 비방하는 말을 버리고 갓난아이들과 같이 순전하고 신령한 젖을 사모하는 것입니다. 여기서 버리라는 말은 단순히 잘못된 몇 가지를 버리는 것만은 아닙니다. 사실 버릴 것을 찾는다면 수도 없이 많을 것입니다. 그러면 왜 그러한 것들을 버리라고 했는가? 3절에서는 그 이유를 말해 주고 있습니다. 그것은 그들이 주의 인자하심을 맛보았기 때문입니다. 그러니까 결론은 주의 인자하심을 맛보기 전에는 1절의 행위를 할 것입니다.

그러나 주의 인자하심을 맛보고 난 후로는 2절의 행위를 나타내야 할 것입니다. 갓난아이처럼 순전하고 신령한 젖을 사모하고 구원에 이르도록 자라 가야 할 것입니다. 그러니까 같은 말을 하고 있어도 그 본문에서 강조하는 것이 무엇인가가 중요합니다. 똑같이 배부르다고 해도 어떤 사람은 진짜 먹을 것이 많이 먹어서 배부르다고 하는 사람도 있을 것이고 어떤 사람은 부자라는 의미로 배가 부르다고 말할 수 있을 것입니다. 강조점을 찾는 것이 중요합니다. 여기서 강조점은 1절에 나와 있는 것을 단순히 버리라는 것이 아니라 너희가 어디에 속해 있는 것인가 하는 것에 강조점이 있습니다.

그리스도에 속해 있으면 거기에 맞는 일을 하라는 것에 강조점이 있다는 것입니다. 더 직접적으로 말하면 그리스도에게 속하는 삶을 살라는 것입니다. 그리스도 밖에 있는 것인가 아니면 그리스도의 안에 있는 것인가 하는 것을 강조하는 것입니다. 1절에 나와 있는 것이 없는 사람은 완벽한 사람이라는 것을 말하는 것이 아니라 너희가 그리스도 안에 속하라는 것이 강조점입니다. 4장 3절의 의미도 같은 뜻입니다. 단순히 몇 가지를 버리라는 것에 강조가 있는 것이 아니라 너희가 지금 누구 안에 속해 있는 것인가를 말하는 것입니다.

자식을 키울 때도 그러한 면이 있습니다. 부모님의 뜻을 따라서 살라는 것을 말한다면 "너 요즘 늦게 들어오고, 돈도 너무 많이 쓰고 공부도 안 하더라." 했다면 그것은 너 요즘 자식 노릇을 전체적으로 못 하고 있다는 말이 되는 것입니다. 자식 노릇을 못 하고 있는 몇 가지를 들어서 너 요즘 자식 노릇 못 하고 있다는 것을 강조하는 것입니다. 제가 요즘 집사님 주일을 잘 빠지고 그럽니다. 그러면 단순히 주일만을 말하는 것이 아니라 주님 안에서 제대로 살지 않고 있다는 것을 강조하기 위해서 그렇게 말하는 것입니다.

그러니까 주님 안에 속해 있지 않음으로 인해 발생되는 몇 가지를 말함으로써 너희가 전체적으로 주님 안에 살지 않는다는 것을 말하는 것입니다.

그러니까 베드로는 이방인들이 살고 있는 몇 가지의 특성을 말하면서 예수 밖에서 이방인처럼 살지 말라는 것입니다. 사실 예수를 믿어도 반복되는 죄로 살면 예수 밖에서 사는 것입니다. 행함이 없는 믿음은 거짓이고 예수 밖에서 사는 것입니다. 이방인과 같은 것입니다. 몇 가지의 죄가 문제가 아니라 그 죄의 반복은 예수님을 인정하지 않는 것이 되는 것입니다. 그러니 예수님을 인정하고 예수님 안에서 사는 자는 그러니까 그리스도인으로 사는 자는 예수님 밖에 있을 때의 일을 반복적으로 행하지 말아야 한다는 것입니다.

베드로는 예수님 안에 있으면, 구원으로 자라 가는 과정에 있는 자는 이방인과 같은 죄 아래서 살지 않는다는 것입니다. 저는 예수님을 구주로 믿으면서도 반복된 거짓말을 하거나 형제를 헐뜯는 자들은 구원에서 자라 가지 않는 사람이라고 생각합니다. 지금 베드로는 1절에 기록되어 있는 대로 본도와 갈라디아와 갑바도기아와 아시아와 비두니아에 흩어진 나그네 된 자들에게 이 글을 쓰고 있습니다. 그러니까 수신자들이 유대인 디아스포라인들입니다.

디아스포라 하는 단어의 뜻은 희랍어인데 흩어진 자들이라는 뜻을 가지고 있습니다. 나그네라는 것은 팔에피데모이스입니다. 그러니까 베드로는 유대인들이었는데 전쟁으로 각 나라로 흩어져서 예수님을 믿고 교회를 이루고 있는 유대인 기독교인들이 주된 수신자인 것을 알 수 있습니다. 그러면 유대인들이 교회를 이루면서 고민하는 것이 무엇인가요? 그것은 유대주의와 복음주의의 대립입니다. 그들은 이제까지 율법으로 의를 얻는다고 믿는 자들입니다.

하나님의 복이 보이는 가나안의 풍성함으로 주어진다고 믿는 자들입니다. 그들은 늘 유대주의 사고와 복음주의와 혼합되어 있습니다. 그러나 교회 안에 유대주의가 조금만 있어도 교회는 세울 수가 없는 것입니다. 예를 들어서 율법을 통해서도 의를 얻고 예수님을 믿음으로도 의를 얻는다고 한다면 그것은 교회를 세우는 것이 아니라 교회를 무너뜨리는 것이 되는 것입니다. 남녀의 예를 들면 한 남자가 아내를 사랑하면서 또 다른 여인을 사랑할 수 없는 것입니다.

아내를 사랑한다고 하면서 다른 여인을 사랑하면 그것은 가정을 무너뜨리는 것이요, 아내를 사랑하지 않는 것입니다.

그러면 이 서신을 받고 있는 자들은 주로 흩어진 유대기독교인들인데 주의 인자하심을 맛보기 전에 하던 행동들이 1절에 나와 있는데 그것은 주님 밖에 있을 때에 했던 행동들입니다. 4장 3절을 보면 그들이 예수 밖에 있는 것같이 행한 그 행동이 이방인의 뜻을 좇아 행하는 것과 같다고 말하고 있습니다. 그러면 유대인이 예수님 밖에 있는 것을 이방인과 같이 죄를 짓는 것이라고 말하고 있는가입니다. 유대인이라고 할지라도 예수님 밖에 있으면 이방인과 같기 때문입니다.

자식이라도 부모를 인정하지 않는 자식은 남의 자식과 같은 것과 같습니다. 교인도 마찬가지입니다. 교인인데 교회를 사랑하는 마음이 없으면, 관심이 없으면 남의 교인과 같은 것입니다. 지금 그런 의미로 유대인을 이방인과 같고, 예수님 밖에서 살고, 죄를 짓고 있다는 말을 하고 있는 것입니다.

과거에 이방인은 하나님 밖에 있고 하나님 밖에서 죄를 짓고 살았습니다. 그러나 이제 새로운 구원자인 예수 그리스도를 주셨습니다. 그러니 이제는 유대인이라고 할지라도 예수님을 구주로 믿고 하늘의 질서로 살아야 하는 것입니다.

그런데 유대인들이 예수님을 거절하면 과거 이방인이 하나님을 거절한 것처럼 이방인과 같은 처지에 놓이게 되고 이방인처럼 죄를 짓게 되는 것입니다. 이방인과 똑같아지는 것입니다. 그러니까 유대인이라고 할지라도 예수 밖에 있는 자처럼 살면 이방인과 같이 되는 것입니다. 이제 그리스도 안에 있으면 참된 유대인이요, 밖에 있으면 이방인이기 때문입니다. 그러니 베드로는 예수 밖에서 사는 자처럼 죄를 짓는 유대인들을 향하여 이방인의 뜻을 좇아 사는 자들이라고 하는 것은 아무런 이상이 없는 것입니다. 아내는 동네아줌마처럼 살아서는 안 되는 것입니다.

남편에게 속한 삶을 살아야 하는 것입니다. 이제 유대인이 되어서 그리스도인이 되었으면 그리스도 법으로 살아야지 유대인의 법으로 살아서는 안 되는 것입니다. 이제 하나님이 예수 그리스도 안에서 새로운 나라를 만드셨기 때문입니다. 남자가 장가를 가면 솔로 때의 버릇을 버리고 새로운 관계로 자기의 삶의 의미를 새롭게 변화시키고 살아야 하는데 장가가서도 총각 때의 기분으로 살면 그것은 장가는 갔어도 남편의 인격으로 사는 것은 아닙니다. 세상이 아무리 변해도 원칙은 무너지지 않는 것입니다. 기분 내키는 대로 살아서는 안 되고 자기감정으로 살아서도 안 되고 새로운 관계로 살아야 하는 것이 남편의 인격이듯이 유대인도 예수 안에서 살아야 진정한 유대인의 인격으로 사는 것입니다.

베드로는 예수 밖에 있을 때의 버릇을 버리고 주님의 인자하심을 맛본 자로서 하나님의 새로운 백성으로 새로운 삶을 살라는 것이 그 핵심입니다. 사랑하는 성도 여러분, 갓난아이같이 순전하고 신령한 젖을 사모하여 구원에 이르도록 자라 가라고 했을 때 그 구원은 1장 5~7절에 나타난 말세에 얻을 구원의 완성입니다. 지금 예수를 믿고 있다고 하면서도 예수를 믿기 전에 행했던 이방인의 모습처럼 살지 말고 예수 믿는 자처럼 구원받은 자처럼 그 구원에 동행하라는 것입니다. 구원을 나타내라는 것입니다. 누가 봐도 그리스도인임을 알게 하라는 것입니다.

그것이 구원을 이루어 가는 삶이고 구원의 완성을 얻을 삶인 것입니다. 신령한 젖은 무엇인가? 1장 23~24절에 나와 있는 말씀입니다. 이 말씀을 사모하라는 것입니다. 유대인 기독교인들이 율법을 따라 살면 1절의 행동들이 드러날 것입니다. 이방인으로서 예수 믿는 자들이 이방인처럼 살면 1절의 내용이 나타날 것입니다. 유대인들이 지금도 율법을 좇아 가나안에서 이방인을 다 죽이면 이제는 그것은 악한 것입니다. 이제는 용서의 시대가 왔기 때문입니다. 또한 이방인으로서 예수님을 믿는 우리가 세상을 사랑하면 악한 자가 될 것입니다.

돈을 사랑하면, 명예를 사랑하면, 자기의 에고를 사랑하면 시기와 악독과 분란을 맺게 될 것입니다. 그러나 유대인들이나 우리가 복음을 따라 살면 2절에 나와 있는 대로 구원을 이루는 삶을 살 것입니다. 순전하고 신령한 젖은 복음입니다.

이것은 썩지 않고 쇠하지 않는 신령한 젖입니다. 아이에게 젖을 먹이면 아이가 성장하는 것처럼 복음의 신령한 젖을 먹으면 우리는 복음의 도로 성장하고 그렇게 해서 구원으로 자라 가고 장차 나타날 하늘의 기업을 받을 것입니다.

그러니 우리는 복음의 신령한 젖을 늘 사모하고 복음으로 성장하고 복음을 지켜 내고 복음으로 교회를 세우고 복음으로 세상 것을 죽이고 복음으로 자신을 죽여야 합니다. 그래서 늘 장차 나타날 영광을 온전히 바라고 그 영광에 합당한 자로서 늘 자라 가야 할 것입니다. 아멘.

제6강

| 성경: 베드로전서 2장 3~10절 |

제목: 구원으로 자라 가라

예수님의 은혜와 평강이 여러분에게 함께하시기를 기원합니다. 베드로는 성도에게 고난이 있지만 그것은 당연한 것이라고 말합니다. 그 이유는 세상과 교회는 추구하는 가치관과 생명의 질서가 다르기 때문입니다. 그러면서 산 소망을 가지고 살아야 할 이유를 말하는데 그것은 썩지도 않고 쇠하지도 않는 하늘의 기업을 주셨기 때문입니다. 그러면서 성도의 고난은 도리어 금의 연단보다 더 귀한 결과를 낳게 되는데 그것은 예수 그리스도가 나타나실 때 칭찬과 영광과 존귀를 얻는 것이라고 말합니다.

그러니 믿음 때문에 오는 고난 안에서는 늘 기뻐해야 합니다. 구약의 많은 선지자들이 우리가 받은 나라를 상고하고 바랐고 천사들조차도 우리가 받은 썩지 않는 나라를 보기 원했습니다. 그러니 늘 기뻐하고 그 나라를 받을 때까지 마음에 허리띠를 띠고 근신하고 그 은혜의 날을 바라보고 살아야 합니다. 또한 순종하는 자식처럼 예수님을 믿지 않았을 때의 나쁜 행동들과 사욕을 버리고 우리를 부르신 거룩한 자처럼 우리도 거룩해야 합니다.

하나님은 항상 우리를 외모로 보시지 않으십니다. 하나님은 우리의 행위대로 우리를 판단하시기 때문에 죄짓는 것을 두려움으로 지내야 합니다. 우리에게 이처럼 썩지 않는 나라와 예수 그리스도가 나타나실 때 존귀와 영광을 주시기 위해서 하나님이 하신 일이 다음과 같기 때문입니다. 하나님이 우리를 위해 하신 일은 오직 흠 없고 점 없는 어린양이신 그리스도의 보배로운 피로 우리를 속량한 것입니다. 이러한 일은 하나님이 창세전에 미리 예비하신 일입니다.

곧 첫 창조를 만드신 그 하나님이 새로운 창조를 아들 안에서 만드신 것입니다. 아들을 죽은 자 가운데서 살리심을 통해 모든 산 소망이 하나님께 있게 하였습니다. 그러니 이 진리 가운데 있는 자들은 곧 산 소망 가운데 있고, 썩지 않는 기업을 아들의 피를 통해 받은 그 진리 가운데 있는 자들은 그 진리 가운데 살아야 하는데, 형제를 피차 뜨겁게 사랑함으로써 진리 가운데 거하는 것입니다. 형제를 피차 뜨겁게 사랑하는 것이야말로 예수 안에 속하여 하나님의 거룩한 백성으로 사는 길이고 산 소망을 가진 백성으로 사는 길이기 때문입니다.

우리의 산 소망은 썩지 아니하는 씨로 된 것이기 때문에 모든 육체는 풀과 같고 그 모든 영광은 풀의 꽃과 같아 꽃은 떨어지고 풀은 마르나 오직 주의 말씀, 곧 고난 가운데서도 아들의 피로 구속함을 받은 자들을 산 소망 가운데 살게 하신다는 그 말씀은 영원합니다. 이것이 1장의 내용입니다. 그리고 2장 서두는 예수 안에 속한 자가 되어서 과거에 예수 밖에 있을 때처럼 살지 말라는 것입니다. 예수를 믿고서도 1절과 같은 예수 믿기 전에 죄를 지으면 그 사람은 예수님 안에 있으나, 예수님의 이름을 부르고 있으나 사실은 예수님 밖에 있는 사람이기 때문입니다.

그러니까 1절의 죄를 몇 가지 지적하는 것이 아니라 이방인으로 살 때의 대표적인 죄 몇 가지를 나열하고 너희가 예수님을 믿는다고 하면서도 이방인처럼 살지 말라는 것입니다. 특히 유대인을 이방인으로 취급하면서 말하는 것은 과거에는 이스라엘이 세상에서 특수한 백성이었지만 이제 예수 안에서는 유대인이나 이방인이나 다 차별이 없이 하나님의 백성이 되는 길이 열렸기 때문에 이제 유대인이라고 할지라도 예수님을 믿지 않으면 이방인이 됩니다.

그리고 더 나아가서 유대인 중에서 예수님을 믿는다고 하면서 유대인처럼 율법을 따라 예수를 믿으면 그들은 악한 자가 됩니다. 이 방인과 같이 됩니다. 이방인이 예수 믿기 전에 행동을 하면 그 사람은 예수 안에 속하지 않는 자이고 유대인이 율법으로 살면 악한 자로 예수 밖에서 사는 자들이 되는 것입니다. 만약 유대인이 율법을 따라 하나님을 안 믿는다고 해서 가나안에서처럼 교회 밖의 사람들을 다 죽인다면 악한 사람입니다.

이제 예수 안에서 살아야 하는 이유는 순전하고 신령한 젖을 맛보았기 때문입니다. 그 순전하고 신령한 젖은 1장 23절에 나와 있는 하나님의 말씀으로 오직 흠 없고 점 없는 그리스도의 피로 구속하여 산 소망으로 살게 하였다는 것입니다. 이 젖을 맛본 자들은 구원에 이르도록 자라 가야 한다는 것입니다. 우리의 구원이 현재형이면서 미래형인 것은 재림 때 나타날 영광이 아직은 나타나지 않았기 때문입니다. 그러니 우리는 우리의 믿음의 행위를 따라 그때까지 믿음을 지키고 늘 믿음으로 자라 가야 합니다.

그것이 우리 구원의 완성입니다. 늘 주의 인자하심을 맛보고 살기 때문에 우리는 늘 그렇게 살아야 하는 것입니다. 곧 구원의 완성을 향해 오늘 하나님과 바른 동행을 해야 하는 것입니다. 현재 구원의 행동이 없으면 그 구원은 온전한 것이 아니기 때문입니다. 현재 내가 어떻게 살고 있는가가 중요하다는 것입니다. 우리의 현재 모습이 복음적이지 않고서는 구원에 자라 갈 수가 없는 것입니다. 이 서신을 기록한 베드로의 고심입니다.

이 서신을 받고 있는 자들이 예수님을 믿는다고 하는데 아마도 육체의 소욕으로 많은 부분 살고 있었습니다. 무늬만 그리스도인입니다. 베드로의 고민이 바로 그것에 있습니다. 현재 그리스도인으로 바르게 자신이 받은 구원에 동행하지 않으면 그리스도인이 아닌데 동행이 없어요. 그것이 아픔입니다. 3절에 보면 너희가 주의 인자하심을 맛보았으면 그리하라고 말합니다. 2장 10절은 주의 인자하심을 하나님의 긍휼을 입은 것이라 말합니다. 하나님의 긍휼하심을 입은 것이 하나님의 인자하심을 받은 것입니다.

좀 구체적으로는 9절에서 말하고 있습니다. 하나님의 소유화된 백성입니다. 하나님의 소유화된 백성이고 하나님의 긍휼하심을 입은 자들이기 때문에 구원에 이르도록 자라 가라는 것입니다. 이러한 베드로의 논리는 구약의 언약의 틀을 따르는 것입니다. 사실 신약의 저자들이 다 유대인들입니다. 그들은 옛 언약 백성들입니다. 그러나 그들은 항상 베이스가 첫 언약의 틀을 가지고 있는 것입니다. 출애굽기 19장을 보면 하나님과 이스라엘이 언약을 맺는 장면이 나오고 있습니다.

거기를 보면 하나님이 먼저 이스라엘 백성들에게 하나님이 베푸신 구원의 긍휼과 인자하심을 먼저 쭉 이야기하고 그러나 너희가 내 백성으로 살아야 한다는 것을 말합니다. 그러한 형식이 하나님이 이스라엘과 맨 처음 맺은 언약의 틀입니다. 이처럼 베드로도 사신을 기록하면서 예수님을 믿고 새로운 하나님의 백성이 된 교회들에 하나님이 이렇게 큰 은혜와 긍휼과 인자하심을 베풀었으니 너희가 언약의 백성으로 사는 것이 정당하다는 것을 말하고 있습니다. 세상에서 빛과 소금으로 살아 하나님의 영광을 드러내는 것이 정당하다는 것입니다. 언약의 삶을 요구하시는 것입니다.

그냥 하나님의 백성으로 살라 하는 것이 아니라 먼저 하나님이 베푸신 구원과 긍휼과 인자하심의 내용을 말한 다음에 그러니 너희가 구원에로 자라 가는 백성이 되는 것이 정당한 것이 아니냐고 말하는 것입니다. 4~5절을 보면 곧 신령한 하나님의 성전이 되고 신령한 제사장이 되라는 것입니다. 그러면 신령한 성전이 되라는 것은 무엇입니까? 신령하다는 것은 단순히 도덕성을 말하는 것이 아니라 그리스도와 연합되어 있는 것입니다. 그리스도와 연합되어 있는 삶이 신령한 제사장으로 사는 것이고 신령한 성전으로 사는 것입니다.

부부관계의 예를 들어 보면 좋은 남편이 되는 길은 아내와 온전히 연합되는 삶을 사는 것입니다. 이 말은 항상 아내와의 관계에서 자신을 생각하고 행동하는 것을 의미합니다. 어떻게 하면 남편의 노릇을 잘할 것인가 하는 사고로 사는 것이 아내와 연합된 삶인 것입니다. 그러나 기능적인 실수를 할 수 있습니다. 중요한 것은 기능적인 실수가 아니라 모든 사고와 행동이 아내와 연합된 것에서 나오고 있는가가 중요합니다. 아무리 돈을 잘 벌어 오고 시간을 잘 지켜서 퇴근을 한다고 할지라도 아내와 연합된 것에서 출발하지 않는다면 그것은 남편으로 사는 것이 아닙니다.

우리가 그리스도와 연합이 되고, 신령한 성전이 되고, 신령한 제사장으로 산다는 것은 몇 가지 도덕적인 삶의 교정이 아닙니다. 우리의 생각과 행동이 그리스도로부터 출발하고 있느냐가 중요합니다. 우리의 마음이 정말 그리스도와 연합되어 있는데 뭔가 부족해서 잘못을 저지르는 것은 그리 중요하지 않습니다. 정작 중요한 것이 그리스도가 없이 훌륭한 종교인으로 살려는 것이 문제입니다. 하나님께 속한 자로서 주님처럼 하나님을 봉사해야 합니다. 그리스도의 지체로서 제사장이 되어야 하고 성전이 되어야 하는 것입니다.

다음으로 그러면 어떤 의미로 예수님이 우리보다 먼저 신령한 성전이 되고 신령한 제사장이 되었는가입니다. 4절은 사람에게는 버린 바 되었으나 하나님께는 택하심을 입은 산돌이시다고 말합니다. 예수님은 사람들에게 버린 바 되었습니다. 그러나 하나님에게는 택한 바가 되었습니다. 이 일을 통해 예수님은 신령한 제사장이 되고 신령한 성전이 된 것입니다. 그러니까 예수님이 신령하다는 것은 하나님께 속한 것입니다. 더 쉽게 말하면 하나님의 뜻을 따라 산 것입니다.

이렇게 먼저 하나님의 뜻을 따라감으로써 신령한 제사장이 되고 신령한 성전이 되신 그분이 자신 안에 있는 자들에게도 자신과 같이 신령한 제사장과 신령한 성전이 되기를 요구하십니다. 자신이 머리가 되기 때문입니다. 그러니 주 예수를 구주로 영접하여 한 몸이 된 교회도 주님을 따라 살면 예수님이 하나님의 뜻을 따라 살 때 세상에서 버림을 받은 것처럼 교회도 세상에서 버림을 받고 불같은 시험으로 연단을 받는 것입니다. 예수님의 십자가는 극한 연단입니다.

하나님으로서 권세를 나타낼 수도 있었지만 아버지의 뜻밖에서의 권세가 아니라 다른 말로 하면 세상적인 권세가 아니라 하나님의 뜻의 길을 갔습니다. 그것이 예수님이 겪은 최대의 연단이고 고난입니다. 십자가의 죽음에 시험과 연단 앞에서 주님은 아버지의 뜻을 택했습니다. 그렇게 하심으로 주님은 신령한 제사장과 성전이 되신 것입니다. 주님이 먼저 그 길을 가셨기 때문에 주 예수를 구주로 믿고 교회로 연합된 자들에게도 자신처럼 세상을 버리고 아버지의 뜻에 순종하는 신령한 제사장의 삶과 성전의 삶을 요구하시는 것입니다.

일차적으로 신령한 제사장의 삶과 성전의 삶은 세상을 버리고 아버지의 뜻을 따라. 곧 아버지 안에 속한 사고와 행동으로 사는 것입니다. 이차적으로는 복음을 따라 구원에 자라 가는 삶입니다. 구약에서는 하나님 안에서 자라 가는 삶을 그리고 있는 성경이 있는데 레위기입니다. 하나님이 집에서 이스라엘이 어떻게 구원을 이루는 삶을 사는 것인가 하는 것을 레위기는 말해 주고 있습니다. 이스라엘은 백성은 성전 안에서 하나님을 봉사함으로 자라갔습니다. 그런 것처럼 우리가 구원에 자라 간다는 것은 신령한 젖을 먹으면서 신령한 제사장으로 성전으로 사는 것인데 그것은 하나님을 봉사하는 삶인 것입니다.

자라 간다는 것은 단순히 몇 가지의 도덕성의 개발이 아니라 성전의 삶과 제사장의 삶을 사는 것인데 하나님을 위해 봉사하며 사는 것입니다. 신약의 의미로 보면 하나님의 교회를 봉사하는 삶이 신령한 제사장으로 신령한 성전으로 사는 것이라 볼 수 있을 것입니다. 그것이 구원에 자라 가는 삶입니다. 장차 주님의 재림날에 하나님이 새로운 하늘 성전을 가지고 오실 것입니다. 그때에 주님을 의지하는 자들은 복을 받을 것이고, 구원에 자라 가는 자들은 복을 받을 것이고 그러지 않는 자들은 부끄러움이 있을 것입니다.

구약에서 예언하기를 이스라엘 중에 제사장 그룹인데 그들이 모퉁이 돌 그러니까 새로운 하나님의 집을 지을 기초가 되는 돌인 예수님을 버릴지라도 그 버리신 돌을 취해 새로운 집 새로운 성전을 세울 것입니다. 그 산돌을 의지하는 자는 복을 받게 될 것이고 그렇지 않는 자들을 부끄러움을 당하게 될 것입니다. 그에게 부딪치는 돌이 될 것입니다. 그리고 그 돌이 떨어지면 그를 거역한 자들은 부서질 것입니다. 이 구약의 예언이 이스라엘에서 이루어진 것입니다.

왜냐하면 그들이 구원에 동행하지 않았기 때문입니다. 세상은 보이는 것들에 가치를 두고 살고 있습니다. 더 많은 돈을 추구하고, 명예와 더 좋은 옷과 집과 맛있는 음식을 탐하고 삽니다. 그리고 그것들이 가치 있는 것이라 생각을 합니다. 다 썩음에 왕 노릇 하는 삶을 살고 있고 세상의 부로 교회를 조롱하고 성도를 조롱하는 시대입니다. 그러나 주님이 재림하시면 하늘의 영광이 나타날 것입니다.

그때는 우리가 하늘의 기업을 받게 될 것이고 우리를 사랑해서 몸을 주신 주님께 영광과 존귀와 칭찬을 받을 것입니다.

그때는 우리가 진정 그리스도의 지체가 되고 하나님을 진정으로 아버지로 부르는 영광스러운 삶을 살게 될 것입니다. 그러니 우리는 그날에 이르도록 구원으로 자라 가야 합니다. 교회를 잘 봉사해야 합니다. 주님이 말씀하신 것처럼 말하고, 주님이 봉사한 것처럼 봉사하고 주님처럼 하나님 아버지 앞에서 교회를 봉사해야 합니다. 많은 사람이 나를 보면 진실한 그리스도인 것을 알아야 합니다. 회색이 아니라 그리스도인의 정당한 색을 가지고 구원으로 동행해야 합니다.

우리가 하나님의 성전이고 그 성전의 제사장입니다. 그러니 하나님의 집을 늘 아들처럼 봉사해야 하며 아들처럼 아버지의 빛을 드러내야 합니다. 세상에 아들의 빛을 비춰 세상이 하나님의 영광의 나라가 되게 해야 합니다. 여러분, 현재 보이는 것들에 가치를 두지 말고 하나님처럼 자신을 다 버려서 우리를 사랑한 것처럼 우리도 하나님처럼 하나님을 사랑하고 교회를 사랑하고 형제를 사랑해서 하나님의 집을 봉사해 늘 구원에 자라 가는 여러분이 되시기를 바랍니다.

늘 그리스도의 영광의 빛을 얼굴에서부터 나타내는 여러분이 되시기를 바랍니다. 누가 보더라도 그리스도인을 알게끔 말하고 생각하고 봉사하고 피차 뜨겁게 사랑하는 여러분이 되어 늘 구원에 자라 가는 여러분이 되시기를 바랍니다. 아멘.

제7강

제목: 하나님의 종다운 삶에 대해서

예수님의 은혜와 평강이 이 시간 여러분에게 넘치기를 기원합니다. 오늘은 2장 11절부터 강론하겠습니다. 늘 반복하는 말이지만 여러분이 정말 복음을 사랑하는 마음과 자세로 말씀으로 경배하며 하나님과 바른 교제가 되기를 바랍니다. 우리가 받은 구원이 무엇인가? 그것을 설명하기 위해서는 이스라엘이 받은 구원이 무엇이고 그 구원과 우리의 구원의 같은 점과 탁월성이 무엇인가를 아는 것이 중요합니다. 구원이라는 것이 무엇인가 하는 것의 개념은 하나님이 이스라엘을 애굽에서 건지실 때 정해 놓으셨기 때문에 우리의 구원의 모델을 알려면 이스라엘의 구원을 알 수밖에 없고 비교할 수밖에 없는 것입니다.

신약의 저자들이 항상 신약의 구원을 설명할 때 구약의 구원과 대비를 해서 신약의 구원에 탁월성을 말하는 것으로 되어 있기 때문입니다. 자녀를 기를 때도 항상 비교법이 사용됩니다. 먼저는 어릴 때와 좀 더 컸을 때를 잘 비교합니다. 어릴 때는 철이 없었지만 이제는 철이 들었으니 어른답게 행동하라는 것입니다. 어른이 되어 가지고도 애들처럼 살면 소망이 없는 것입니다. 물론 요즘은 어른인데 애들처럼 철이 들지 않는 사람들도 많이 있습니다.

역사적으로 보면 항상 이스라엘이라는 나라는 어린아이의 나라이고 신약의 교회는 장성한 나라입니다. 그래서 신약의 저자들은 신약교회 성도의 구원의 삶을 말할 때 구약 어릴 때와 대비를 해서 말하는 것입니다. 옛날에는 철이 없어서 또 부족함이 많아서 하나님의 앞에 불순종하는 삶을 살았지만 이제는 너희가 장성한 자들이 되었고 하늘의 썩지 않는 기업을 받은 자로서 거기에 합당한 삶을 살도록 요구하시는 것입니다. 그러니까 항상 구약과 대비해서 신약교회의 탁월성을 이야기하는 방식으로 구원의 삶을 말하고 있습니다.

베드로서도 마찬가지입니다. 성도가 고난 중에서 어떻게 살 것인가 하는 것을 말할 때 본문 자체가 구약을 말하지 않더라도 하나님 나라의 토대와 그 출발이 구약교회이기 때문에 고난 중에서 승리를 말할 때도 구약의 구원과 신약의 구원의 차이점을 말하면서 신약교회의 탁월성을 말하는 것입니다. 부모와 자식 간에도 마찬가지입니다. 항상 철이 들어라 말할 때는 이제 컸으니까 철이 들어라는 것입니다. 어릴 때와 항상 비교가 되는 것입니다. 왜냐하면 철이 없던 어릴 때를 지나왔기 때문입니다.

이스라엘 역사를 보면 애굽에서 구원을 받고 시내 산 앞에 다 모였습니다. 하나님이 그 산에서 그들의 몸을 깨끗이 씻게 한 후에 하나님의 거룩한 언약의 백성으로 삼으셨습니다. 이제 하나님은 이스라엘의 아버지 역할을 해 주실 것이고 이스라엘은 아버지만 섬기는 백성으로 구별이 된 것입니다. 출애굽기 24장을 보면 하나님과 이스라엘이 언약을 맺는 장면이 나오고 있습니다. 24장 4~8절을 보면 모세가 하나님이 하신 모든 말씀을 다 기록하고 나서 이른 아침에 산 아래 단을 쌓고 이스라엘의 지파대로 열두 기둥을 세우고 번제와 화목제를 드렸습니다. 그리고 그 동물의 피를 여러 양푼에 담고 반을 취하여 하나님의 단에 뿌렸습니다.

그리고 모세가 시내 산에서 받은 십계명과 율례를 백성들 앞에서 읽었습니다. 그러자 백성들은 그 말씀대로 살 것을 약속했습니다. 모세는 양푼에 남아 있는 피를 백성에게 뿌려 피의 언약을 맺었습니다. 피는 동물의 생명을 상징합니다. 피로 맺은 언약이기 때문에 그들은 그들의 생명을 다해 하나님을 섬겨야 합니다. 어기면 죽음밖에는 없는 것입니다. 이제 이스라엘은 하나님과 피로 맺은 백성이 되었습니다. 하나님은 이제 이스라엘을 지키실 것입니다.

하나님은 이처럼 피의 언약을 맺으신 후에 하나님이 이스라엘과 함께 살기 위해 하나님이 사실 집을 짓도록 하셨습니다. 그리고 그 집은 성전입니다. 그 집에 항상 상주하면서 하나님을 봉사하도록 하였는데 바로 제사장들입니다. 하나님은 성전에서 상주하면서 하나님을 봉사하는 제사장에게는 특별한 복을 주셨습니다. 그리고 백성들은 성전에 계신 하나님을 섬김으로써 복을 받고 하나님과 생명의 교제를 하면서 살았습니다. 이스라엘은 온 세상 사람들과 나라들을 대표해서 하나님을 섬기는 나라입니다.

하나님은 하나님을 섬기는 자들에게 복을 주어서 이스라엘이 섬기는 하나님의 영광이 무엇인지를 나타내셨습니다. 이스라엘이 하나님의 법과 율례를 좇아 살면 하나님은 항상 그들에게 복을 주었고 그렇게 함으로써 하나님의 영광이 이방인 중에 나타났습니다. 그들이 받은 복은 가나안에 젖과 꿀이 흐르는 먹고 마시는 것에 풍성한 것이었습니다. 이스라엘이 하나님 말씀에 순종하고 살면 생명의 양식으로 가나안에 먹을 것과 마실 것이 풍성한 복을 주었습니다. 이스라엘이 하나님을 섬기고 그의 말씀을 지키고 하나님은 그들에게 복을 주는 것이 언약의 삶이고 교제의 삶입니다. 이 하나님의 복을 이제 역사의 마지막에 만든 하나님의 백성인 교회에는 가나안에 썩는 복이나 변해 버릴 것들로 복을 주신 것이 아니라 변하지 않는 하늘 성전의 복으로 주셨습니다.

이제 하늘 성전의 우리의 대표는 하나님의 아들이십니다. 그분이 우리의 머리입니다. 우리를 하나님의 백성으로 삼으시기 위해 죽으시고 부활하신 그분이 하늘의 기업의 주인이십니다. 그 하늘의 기업은 영생이고 평안이고 썩지 않는 하나님의 생명입니다. 그 기업을 이제 교회의 것이 되게 하셨습니다. 이제 어떤 특별한 나라만 어떤 특별한 사람만 하나님의 백성이 되고 영생을 얻고 하늘 성전의 기업을 받게 하신 것이 아니라 누구든지 예수를 구주로 믿으면 주시겠다고 하십니다.

이 구원의 복이 성경에 기록되었고 늘 선포되고 있으며 항상 복음은 세상에 개방되어 있습니다. 그리고 교회는 늘 이 말씀을 듣습니다. 썩지도 않고 쇠하지 않는 하늘나라의 기업을 장차 주실 것이라는 것을 항상 교회는 듣습니다. 누구도 이 사실 앞에 다른 말을 할 자가 없습니다. 그러나 이 복음의 소식을 거부하는 자들에게는 이 하늘의 비밀이 감추어져 있습니다. 주 예수를 믿지 않는 자들에게는 성경은 하나의 문학전집에 불과합니다.

그런 의미로 감추어져 있습니다. 그러니 세상은 하늘에 속한 자들을 핍박합니다. 그런데도 교회가 기뻐하는 것은 우리가 이 하늘의 구원을 받았고 하늘의 비밀을 알고 지금 거기로 걸어가고 있기 때문에 거룩한 삶을 사는 것입니다. 만약 교회가 죄 가운데 있으면 우리는 예수 밖에 있는 자들이요, 하늘의 기업을 확실하게 신뢰하지 못하는 것입니다. 남편만 바라보고 남편이 돌아오기를 간절히 바라다가 망부석이 된 여인처럼 세상의 죄는 보이지 않을 것입니다(신라 눌지왕 때 박제상의 아내, 수릿재에 올라가 기다림).

문제는 신뢰입니다. 관심입니다. 신뢰하지 않는 믿음은 거짓이요, 관심의 이행이 없는 사랑은 거짓입니다. 고관은 필연적이고 신뢰가 있으면 고난은 더욱 큰 기쁨을 가져오게 하는 것입니다. 이 하늘의 기업을 하나님이 우리에게 주시기 위해 하나님은 독생자를 주심으로 우리를 뜨겁게 사랑하셨습니다. 그러니 우리도 한 몸 된 교회로 피차 뜨겁게 사랑하여 한 몸을 이루어서 하나님을 섬기는 것이 거룩한 백성으로 사는 것이요 진리 가운데 사는 것입니다. 사랑과 용서, 격려와 세움, 관용과 채움이 없는 교회는 그리스도의 교회가 아니고 그리스도의 성도가 아닙니다.

교회는 하늘 성전에서 그리스도를 따라 사는 자들입니다. 하늘 성전을 봉사하는 거룩한 왕 같은 제사장들입니다. 그러니 하나님의 말씀을 더욱 사랑하고 피차 뜨겁게 사랑해서 세상에 하나님의 영광을 드러내야 할 것입니다. 늘 우리는 말씀으로 자라 가야 하는데 그리스도와 같이 자라 가야 합니다. 하나님의 말씀이라면 교회가 세워지는 것이라면 언제든지 죽을 수 있는 자가 바로 장성한 자들입니다. 베드로는 이같이 자라 가라고 권면하고 있습니다. 믿음에 대한 확실한 신뢰만이 고난을 이기고 산 소망을 가진 자만이 피차 뜨겁게 사랑해서 교회를 이룰 수가 있는 것입니다.

어떤 상황이 오더라도 하나님에 대한 신뢰, 이것만이 우리가 승리하는 비결이고 산 소망 가운데 형제를 피차 뜨겁게 사랑해서 교회를 이루는 것만이 하늘의 제사장으로 사는 길인 것입니다. 여러분은 교회의 한 몸이 되었는데 기도만 하지 말고 피차 사랑의 관심을 가지는 자들이 되기를 바랍니다. 그것이 우리가 그리스도인으로 사는 길이요, 거룩한 것이요, 제사장으로 사는 것입니다. 아무튼 오늘부터 우리 교회가 규모는 작지만 사랑과 관심으로는 모든 교회에 모범이 되는 교회가 되기를 바랍니다.

11절부터는 하나님 안에 속한 자들로 구체적인 믿음의 삶이 무엇인가를 말해 주고 있습니다. 지금 교회들이 핍박을 받고 있습니다. 하나님의 은혜를 입고 하늘의 왕 같은 제사장이 된 자들의 구체적인 구원을 이루는 삶이 무엇인가를 말하고 있습니다. 구체적인 삶을 말합니다. 베드로서가 고난 속에서의 구원에 이르는 삶을 말하는 것이니까 그 구체적인 삶도 고난 속에서의 구체적인 삶을 말할 것입니다. 지금 교회가 그리스도의 이름 때문에 핍박을 당하고 있습니다.

멸시를 당하고 있습니다. 예수를 믿는다고 하는데 하나님이 살아계신 증거를 대 보라고 할 것이고 예수 믿는 자들이 왜 그렇게 가난하게 사느냐 하는 많은 멸시가 있을 것입니다. 그런 상황 가운데서 장차 나타날 영광을 소망하면서 흔들리지 않고 어떻게 하나님의 나라와 교회를 봉사할 것인가 하는 것입니다. 아직은 하늘의 일들이 세상에 감추어져 있습니다. 믿는 자는 압니다. 믿는 자도 복음을 바르게 아는 자만 압니다. 율법주의자들은 성도의 시험을 알지 못합니다.

성도의 고난을 이해하지 못합니다. 아직 세상에 하늘의 영광이 나타나지 않는 상황 가운데서 어떻게 믿음으로 흔들리지 않고 하나님의 나라를 봉사할 것인가 하는 것이 대단히 중요합니다. 타협하지 않고 믿음의 길을 갈 것인가, 자기만의 길을 갈 것인가 하는 것은 참으로 중요합니다. 자신의 믿음의 고집, 자존심, 에고는 참으로 중요한 것입니다. 주님은 지금 영광의 주로 하늘보좌에 취임해 계십니다. 그러나 그 하늘의 영광은 재림하기 전까지는 세상에 감추어져 있습니다.

그런 상황 가운데서 교회는 주님을 봉사합니다. 주님이 재림하면 물론 하늘의 영광을 주실 것을 알고 세상의 모든 영광은 다 썩을 것을 압니다. 그런데 중요한 사실이 한 가지 있습니다. 주님이 하늘 영광의 보좌에 오르기 위해서 세상에서는 멸시와 버림을 받았습니다. 세상적으로 버림을 받아 하늘의 영광을 취하셨습니다. 세상의 멸시의 길을 통해 하늘의 영광을 받은 것입니다. 하나님이 그렇게 정하셨습니다. 세상의 방식으로 세상을 새롭게 하신 것이 아니라 세상의 방식과는 정반대의 길을 통해 새로운 나라를 만드셨기 때문입니다.

그러니 주님 방식대로 살면 세상에서는 고난을 받고 멸시를 당하게 되어 있습니다. 그 고난 속에서도 하늘의 기업을 소망하며 어떻게 하늘의 윤리를 나타낼 것인가 하는 것이 베드로의 관심입니다. 주일 하나 지키는 것도 어려움이 있습니다. 매주일 가는 것인데 한 주일 빠지면 어쩌느냐 그날 모임에 가자고 말들을 합니다. 그리고 모임에 빠지면 비판을 합니다. 그러나 기독교인들이 타협을 하면 세상은 소망이 없습니다. 그리스도인들이 타협하면 그 순간은 자기에게 편하지만 세상의 질서는 변하지 않고 자기도 소망이 없는 사람이 되는 것입니다.

그래요 그리스도인으로 사는 것이 어렵습니다. 압니다. 그러니 믿음으로 서야 합니다. 하나님의 하늘 성전을 봉사하는 왕 같은 제사장으로 타협이 없이 설 때 세상은 소망이 있고, 자신도 소망이 있는 것입니다. 우리는 우리의 모든 행동이 그것이 하나님의 교회를 세우는 길인가 항상 판단하고 행동해야 합니다. 하나님의 교회를 세우는 길이 아니라면 그것은 거짓된 행동입니다. 11절을 보면 지금은 우리가 세상에서는 나그네처럼 되어 있고 거류하는 자들처럼 되어 있습니다.

그러니까 이 세상에서는 하늘의 기업을 얻는 것이 아니라 그 기업을 얻으려고 살고 있기 때문에 나그네와 거류민과 같은 것입니다. 이 세상에 소속이 아닌 자들에게 이르노니 하는 말과 같습니다. 그리고 예수 믿기 전에 죄 된 질서로 살지 말고 하늘에 속한 자들처럼 새로운 윤리, 도덕으로 살 것을 말하고 있습니다.

단순한 윤리와 도덕이 아니라 하늘의 윤리와 도덕으로 살 것을 말하고 있습니다. 그래야 재림 때 영혼의 구원을 받을 것입니다.

사랑하는 여러분, 믿는 자의 고난은 필수입니다. 그리고 승리는 보장된 것입니다. 하늘의 썩지 않는 기업은 이미 우리의 것입니다. 그러니 그리스도에게 속한 자로 예수 믿기 전에 행실을 죽이고 하늘의 윤리를 나타내서 여러분을 본 자들이 다 그리스도의 얼굴을 볼 수 있도록 얼굴과 행동에 그리스도인의 모습을 항상 나타냅시다. 그래서 여러분의 행동과 얼굴을 본 자들이 하나님의 영광과 하나님의 얼굴을 보게 하는 여러분이 되시기를 바랍니다. 아멘.

제8강

| 성경: 베드로전서 2장 11~17절 |

제목: 하나님의 종 된 삶

　　　예수님의 은혜와 평강이 여러분에게 함께하시기를 기원합니다. 베드로는 고난 속에서도 하나님이 베푸신, 썩지 않는 쇠하지 않는 구원을 말하고 장차 나타날 하나님 나라의 기업을 이을 자로 자라 가라고 말하고 있습니다. 곧 산 소망 가운데 살 것을 말하는데 고난 가운데서도 예수님 안에 속한 거룩한 자로 살 것을 말하고 있습니다. 좀 더 구체적으로 하면 왕 같은 제사장으로 살 것을 말하고 있습니다.

　하나님이 우리를 구원하신 목적은 왕 같은 제사장으로 살도록 하기 위함입니다. 그리고 왕 같은 제사장으로 진리 가운데 서서 피차 뜨겁게 형제를 사랑함으로 교회를 이룰 것을 말합니다. 그리고 더욱 구체적으로 왕 같은 제사장으로서의 삶을 말하고 있습니다. 첫째는 이방인처럼 살지 말고 하늘의 백성답게 살 것을 요구하고 있습니다. 이방인처럼 세상의 욕정으로 살지 말고 하나님의 백성답게 사는 것입니다.

성도가 하나님의 백성으로 살면 이방인도 우리를 보고 하나님께 영광을 돌릴 것입니다. 그런데 세상에서 하나님의 백성으로 산다는 것은 고난 속에 산다는 것입니다. 예수님을 믿는 것 때문에 고난이 이어지고 있습니다. 그런데도 부활하신 주님의 얼굴은 볼 수 없습니다. 주님의 얼굴을 보면 고난은 아무것도 아닌 것인데 주님의 얼굴을 보지 못한 상태에서 약속만 믿고 고난을 받고 있습니다. 주님이 장차 재림하실 것이고 그때는 하늘의 산 소망을 주실 것이다 하는 약속을 가지고 있습니다.

그 약속 안에서 믿음으로 기쁨으로 잃지 않고 예수님을 믿는 그것 자체로 즐겁게 살 수 있는 힘이 무엇인가? 부활의 얼굴을 보지도 못하면서 기뻐하는 이유가 무엇인가? 베드로는 우리의 영혼이 구원을 받았기 때문이라고 말합니다. 이미 우리의 영혼이 구원을 받은 상태에서 하늘의 기업을 소망하며 살고 있기 때문에 변해 버리고 썩는 것들로 인해 믿는 즐거움이 쇠퇴할 수가 없다는 것입니다.

우리의 영혼이 구원을 받았다는 것은 육체와 반대되는 구원을 말하는 것이 아니라 우리가 하나님이 역사의 끝에 주시고자 한 구원을 받은 것입니다. 하나님 앞에서 영원히 살고 즐거워하는 구원을 받은 것입니다. 그러나 지금은 그 구원이 나타나 있지 아니합니다. 가시적인 것이 아닙니다. 믿음의 영역입니다. 그러나 주님이 재림하면 가시적인 것이 될 것입니다. 하나님 앞에서 영원히 즐거워하는 삶이 우리의 구원의 목표입니다. 그 구원을 우리가 받았습니다. 그 증거가 우리 안에 성령이 계신다는 것입니다.

우리가 복음으로 서서 복음의 신령한 젖으로 살면 우리 안에는 죄가 없습니다. 그리고 두려움도 없는 것입니다. 그러나 복음으로 서지 않으면 그때부터 두려움과 죄가 왕 노릇 하는 것입니다. 믿음으로 승리하는 것이나 고난을 이기는 길은 관계적이고 고백적인 것이고 성령의 역사적인 것이지 육체적인 것이 아닙니다. 우리의 육체가 약해 죄를 짓는 것이 아니라 믿음으로 서지 않기 때문에 죄를 짓는 것입니다.

왕 같은 제사장으로 사는 길은, 죄를 이기는 길은, 이방인처럼 살지 않는 길은 주님을 묵상하는 것이고 언약 안에 머물러 있는 것입니다. 하나님과 바른 관계에 있을 때만 죄와 고난을 이길 수 있는 것입니다. 우리가 죄를 이기는 길은 자기성찰과 자기노력이 아니라 주님을 묵상하고 주님을 사랑할 때 성령의 역사로 이기는 것입니다. 부부관계도 마찬가지입니다. 참된 남편으로 사는 길은 아내를 사랑함으로써 이루어지는 것이지, 아내와 바른 관계에 있을 때 이루어지는 것이지 남편의 속성으로 이루어지는 것은 아닙니다.

왕 같은 제사장으로 사는 길은 주님을 항상 묵상하는 바른 관계에 있을 때 가능한 것입니다. 여기에 나와 있는 몇 가지의 죄를 피한다고 되는 것이 아니라 사실 그 죄들은 주님을 생각하지 않고 선하게 산다고 한들 주님과 상관이 없는 것입니다. 주님 앞에 섰을 때 주님과 바른 관계에 있을 때 바른 거룩이 이루어지는 것입니다. 하나님만 생각하고 하나님만을 즐거워하고 하나님이 나를 구원하시기 위해 얼마나 나를 사랑하셨는가?, 몸을 주시기까지 얼마나 나를 사랑하셨는가?

나를 어두움에서 건지셔서 나를 지금도 얼마나 사랑하고 계시는가. 그 하나님을 묵상하고 그 하나님 앞에서 감격해하고 그 하나님을 위해 죽도록 충성하겠다는 다짐 속에서만 성령이 역사하는 것입니다.

그런 복음의 바른 묵상과 고백 속에서 성령의 역사로 우리가 세상적으로 살면 세상적인 것을 추구하는 것들이 얼마나 어리석은 일인가를 알게 되는 것입니다. 그리고 예수 믿기 전의 죄에서 벗어나 하늘의 왕 같은 제사장으로 자기의 믿음의 삶을 살아가는 것입니다.

그러니 바른 복음의 전파가 필수적이고 하나님에 대한 바른 지식이 필수적입니다. 복음을 알면 세상에 연연하지 않습니다. 오늘 죽어도 좋은 것입니다. 나머지는 주님이 알아서 할 것이고 우리는 오늘 우리 믿음의 삶을 열심히 갈 뿐입니다. 두 번째로 그러면 왜 우리가 영혼을 거스른 육체의 소욕을 제어하고 이겨 내는 승리를 해야 할 것인가입니다. 하나님이 이스라엘 백성을 특별히 구원하신 것은 만민에게 하나님의 영광을 드러내도록 하는 것입니다. 제사장 민족으로 살아 하나님의 영광을 드러내는 것이 이스라엘이 하나님 언약의 백성으로 부름을 받은 근본적인 목적입니다.

그런 것처럼 교회의 구원도 하나님의 영광을 세상에 증거하도록 하기 위해 우리를 구원하신 것입니다. 여기서 말하는 것은 얼마나 우리가 도덕적인 사람이 될 것인가 하는 것이 아니라 하나님 영광의 증인으로 얼마나 합당하게 살 것인가 하는 것입니다. 이스라엘이 하나님을 봉사하는 민족으로 살았듯이 우리가 어떻게 하나님을 봉사하는 자들로 살 것인가 하는 것입니다. 고난 속에서도 주님 편에 서서 사는 자들에게, 주님을 위해 마땅히 수고의 씨를 뿌리는 자들에게는 주님이 재림하여 마땅히 상급을 주시겠다는 것입니다.

하늘 영광의 기업은 공짜가 없습니다. 구원은 전적인 은혜지만 하나님의 장차 주실 하늘의 상급은 행한 대로입니다.

믿음의 인내에 열매로 하늘의 상급이 주어집니다. 담대하게 뿌린 자는 그만큼 하늘의 영광의 기업도 클 것입니다. 그것이 하나님의 공평하심입니다. 고난을 견디고 오직 주를 위해 산 자와 회색으로 산 자와 그 상급이 같다면 하나님은 불공평하신 것입니다. 그런데 지금은 하나님의 영광의 세상에 감추어져 있기 때문에 세상은 교회를 욕하고 핍박합니다. 그런다고 할지라도 영혼을 따라 살아야 하고 하늘에 소망을 두고 살아야 하는 이유는 장차 주님이 재림하면 상급을 받을 것이기 때문입니다.

믿음으로 모든 고난을 이기고 산 자들에게 하늘의 존귀와 영광과 상급을 주면, 교회를 비방했던 자들이 과연 하나님은 살아 계시고, 하나님은 공평하시고, 옳은 분이시라고 생각할 것이고 영광을 돌리게 될 것입니다. 때문에 곧 하나님의 영광을 위하여 왕 같은 제사장으로, 믿음으로, 바른 도를 갈 것을 요구하는 것입니다. 그러니 하나님 백성의 믿음의 고난과 선행은 결코 무의미한 것이 아닌 것입니다. 세상이 믿는 자를 알아주지 못하고 많은 비방을 할지라도 교회는 믿음으로 살아야 합니다. 이미 살길과 그 방법이 정해져 있습니다. 그 길만이 살길입니다.

세 번째는 멸시받는 세상에서 선을 행하는 것이 무엇인가? 13절은 인간이 세운 모든 제도를 주를 위하여 순복하되 왕들이나 그가 보낸 방백들에게 순복하라고 말합니다. 순복해야 할 이유는 그들의 직무는 악을 징벌하고 선을 격려하는 자들이기 때문입니다. 곧 세상이 망하지 않도록 하는 일을 그들에게 맡기셨기 때문입니다. 물론 그 통치는 그리스도의 통치의 질서를 거스른 것이 되어서는 안 되는 것입니다. 예를 들어 주일날 시험을 보는 것을 통치자가 통치의 행위로 강요할 때 그것은 순복할 수 없는 것입니다.

또한 너희들이 자유자이지만은 그 자유를 가지고 악을 행하는 도구로 사용하지 말고 하나님의 종처럼 행하라고 말합니다. 하나님의 종처럼 뭇사람을 공경하고 형제를 사랑하며 하나님을 두려워하고 왕을 공경하라고 말합니다. 로마서 13장과 비슷한 면이 있습니다. 그러나 로마서는 모든 권세를 위에서 주신 것에 복종하라는 것에 강조점이 있습니다. 주님이 세상의 왕이시고 세상의 왕들에게 주님이 권세를 주었으니 복종하라는 것입니다.

이스라엘이 바벨론에 끌려갔을 때 하나님이 바벨론 왕에게 복종하라고 말합니다. 왜냐하면 하나님이 바벨론을 다스리기 때문입니다. 바벨론 왕을 하나님이 다스리십니다. 그러나 그에게 순복해야 합니다. 만일 하나님이 바벨론 왕을 다스리지 않는다면 이스라엘은 그들과 맞서 싸워야 할 것입니다. 교회 시대도 마찬가지입니다. 이제 주님이 만왕의 왕으로 세상을 다스리십니다. 모든 왕들을 하나님이 세우시고 세상이 망하지 않게 합니다. 하나님이 세상을 다스리지 않으면 교회는 세상과 싸움을 해야 하는 것입니다.

물론 세상 왕들이 그리스도의 통치 질서를 거스르지 않도록 교회는 항상 감시해야 하는 것입니다. 하나님이 주신 통치권을 그리스도의 질서를 거스르는 데 사용하지 않도록 해야 하는 것입니다. 하나님이 세상의 왕들에게 세상이 죄로 망하지 않도록 선한 자에게 상을 주고 악한 자를 통제하는 권세를 주신 것입니다. 하나님이 그러한 방법으로 세상을 통치하십니다. 그러나 교회는 세상 왕들이 그 통치권을 하나님의 의도대로 사용하도록 기도하고 감시하고 통재해야 하는 것입니다.

하나님의 교회 시대는 세상을 그렇게 통치하시는 것입니다. 로마서는 하나님이 세상을 통치한다는 개념이 강하기 때문에 하나님이 세운 세상 왕들에게 복종하라는 것에 강조점이 있습니다. 복종하는 것들은 세금을 내는 것들이고 헌법을 지키는 것들입니다. 하나님이 위임하신 질서들입니다. 그러니 국회의원들도 소명의식을 가지고 그리스도의 통치 질서에 입각한 헌법을 만들어야 할 것입니다. 그러나 베드로서는 조금 다르게 말하고 있습니다. 자유하나 그 자유를 악을 정당화하는 도구로 사용하지 말고 그러니까 주님의 왕권에 강조가 있는 것이 아니라 세상의 선한 질서에 순종하라는 데에 강조점이 있습니다.

성도는 세상에 속하지 않습니다. 우리는 하늘에 속하고 그리스도가 우리의 왕이십니다. 우리는 세상에 매인 자들이 아닙니다. 그럴지라도 세상의 왕의 질서에 순종하라고 말합니다. 이 질서는 주님이 다시 오실 때까지 계속될 것입니다. 사실 이 질서는 많은 부분 하나님의 통치 질서를 거스릅니다. 하나님의 백성을 무시합니다. 그런데도 그 통치 아래서 살 것을 말하고 있습니다. 그 통치를 인정하라는 것입니다. 이 말은 잘못된 것을 지키며 하라는 것이 아니라 통치 자체를 인정하라는 것입니다. 하나님의 교회 시대는 그러한 방식으로 세상과 교회를 다스리기 때문입니다. 통치권을 인정하고 그 통치의 행위가 그리스도의 통치 질서를 거스르지 않는다면 순종하라는 것입니다.

하나님이 그리스도의 재림의 날까지 세상을 그러한 방식으로 다스릴 것이기 때문입니다. 하나님이 국가의 질서와 사회의 질서와 가정의 질서를 세우셨습니다. 하나님은 질서의 하나님이기 때문입니다. 물론 주님이 재림하시면 모든 질서는 바뀔 것입니다. 그렇지만 주님이 오실 때까지는 이러한 질서로 세상을 하나님이 다스릴 것입니다. 그러니 성도는 세상의 왕의 권세에 순종해야 하는 것입니다. 그러나 이 질서는 하늘의 질서는 아니고 임시적입니다.

성도는 하늘의 질서에 속한 자들이고 하늘의 생명으로 사는 자들입니다. 하늘의 통치로 살 자들입니다. 세상에 살고 있지만 세상에 속한 자들이 아니라 하늘에 속한 자들입니다. 세상에서 자유자라고 할지라도 그것을 합법화해서 세상에서 악하게 살아서는 안 되는 것입니다. 하나님이 주신 세상 질서에 따라 권위자에게 예를 갖추고 형제를 사랑하고 마땅히 공경할 자를 공경하는 것입니다.

사랑하는 여러분, 우리는 세상의 빛과 소금으로 살아야 할 자입니다.

하나님이 세우신 질서를 따라 살면서 우리의 행위가 마땅히 모범이 되어야 할 것입니다. 항상 그리스도의 사랑과 그 통치를 나타내는 방식으로 세상 권세에 순종해야 할 것입니다. 그래서 모든 자들이 나를 봄으로써 하나님께 영광을 돌리도록 해야 할 것입니다. 세상의 질서가 그리스도의 통치를 거스르지 않는다면 그것을 잘 지켜서 세상의 본이 되고 우리를 본 자가 그리스도를 보도록 해야 할 것입니다.

그것이 하늘에 속한 자로 주님 재림할 때까지 세상이 하나님 나라가 되게 하는 삶인 것입니다. 여러분 모두가 하나님이 세우신 질서에서 천국에 속했다는 것을 핑계 삼아 세상에 악을 행하지 말고 하나님이 세우신 질서에 그리스도의 빛을 비추는 여러분이 되시기를 바랍니다. 아멘.

제9강

| 성경: 베드로전서 2장 18~절 |

제목: 하나님의 종다운 삶

예수님의 은혜와 평강이 여러분에게 함께하시기를 기원합니다. 앞부분에서 베드로는 세상 질서에 순종하라고 말합니다. 그 이유는 그리스도의 부활로 주님이 만왕의 왕으로 통치하시기 때문입니다. 주님이 재림하셔서 세상을 새롭게 하시기까지는 세상의 왕들을 통해서 다스리십니다. 그렇게 해서 세상의 왕들이 선한 자에게 상을 주고 악한 자를 심판함으로 세상이 망하지 않고 하나님 나라에 봉사자로 존속하게 하신 것입니다.

그러니 교회의 성도는 세상의 통치 질서를 인정하고 그 질서 안에 살아야 하는 것입니다. 물론 성도는 하늘에 속한 자들이지만 재림 때까지 세상 질서에 사는 것입니다. 그러나 그 질서가 그리스도의 통치 질서를 거스른다면 가감하게 수정하고 저항해야 하는 것입니다. 예를 들어 전두환 씨가 군사정권으로 광주를 탄압했습니다. 그들은 그들 나름대로의 통치원리에 명분을 가지고 있었습니다. 그러나 그 통치가 그리스도의 통치원리에 위배되기 때문에 교회는 단오하게 대항하고 그 질서의 변화를 요구하였던 것입니다.

그러나 국가가 그리스도의 통치 질서를 어기지 않는다면 세금도 내야 하고 교통질서도 지켜야 하고 투표도 해야 하고 헌법도 준수해야 합니다. 그러나 헌법이 그리스도의 통치 질서를 거스른다면 수정을 요구해야 하고 잘못된 헌법으로 통치하는 국가는 인정할 수 없는 것입니다. 국가가 국민이 내는 세금으로 우상을 장려하는 것도 막아야 하는 것입니다. 각 학교에 국가의 세금으로 단군상을 세우는 것도 막아야 하는 것입니다.

다음으로 그리스도인들은 천국의 백성들입니다. 그런 의미로 세상에서는 자유하는 자들입니다.

자신이 세상에 속하지 아니하고 천국에 속했다고 해서 세상에서 함부로 살아서는 안 되고 도리어 세상에서 하늘의 빛을 드러내는 삶을 살도록 말씀하고 있습니다. 죄에서 자유하는 자유를 가지고 천국에 속한 자들처럼 하나님이 주신 질서를 따라 모든 권위자에게 예의를 갖추고 형제를 사랑하고 마땅히 공경할 자를 공경하고 사랑할 자를 사랑하라고 말합니다. 우리의 부모가 나보다 잘나서 공경하는 것이 아니라 부모라는 질서로 세워졌기 때문에 공경하는 것입니다. 그처럼 우리의 모든 질서가 그러해야 한다는 것입니다.

18절을 보면 …… 종들이 주인에게 어떻게 순종할 것인가? 또는 강력히 순종할 것을 말하고 있습니다. 그 당시의 사회구조가 주인과 종으로 구성되어 있습니다. 여기서는 노예를 인정하고 노예를 폐지하고자 하는 것에 중심이 있는 것이 아닙니다. 그 당시에 하나님이 세우신 질서에 순응하라는 것입니다. 요즘으로 말하면 사회적인 구조일 것입니다. 사회직장의 윗사람일 것입니다. 윗사람에게 순종하라는 것입니다. 이 순종은 직무의 순종일 것입니다.

지금 베드로는 단순한 사회질서의 순종을 말하려는 것에 그 중심이 있는 것은 아닙니다. 지금 베드로의 의도는 낮아지신 예수님을 본받는 삶이 무엇인가를 가르치고자 하고 있습니다. 주인에게 순종함으로 그보다 더 낮아진 주님의 순종을 본받는 삶을 살도록 하기 위해, 즉 낮아지신 주님을 본받는 삶을 살도록 하기 위해 그 당시에 하급신분인 그들에게 주인에게 순종할 것을 요구하고 있습니다. 그들은 주인에게 순종함을 통해 그들보다 더 낮아지신 그리스도의 순종을 배우게 될 것입니다.

주님이 우리를 구원하기 위해 이렇게 낮아지셨구나 하는 것을 자기들의 순종을 통해 배우게 된다는 것입니다. 주님의 낮아지심의 본을 나타내도록 하기 위해 주인에게 낮아지는 순종을 요구하고 있는 것입니다. 하급신분에 있는 그들이 그들의 순종을 통해 주님의 낮아지심의 순종을 나타내도록 요구하고 있습니다. 그것이 강조점이지 노예제도를 인정할 것인가 아니할 것인가 하는 것은 강조점은 아닙니다. 주님의 낮아지심의 본을 나타내는 것에 강조점이 있습니다.

19절을 보면 억울하게 고난을 당하더라도 하나님을 생각하면서 그 고난을 참으면 그것은 아름다운 것이라고 말합니다. 그런데 여기서는 주인이 지켜야 할 법도에 대해서는 일절 말하지 않습니다. 하나님의 사랑을 생각하고 종들을 내 몸처럼 사랑하라는 말은 없고 종들이 지켜야 할 법도에 대해서만 일방적으로 말하고 있습니다. 그것은 그리스도의 고난에 참여하는 삶을 살라 하는 것에 강조점이 있기 때문입니다. 그리스도의 고난을 체험할 수 있는 그 삶을 벗어나지 말고 삶으로써 그리스도의 고난을 채우라고 말하고 있습니다. 즉 주인이 부당하게 한다고 해서 악을 악으로 갚으면 그것은 주님이 낮아지신 모습과는 대치가 된다는 것입니다.

부당한 대우를 받더라도 악함으로 대항하지 말고 순종의 사랑을 나타냄으로써 그리스도의 낮아지심을 나타내라는 것입니다. 그러니까 고난 중에서도 선을 행하라는 것입니다. 고난 중에서도 그리스도의 낮아짐을 나타냄으로 세상에 그리스도의 빛을 비추는 삶, 이것이 왕 같은 제사장으로 사는 삶인 것입니다. 오직 선을 행함으로 고난을 이기는 것이 하나님 앞에 아름다운 것입니다. 고난 중에서도 그리스도의 낮아지심을 좇아 선을 행하는 것이 그리스도인입니다.

21절을 보면 고난 중에서 선을 나타내도록 부름을 받았다고 말합니다. 사실 풍족하고 여유가 있으면 선을 행하기 쉽습니다. 그러나 몸에 고난을 채우면서 선을 행하는 것은 어렵습니다. 그러나 몸에 고난을 채우면서 선을 행하도록 부름 받았기 때문에 고난 속에서도 선을 행함으로 그리스도의 빛을 비추는 것이 정당한 것입니다. 선을 행함으로 고난을 받도록 부름을 받았고, 고난 중에서도 선을 행하도록, 썩을 질서 가운데 썩지 않을 것을 드러내도록 부름을 받은 것입니다.

그러니까 믿는 신자가 정말 그리스도인으로, 그리스도의 생명과 법으로 세상과 타협하지 않고 살면 그리스도의 이름 때문에 고난과 멸시와 천시를 받고 애매히 고난을 받는 것은 정상적인 것입니다. 그리스도인으로 살면서 믿음 때문에 세상에서 고난을 받는 것은 지극히 당연한 것입니다. 안 받는 것이 비정상입니다. 안 받는 것은 타협해서 그렇습니다.

그런데 중요한 것이 하나 있는데 사람과 타협하면 그 사람의 영혼은 절대 구원시키지 못하고 세상과 타협해서 살면 세상을 절대 구원 시키지 못합니다. 그 이유는 성령이 역사하지 않기 때문입니다.

만일 그리스도인들이 세상에 칭찬을 받으려고 한다면 그리스도인 이 아닌 것입니다. 우리는 하나님이 나를 어떻게 판단하실 것인가 오직 그것으로 살아야 할 자들입니다. 그리스도께서 이미 하나님의 뜻을 따라 세상과는 정반대인 고난의 길을 가서 하나님의 영광을 얻 으셨습니다. 그리스도가 몸소 고난의 본을 보여 하나님의 영광을 얻 으셨기 때문에 악한 세상에서 선을 나타내는 그것 말고는 하나님의 영광을 얻는 길이 없는 것입니다. 그리스도 생명의 질서를 따라 사 는 길 말고는 영광을 얻는 길이 없습니다.

그리스도의 방식 말고는 세상에 생명을 주는 길은 없는 것입니다. 우리는 베드로와 말고의 사건을 통해 하나님의 뜻이 무엇인가를 알 수 있습니다. 사람의 방법은 쉬우나 성령의 역사는 없고 선으로 악 을 이기신 그리스도와 정면으로 배치가 되는 것입니다. 우리가 악한 자에게, 미운 자에게, 악한 상사에게 그리스도의 사랑을 나타낸다는 것은, 사랑으로 순종한다는 것은 어려운 사회적인 삶입니다. 그러나 그리스도가 악을 악이 아닌 선의 고난으로 세상에 생명을 주었기 때 문에 우리는 그리스도의 길을 가야 우리의 삶을 통해 세상에 생명을 주는 것입니다.

그러니 항상 우리의 생각과 행동이 선의 일인지, 교회를 세우는 것인지, 무너뜨리는 것인지, 형제를 세우는 것인지, 무너뜨리는 것인 지를 분별하고 행동해야 할 것입니다. 주님은 모든 판단의 공의를 하나님께 맡기고 고난을 길을 가셨습니다. 하나님의 공의는 아들이 자기 백성을 위해 고난의 길을 가는 것입니다. 그리고 그분은 이제 우리의 목자장이십니다. 그러니 우리가 우리의 목자장의 삶을 따라 사는 것은 지극히 당연한 것입니다. 주님은 모든 것을 하나님께 의지하고 순종의 고난의 길을 가셨습니다. 그리고 23절의 말씀대로 모든 것을 하나님께 부탁하고 자신의 길을 가셨습니다.

나머지는 하나님이 하실 것입니다. 주님의 고난의 길을 십자가의 길을 가신 것입니다. 그 길은 세상에서는 멸시와 천시를 받는 길입니다. 그러나 그 길이 아버지의 뜻을 이루는 길이기 때문에 가셨습니다. 주님의 순종의 죄와 사망의 세계는 끝이 나고 우리는 부활의 몸을 입었습니다. 이제 우리에게는 죄와 사망이 다스리지 못합니다. 우리의 몸을 입은 주님이 부활하심으로 우리도 부활의 몸을 입었고 하나님 앞에 영광을 얻었습니다. 여러분이 진정으로 주님을 구주로 영접한 자들이라면 부활의 몸을 입고 하나님 앞에서 영광을 얻은 자들입니다. 24절은 주님의 고난의 길을 통해 이방인이었던 우리를 부르셔서 목자장이이신 주님을 따르는 순종의 삶도록 하셨습니다. 그 길이 영광의 길이고 생명의 길이고 능력의 길이기 때문입니다. 하나님은 우리를 그러한 백성으로 살도록 하기 위해 예수를 믿게 해서 하나님의 백성으로 부르신 것입니다.

베드로전서에서 중요한 것은 순종의 문제입니다. 고난 속에서도 하나님의 말씀에 순종하여 영광을 얻으신 주님 그 목자장을 따라 사는 순종을 말하고 있습니다. 그러니 자유를 빙자해서 모든 권위를 무시하고 자기만 하나님 앞에서 의롭고 많이 알고 옳고 그런 것을 빙자해서 모든 권위를 무시하고 선으로 살지 않으면 하나님 앞에서 육체의 정욕을 따르는 것이라고 말하고 있습니다. 우리가 예수 믿는 것이 고난이지만 우리가 진정으로 믿음으로 살면 세상이 우리를 이기지 못합니다. 그리스도의 방식으로 살면 곧 고난 속에서도 낮아짐으로 악을 이기면 목자장이신 주님이 우리를 지키십니다.

어떤 어둠의 세력도 우리를 하나님의 품에서 앗아 가지 못합니다. 주님이 고난을 통해 부활하셨고 세상에 생명을 주었지만 여전히 세상은 주님을 거절합니다. 그리고 교인조차도 주님의 방식으로 살기를 거절합니다. 세상에는 고난이 있기 때문입니다. 세상은 낮아져서 높아지는 생명으로 살지 않고 있습니다. 그러니 낮아져 하늘의 영광으로 높아지고 있는 그리스도인들과는 근본적으로 삶의 방법이 다릅니다. 그러니 고난이 있습니다. 그러나 우리의 목자장이신 주님의 길을 따라 순종으로 세상을 이기는 자들이 되기를 바랍니다.

우리는 세상에 변명하고 인정을 받으려는 사람들이 아니라 하나님의 방법으로 살아 하나님 앞에서 인정을 받기 위해 사는 자들입니다. 하나님이 우리를 판단하시고, 하나님이 우리를 지키시고, 세상이 우리를 앗아 가지 못하도록 하실 것입니다. 그러니 세우신 질서에 순종함으로 그리스도의 고난을 채워야 할 것입니다. 항상 선으로 악을 이기는 순종으로 삶을 통해 목자장이신 주님을 따라가는 삶을 살아서 늘 하나님의 뜻을 나타내는 순종의 사람들이 되기를 바랍니다. 아멘.

제10강

| 성경: 베드로전서 3장 1~2절 |

제목: 순종의 삶

　　　　　　예수님의 은혜와 평강이 여러분에게 넘
치기를 기원합니다. 지난 시간에는 하늘에 산 소망을 둔
자들이 세상의 질서에서 구체적인 삶의 질서가 무엇인가를 강론하였
습니다. 분명 성도는 하늘에 속했고 세상에 속하지 아니했습니다. 그
런데 하나님은 주님이 재림하기 전까지는 세상 질서를 통해서도 하
나님의 나라를 진행하십니다. 세상이 그리스도를 인정하지 않더라도
왕을 세워 선한 자를 포상하고 악한 자를 심판함으로 세상이 망하지
않게 하셨습니다. 물론 성도는 세상에 속하지 아니했습니다.

　그러나 그리스도의 재림 때까지는, 그래서 세상을 새롭게 하기 전
까지는 세상의 질서에 낮아짐의 순종, 악한 자를 선하게 대하는 순
종을 통해 세상에 왕 같은 제사장으로 살 것을 말하고 있습니다. 그
렇게 살아야 할 이유는 우리의 목자장의 예를 들어 요구하고 있습니
다. 우리의 목자장 되신 주님도 세상에 속하지 않았고 하늘에 속했
지만 세상에 생명을 주고 세상을 바꾸는 mode, 곧 방법으로 악한

세상 질서에 악을 악으로 대하지 않고 선으로 악을 대하는 길을 가셨습니다. 하나님의 뜻을 거스른 것을 받아들인 것이 아니라 선으로 악을 대처함으로 하나님의 뜻을 나타내셨습니다.

그것이 십자가의 길입니다. 그 길을 통해 주님은 하늘의 영광을 얻었고 왕 같은 제사장으로 우리보다 먼저 취임하셨습니다. 그분이 우리의 목자장이십니다. 그러니 우리는 우리의 목자장이 하신 방법을 따라 하나님이 세우신 세상 질서 안에서 살아야 하는 것입니다. 선으로 악을 이기는 것, 낮아짐으로 악을 이기는 것, 이것이 세상 역사를 바꾸는 유일한 길입니다. 세상 역사는 사람이 이끌어 가는 것처럼 보이지만 그 역사에 생명을 주시는 분은 오직 하나님뿐이십니다.

그러니까 성도가 하나님처럼 세상에 생명을 주는 일은 세상적으로는 억울하지만 하나님의 방법으로 살아야 할 이유가 거기에 있는 것입니다. 우리는 우리의 억울함으로 하나님께 호소하는 것이고 하나님이 하나님의 방법대로 인도하실 것입니다. 고난 중에서도 순종하고 낮아져 세상을 변화시킨 그리스도처럼 우리는 그렇게 그 길을 가야 하는 것입니다. 지금은 우리가 세상에서 바보처럼 삽니다. 그러나 주님이 우시면 하나님의 영광과 존귀가 다 드러날 것이고 그때는 하나님은 살아 계신다고 인정할 것입니다. 그러니 성도의 삶이 옳았다는 것도 드러나게 될 것입니다.

그러면 하나님의 영광이 드러날 것입니다. 그러면 그때까지 성도는 고난과 고난으로 이어지는 고통의 삶뿐인가? 그것은 아닙니다. 하나님이 피할 지혜도 주시고 이길 힘도 주시고 하나님의 방법으로 먹이시고 입히시고 마냥 세상의 부끄러운 존재로 남기지는 않을 것입니다. 고난 중에서도 정말 목자장을 따라가면 주님이 때를 따라

도우실 것입니다. 기쁨과 평화와 영광을 주실 것입니다. 그러니 목자장의 길을 바르게 따라가는 여러분이 되시기를 바랍니다. 지금 베드로의 관심은 고난 속에서도 왕 같은 제사장으로 선함과 낮아짐으로 하나님 말씀에 순종하고 하나님께 영광을 돌리는 삶을 살 것인가 하는 것에 초점이 모아져 있습니다.

베드로는 하나님이 세우신 질서에 순종함으로 하나님의 영광을 드러내는 것입니다. 로마서도 질서를 말하고 있습니다. 로마서는 마태복음과 비슷한 점이 있습니다. 주님이 부활하심으로 만왕으로 왕이 되셨습니다. 세상의 모든 왕이 주님의 통치 아래 있습니다. 주님이 세상 왕들을 통해 자신의 통치를 나타내십니다. 그러니 교회는 세상의 통치에 복종하도록 말하고 있습니다. 물론 그 복종의 범위는 그리스도의 통치 질서와 부합될 때입니다.

주님이 세상을 용서하고 만왕으로 등극하셨기 때문에 교회도 주님처럼 세상을 용서하고 화목하여 복음으로 한 몸으로 이루라고 말하고 있습니다. 그런데 베드로는 국가적인 질서만 말하는 것이 아니라 가정에서도 어떻게 질서를 세울 것인가 한 몸 된 교제까지도 말하고 있습니다. 지금 베드로의 서신을 받고 있는 자들은 나그네와 행인 된 자들입니다. 그들이 어떻게 믿음으로 살 것인가 하는 문제입니다. 그렇다면 그들의 정체와 그들이 처해 있는 상황이 무엇인가를 아는 것이 중요합니다. 그러니까 그들의 상황은 이런 것입니다. 유대인도 세상도 주님을 버렸습니다. 그런 가운데 그들은 주님의 부르심을 받고 하늘의 시민권을 얻었습니다. 그런데 그 주님은 하나님의 뜻을 이루는 일에 있어 고난 속에서도 세상의 심판은 하나님께 맡기고 자신은 세상을 정죄하지 않으셨습니다. 그 순종의 길을 통해 세상이 하나님의 나라가 되게 하셨습니다. 그래도 아직 세상은 주님을 모릅니다.

그럴지라도 하나님이 주신 질서에 순종으로 하라는 것입니다. 사랑과 섬김으로 순종으로 하라는 것입니다.

억울한 면은 하나님이 장차 판단하실 것이고 우리가 할 일은 사랑으로 선으로 세상의 질서에 순종하고 공경하라는 것입니다. 쉽게 말하면 빛과 소금의 역할을 하라는 것입니다. 그리스도의 방식으로 세상의 질서를 대하라는 것입니다. 비록 자신이 종으로 노예취급을 받고 있을지라도 악으로 나타내지 말고 그리스도의 방식으로 대하라는 것입니다. 그래야 하나님의 영광이 드러난다는 것입니다. 고난을 채우는 방식으로 사는 것이 그리스도의 방식입니다.

우리도 가끔씩 살다 보면 정말 상종하지 못할 자들을 만납니다. 그러나 그리스도의 방식으로 대해야 하나님의 영광이 드러난다는 것입니다. 그러니까 계속된 핵심은 그리스도의 고난의 순종으로 세상을 이기라는 것입니다. 하나님이 모든 것을 판단하실 것이니 억울하더라도 선으로 악을 이기라는 것입니다. 선으로 순종하라는 것입니다. 뒤에 나오겠지만 부부간에도 원수처럼 사는 사람이 있습니다. 남편이 원수 같아도 사랑의 질서로 순종하는 것이 바르다는 것입니다.

그것이 그리스도의 생명으로 사는 길입니다. 밥도 해 주기 싫어도 순종하는 사랑으로 맛있게 밥도 하고 순종함으로 아내의 직무를 하면 억울한 것은 하나님이 해결하실 것이고 거기서 성령의 역사가 일어나는 것입니다. 그것이 목자장을 따라 사는 삶이고, 그리스도의 고난을 채우는 삶인 것입니다. 그것이 핵심이기 때문에 계속해서 고난의 순종만 강조하고 있습니다. 에베소서 같은 데를 보면 어떻게 성소적인 한 몸을 이룰 것인가 하는 것이 중심이기 때문에 순종하는 것과 더불어 남편도 아내를 어떻게 한 몸으로 사랑할 것인가를 말하고 있습니다.

그러나 베드로서는 계속해서 그리스도의 고난의 순종을 강조하고 있기 때문에 종의 역할, 아내의 역할만 강조하고 있는 것입니다. 물론 남자의 역할도 나오지만 강조점은 여자의 순종에 더 강조가 있습니다. 그것이 주제입니다. 그러니까 베드로서에서 주인의 사랑과 남편의 순종을 말해서는 안 되는 것입니다. 그것이 강조점이 아닙니다. 지금 종으로서 억울한데도 상사에게 그리스도의 고난을 나타내는 것에 강조가 있습니다. 선과 순종으로 악을 이겨서 세상나라가 하나님 나라가 되는 것에 강조점이 있습니다.

그 문맥에서 말을 하니까 3장 1절에서도 이제 남자와 여자의 질서를 말하는데 아내 된 자들이여 남편에게 순복하라 말합니다. 그렇게 하면 하나님의 말씀에 순종하지 않는 남편일지라도 아내의 사랑의 행실을 통해 남편이 구원을 얻게 될 것이라고 말합니다. 그들은 여러분의 순결한 행실을 지켜보고 있다는 것입니다. 그러니 머리를 치장하거나 금붙이를 달거나 옷을 차려입는 외모로 하지 말고 오직 마음을 단장하라고 말합니다. 그러면서 사라의 예를 들고 있습니다.

핵심은 아내가 남편에게 어떻게 할 것인가 하는 것이 강조점입니다. 그러나 에베소서는 한 몸 됨의 교제를 말하고 있기 때문에 아내와 남편의 역할을 동일하게 말하고 있는 것입니다. 그러나 여기서는 안 믿는 남편에게, 안 믿는 상전에게 또는 고약한 상전에게 종이 어떻게 대할 것인가, 또는 안 믿는 아내를 남편이 어떻게 대할 것인가 하는 것을 말하고 있습니다. 항상 성도는 나그네와 같이 행인과 같이 가정에서나 세상에서 고난을 받기 때문입니다. 그 고난 속에서 맺어진 질서 안에서 구체적으로 어떻게 살 것인가를 말하고 있는 것이 베드로서의 내용입니다.

여기서 악한 남편에게, 안 믿는 남편에게 순종해야 할 것은 그것을 통해 남편을 구원하는 길이기 때문입니다. 세상은 그리스도를 거절하더라도 그리스도의 질서를 옳은 질서로 알고 있습니다. 또한 하나님이 그 질서를 통해 역사하기 때문에 순종을 통해서만이 성령이 역사하고 남편을 구원할 수 있다는 것입니다. 그러면 교회 다니지 말라고 하는 것은 순종해야 할 것인가? 그것은 아닙니다. 주님 안에서 순종해야겠지요. 그러니까 이 본문은 아내가 예수 믿는 신자로서 남편에서 어떻게 인정받을 것인가 하는 것입니다. 그리스도의 방식으로 살 것인가 하는 것입니다. (목장집예) 화가 나지만 사랑의 음성만이 남편을 구원할 수 있다는 사실을 알고 사랑의 순종을 해야 하는 것입니다. 그 순종은 그리스도인으로서의 순종입니다. 믿음을 지켜 낸 순종이겠지요.

물론 할 말은 해야겠지요. 그러나 사랑의 음성으로 하라는 것입니다. 남편의 구원을 위해서 사랑의 순종을 하라는 것입니다. 정말 미워도 사랑의 밥을 주어야지요. 남자들은 아주 악한 사람이 아니라면 아내의 사랑과 웃음에 다 화답하게 되어 있습니다. 고린도전서 7장을 보면 부부의 비밀을 말하고 있습니다. 아내가 믿고 남편이 안 믿는다고 해도 아내가 거룩하기 때문에 안 믿는 남편도 한쪽이 부르심을 받았기 때문에 거기에 속해서 안 믿는 남편도 거룩하다는 것입니다.

그러니까 아이를 낳으면 부모의 믿음을 따라 거룩한 세례를 주는 것입니다. 물론 아이들은 부모의 믿음 아래 있고 남편은 자기 의지대로 합니다. 그러나 하나님이 남편을 대하는 관계는 아내를 거룩한 자로 대한다면 한 몸으로 지어진 남편도 거룩하게 대하신다는 것입니다. 아내의 은혜가 남편에게도 공급이 되는 것입니다. 아내를 불렀으면 한 몸으로 지어진 남편도 부르는 것이 하나님의 뜻입니다. 예를 들면 아내가 예수를 믿으면 남편도 많은 부분 믿지는 않지만 믿음의 빛으로 살고 있습니다. 같이 가정예배도 드리고 하나님의 이름도 듣고, 제사도 지내지 않고 주일이면 하나님을 예배하는 것도 알고 그런 의미로 아내의 거룩이 남편에게 전해진다는 것입니다.

2절을 보니까 안 믿는 남편들은 믿는 아내의 경건과 행위와 순결한 행실을 지켜보고 있다는 것입니다.

이 말은 남편을 두려워한다거나 남편에게 예쁘게 보이라는 단순한 말이 아니라 하나님 앞에서 단장하는 마음으로 남편을 대하라는 것입니다. 이 사람이 하나님을 믿더니 무엇인가 다르구나 해서 하나님을 알게 하고 하나님을 믿도록 하라는 것입니다. 그러니까 하나님의 순종의 능력을 자신이 처한 질서 안에서 어떻게 나타낼 것인가 하는 것입니다. 그런 것이지 맞고도 조용히 살라 하는 내용으로 기록된 것은 아닙니다. 하나님의 순종의 능력을 질서 안에서 특히 종의 질서에서, 아내의 질서에서 나타내라는 것입니다.

사랑하는 여러분, 목자장이신 주님이 고난 속에서도 하나님의 뜻에 순종하심으로 악을 선으로 이기심으로 세상에 생명을 주셨습니다. 그리고 승리의 왕이 되셨습니다. 그러므로 우리가 승리하는 비결은 우리가 처한 모든 질서 속에서 목자장이신 주님을 따라 선으로 사랑으로 악을 이겨 주님을 나타내는 것입니다. 그러면 그들은 우리를 보고 하나님을 보게 될 것이고 장차는 하나님께 영광을 돌리게 될 것입니다. 특히 아내 된 자들은 늘 하나님 앞에서 자신을 바르게 처신하며 남편에게 사랑을 순종을 함을 통해 남편을 구원하고 누가 우리를 보더라도 우리를 보고 그리스도의 순종과 사랑을 보게 하여 하나님께 영광을 돌리게 하는 사랑으로, 순종으로 세상의 질서에 생명을 주는 여러분이 되시기를 바랍니다. 아멘.

제11강

| 성경: 베드로전서 3장 1~7절 |

제목: 하나님의 종다운 삶

예수님의 은혜와 평강이 여러분에게 넘치기를 기원합니다. 베드로는 현재 고난 속에서 그리스도인들의 구체적인 삶을 말하고 있습니다. 그리스도가 세우신 나라가 어떤 나라인가를 말하면서, 선으로 악을 이기는 것이 예수님 방식이고 세상을 이기는 방식이라고 말하고 있습니다. 앞에서는 악한 상전을 어떻게 대할 것인가를 말하였습니다. 거기에 대해 악을 악으로 갚지 말고 사랑의 순종을 요구하고 있습니다.

그리고 안 믿는 남편을 아내가 어떻게 대할 것인가를 말하고 있습니다. 또는 믿지 않는 아내를 어떻게 대할 것인가입니다. 아내가 남편에게 순복하라는 것은 악으로 대항하지 말라는 것입니다. 그 이유는 아내가 예수님을 믿었습니다. 하나님의 거룩함이 그 안에 있습니다. 안 믿는 남편도 아내와 한 몸이기 때문에 아내의 거룩이 남편에게도 있다는 것입니다. 아내의 은혜 아래 있다는 것입니다. 그러니 모든 행실에서 그리스도의 본을 보이라는 것입니다.

아내가 예수님을 믿으면 그 가정에 하나님의 은혜가 있습니다. 그러나 비록 남편이 믿지 않는다고 할지라도 하나님은 은혜 아래 있는 것입니다. 그러므로 아내는 더욱 그리스도의 빛을 드러내어 그 영혼을 구원해야 한다는 것입니다. 당신을 보니까 참으로 예수님은 살아 계시고 좋은 분이다, 당신이 믿는 예수님을 나도 믿겠다는 말을 들을 수 있을 정도의 사랑의 수고를 요구하고 있는 것입니다. 진리의 문제가 아니면 다 양보해야 합니다. 그리스도의 빛을 비춘다는 것은 희생과 헌신입니다.

희생과 헌신이 없으면 영혼을 구원할 수가 없는 것입니다. 믿지 않는 남편이나 아내가 내 행실을 항상 보고 있기 때문에 여기에는 나와 있지 않지만 안 믿는 사람들이 나의 행실을 항상 보고 있기 때문에 예수 믿는 자로서의 합당한 행실을 해야 한다는 것입니다. 그리스도의 빛을 발하는 행동이 없고서는 세상을 변화시키는 방법이 없는 것입니다. 우리가 행실을 바르게 해야 할 이유는 그들이 두려워서가 아니라 하나님 앞에서 살기 때문에 그렇습니다.

하나님 앞에서 산다는 말은 아주 중요한 말입니다. 하나님이 우리에게 하신 일들과 아들이 우리에게 하신 일들을 나타내는 것이 우리가 예수 믿는 사람으로 사는 것입니다. 그것이 세상을 변화시키는 능력이고 힘입니다. 하나님을 두려워함으로 형제를 대하는 것입니다. 그러면 어떤 모습으로 단장할 것인가를 3절부터 말해 주고 있습니다. 이 말은 무슨 행위를 보여 줄 것인가 또는 행위를 통해서 어떻게 인정을 받을 것인가 하는 문제입니다.

3절을 보면 겉치레로 대하지 말고 4절을 보면 온유하고 단정한 마음으로 속사람을 단장하도록 말하고 있습니다. 온유하다는 것으로 악으로 대항하지 않는다는 것입니다. 기분대로 화를 내는 것도 아닙니다. 항상 그리스도의 마음으로 여유와 웃음을 잃지 않는 그런 모습입니다. 하나님을 신뢰하고 하나님의 역사를 믿고 있으니까 어떤 상황 가운데서도 허둥대지 않고 고요함과 온유함으로 대하는 것입니다. 모든 것은 하나님이 알아서 하실 것이고 자신은 온유함으로 대하는 것입니다.

하나님이 나의 행동을 항상 판단하고 있다는 사실을 항상 알라는 것입니다. 하나님을 두려워하고 하나님 앞에서 자신을 온유함과 평안함으로 단장하라는 것입니다. 그것이 하나님 앞에서 값진 것이고 하나님께 인정을 받는 것이고 하나님은 그런 아내의 또는 남편의 행위를 통해 안 믿는 남편과 아내를 구원한다는 것입니다. 믿는 아내는 안 믿는 남편에 대하여 그리스도의 증인입니다. 그러니 하나님이 인정하는 값진 행동으로 남편에게 인정을 받아야지 얼굴로 치장하여 인정을 받으려고 하지 말라는 것입니다.

이 말은 화장을 하지 말라는 말이 아니라 행함의 믿음으로 본을 보이라는 것에 강조가 있습니다. 하나님이 우리를 구원하실 때를 상기하면 주님은 힘이 있어도 자신을 탄압하는 자들을 욕한 적이 없고 도리어 사랑의 순종을 통해 그들을 구원하였습니다. 악한 자들에게 무력으로나 악으로나 저주의 말로나 대항하지 않고 그들을 위해 사랑의 순종을 하였습니다. 하나님은 그런 아들의 순종을 통해 아들을 대항하는 자들을 구원하였습니다. 이것이 하나님이 세상을 구원하는 방법입니다. 하나님의 방법이 그러니 그를 믿는 아내들도 그러하라는 것입니다. 그것이 세상을 구원하는 일에 증인으로 사는 길입니다. 하나님이 먼저 아내를 구원한 것은 안 믿는 남편도 구원하시려고 그

랬다는 것입니다. 아내는 안 믿는 남편의 증인으로 부름을 받았다는 것입니다.

이미 아내를 통해 하나님의 은혜가 가정에 넘치기 시작하였으니 그리스도의 본을 보여 남편을 구원하라는 것입니다. 네 남편이 너를 욕하고 핍박을 했을 때 악으로 대항하기 쉽다는 것입니다. 그러나 그러지 말라고 하십니다. 그 이유는 주님이 핍박 속에서도 모든 공의를 하나님께 맡기고 사랑의 순종의 길을 가셨기 때문입니다. 그처럼 모든 것을 믿음으로 하나님께 맡기고 온유와 마음의 평안함으로 남편을 대하라는 것입니다.

똑같이 악을 악으로 대항하고 싸움을 하면 남편을 구원할 수가 없는 것입니다. 오직 사랑의 순종만이 남편을 구원할 수 있는 것입니다. 그렇지 않고 곧 믿음으로 그리스도를 나타내는 방식으로 하지 않고 세상적으로 남편의 비위를 맞추려고 꾸미고 애교를 부리고 하지 말라는 것입니다. 그리스도를 나타내는 사랑의 마음만이 성령이 역사하는 길이고 그 길이 남편을 구원하는 길인 것입니다. 그러니까 얼굴을 꾸며도, 애교를 부려도 하나님의 사랑을 나타내려고 해야 한다는 것입니다.

하나님이 없는 우리의 행동은 항상 가증스러운 것입니다. 저는 여성들이 화장을 하는 것을 좋아합니다. 그 이유는 첫째는 남을 위해 자신을 바르게 가꾸는 것은 좋은 일이고, 둘째는 자신이 자신감을 갖는 길이고, 셋째는 주님을 위해 자신을 예쁘게 단장하는 것은 좋은 일입니다. 그러나 그런 이유가 아니라 단순히 남을 유혹하려고 하는 것은 문제이지요. 예의상 하는 것은 바람직하지만 그것이 아니라 유혹의 목적으로 화장을 하는 것은 정당한 것이 아닙니다.

그러니까 썩을 것으로, 외모의 것으로 인정을 받으려고 하지 말라는 것이고, 화장을 하지 말라는 것은 아닙니다. 그러니까 남자분들은 아내에게 화장품을 사 주어야겠지요, 속옷도 사 주고, 성경에 외모로 꾸미지 말라고 했다고 시집올 때 옷을 그대로 입으라고 한다면 그것은 문제가 있는 것입니다. 그러니까 문맥이 참으로 중요합니다. 잘못하면 정말로 성경을 어리석게 해석하는 것입니다. 물론 아내의 마음으로 편하게 해 주는 것이 가장 큰 사랑이지만 성경을 잘못 알아 해석을 하면 문제가 된다는 것입니다.

교회가 이 말씀을 받을 때는 총괄적으로 받아야 합니다. 단순히 안 믿는 남편이 있는 자들이 대상이 아니라 믿는 신자들이 어떻게 세상에서 본을 보이는 삶을 살 것인가 하는 것도 적용이 되는 것입니다. 서경원 씨가 국회의원에 당선이 되고 국회에 처음 등원할 때 고무신을 신고 갔습니다. 그때 뉴스에 나왔을 것입니다. 저는 사람은 격식이 있는 옷차림이 필요하다고 생각하는 사람입니다. 그러니까 중요한 것은 옷의 문제가 아니라, 화장의 문제가 아니라 모든 사람 앞에서 내 행동이 어떻게 하나님을 보여 줄 것인가 하는 것입니다.

그것이 핵심입니다. 다른 사람이 내 속에서 하나님을 보면 하나님의 구원이 이루어진다는 것입니다. 덕을 끼치는 행동을 하는 것은 참으로 중요합니다. 사람은 행동의 자유가 있어요. 그러나 그 말과 행동이 약한 사람에게 상처가 된다면 그 자유를 포기하는 것이 좋습니다. 예를 들어 어떤 사람은 끼니를 걱정하고 있는데 자기는 집을 50평짜리로 옮길 걱정을 하고 있으면 그 형제를 죽이는 것입니다. 그러니까 말과 행동이 낮아지시고 우리를 배려하신 그리스도를 나타내는 것인가, 아닌가를 항상 살피는 것이 세상을 살리는 길인 것입니다.

갓 결혼한 집사님이 다이아반지를 끼고 있다고 생각합시다. 그 집사님이 가난한 집에 심방을 갈 때는 자기는 결혼반지이니까 아주 정당하지만 연약하고 가난한 형제를 심방할 때는 건덕(健德) 차원에서 자신의 자유를 포기하고 반지를 빼고 가는 것이 하나님을 나타내는 것입니다. 또한 한 성도는 월세를 살고 있는데 자신은 30평짜리 집에서 살고 있으면서 심방 가서 50평짜리로 이사를 못 가서 서운하다는 말을 해서는 안 되는 것입니다. 항상 우리의 말과 행동이 우리를 위해 자신을 다 주신 그리스도, 낮아지신 그리스도를 나타내는 행동을 하고 있는 것인가를 생각하는 것이 참된 그리스도인으로 사는 것이고 세상에 빛을 비추는 길입니다. 그러니까 그리스도인들은 자기의 자유를 항상 조절하는 힘을 길러야 하는 것입니다. 하나님이 우리의 나약함으로 인하여 자신을 버려 우리를 구원하였기 때문입니다.

5절을 보니까 전에 하나님께 소망을 두었던 거룩한 부녀들도 이와 같이 자기 남편에게 순종함으로 자기를 단장하였다고 말하고 있습니다. 그것이 하나님의 백성으로 아름다운 모습이고 썩지 않고 쇠하지 않는 단장입니다. 그런 행동은 주님 오실 때 칭찬과 영광과 상급이 있는 단장입니다.

5절은 그렇게 하라는 것입니다. 6절에 사라가 아브라함을 주라 칭하여 복종한 것같이 너희가 선을 행하고 아무리 놀랄 만한 일에도 무서워하지 않으면 사라의 딸들이 될 것이라고 말합니다.

사랑의 예를 들어 순종할 것을 말하고 있습니다. 사라의 예를 든 것은 그녀가 믿음의 어머니이기 때문입니다. 사라가 가장 믿음이 좋았다는 말이 아니라 하나님이 가나안 땅에 하나님의 나라를 설립하시려고 계획할 때 아브라함과 사라를 통해 하나님의 백성을 출생시키고 그 기업을 주셨기 때문에 사라가 믿음의 어머니입니다. 그러니까 하나님께서 약속한 믿음의 자녀를 낳았다는 의미로 믿음의 어머니입니다. 그런데 사실 아브라함은 사라를 사랑했지요. 여기서는 안 믿는 남편에게 사랑의 순종을 할 것인가인데 사라의 예를 드는 것은 아내의 자리가 어떤 자리인가를 강조하고자 하는 것입니다.

7절은 …… 아내는 항상 남편보다 연약한 그릇입니다. 그것을 항상 전제해야 합니다. 가장 무식한 남편은 힘으로 아내를 누르려는 사람입니다. 아내는 신체적으로만 연약한 것이 아니라 모든 면에서 연약합니다. 아내는 연약하기 때문에 남자보다 더 불평이 있을 수 있습니다. 그랬을 경우 괴로워하지 말고 하나님을 아는 지식으로 동거하고 머리로 끊임없이 은혜를 공급하라는 것입니다. 사실 남편이 제대로 못하면 참 할 말이 없는 것입니다. 아내를 사랑하지 못하고 아내의 마음을 아프게 하면 하나님 앞에 기도가 상달되지 않는다는 것입니다.

사실 큰일에는 모를까 일상적인 일에는 아내의 말이 거의 다 옳습니다. 남편은 돕는 배필이 없으면 늘 바보입니다. 그러니 늘 아내를 최고로 알고 사랑으로 대해 주어야 합니다. 사랑하는 여러분, 우리는 너와 나와의 관계 안에서 사회적인 질서로 선행을 행하는 자로 부름을 받는 것이 아닙니다. 우리는 썩지 않고 쇠하지 않는 하늘의 기업을 상속받을 자로 부름을 입었습니다. 우리는 하나님 앞에서 삽니다. 그러나 하늘의 영광은 아직 세상에 감추어져 있습니다.

그러나 우리가 늘 고난 속에서도 기뻐하고 감사해야 할 이유는 이미 우리는 하늘의 기업을 받았기 때문입니다. 세상에서는 감추어져 있지만 우리 안에는 드러나 있습니다. 우리의 목자장은 세상의 고난 속에서 악으로 대항하는 것이 아니라 사랑의 순종으로 세상을 이겼습니다. 우리는 그분 안에 속한 자입니다. 그러니 세상에 생명을 주고, 가정에 생명을 주고, 변화시키고, 구원을 주는 길은 사랑의 순종밖에는 없다는 사실을 알고 늘 믿음으로 자신을 조절해서 하나님의 사랑의 능력을 나타내는 여러분이 되시기를 바랍니다. 아멘.

제12강

| 성경: 베드로전서 3장 8~12절 |

제목: 복의 유업을 받을 자의 생활

예수 그리스도의 은혜가 여러분에게 항상 충만하기를 기원합니다. 복음을 안다는 것은 가장 귀한 것입니다. 그리고 그 복음으로 산다는 것은 더 귀한 것입니다. 우리는 복의 유업을 받을 자로서 거기에 합당한 삶에 대해서 버거워하는 것을 볼 수 있습니다. 그래서 종종 우리는 남의 눈을 피해 좀 더 쉬운 신앙생활을 꿈꾸고 살 수도 있을 것입니다. 저는 개척교회 성도들이 참으로 정직하고 그 상급이 크리라 생각을 합니다.

왜냐하면 그 모든 면이 다 드러나 있기 때문입니다. 때로는 자신을 다 노출시킨다는 것이 부담이 되겠지만 그것이 복의 유업을 받을 자로서의 장점이 될 때가 더 많이 있는 것입니다. 어떤 사람들은 개척교회는 부담스럽다고 합니다. 큰 교회서 오전 예배만 드리고 자유롭게 하고 싶은데 적은 교회는 자신의 게으름이 허락되지 않는다는 것입니다. 그러나 그것이 얼마나 다행스러운 것인지 모릅니다. 장차 하나님의 나라에서는 자신이 행한 대로 그 기업을 받을 것인데 자신의 게으름을 억제시킬 수 있다는 것이 참 좋은 것입니다.

하나님 나라에 기업을 쌓고 자기의 신앙을 성장시키기 위해서는 적은 교회보다 더 좋은 곳은 없습니다. 왜냐하면 자신의 위선과 게으름이 허락되지 않기 때문입니다.

자, 그러면 복을 유업으로 받은 자처럼 사는 삶이 무엇인가입니다. 다시 말하면 복을 받으려면 이렇게 살라 하는 말과 같습니다. 8절을 보면 마지막으로 말하노니 여러분은 모두 한 마음을 품으며, 서로 동정하며, 서로 사랑하며, 자비를 베풀며, 겸손하라고 말합니다.

그러니까 사랑으로 낮아져 형제를 섬길 것인가 하는 것입니다. 9절을 보면 악을 악으로 갚거나 모욕으로 갚지 말고 복을 빌라고 말합니다. 성도는 복을 비는 자들로 부르심을 받았고, 그러니까 복을 빌어 줌으로 자신이 복을 받아 누리는 자들로 부름을 받았다는 것입니다. 다른 말로 하면 이미 복을 유업으로 상속(inherit)받았으므로 복이 있는 자처럼 행하라는 것입니다. 그러면서 시편 34편 12절을 10절에서 12절까지 인용하고 있습니다.

형제끼리는 서로 불쌍히 여기는 마음을 가지라는 것입니다. 특히 교회공동체에서는 자기의 희생이 필수적이기 때문에 형제를 불쌍히 여기는 것이 필수적입니다. 이미 자신이 하나님 앞에서 불쌍히 여김을 받았기 때문입니다. 상대방을 불쌍히 여기는 것 중에서 말이 참으로 중요합니다. 말을 잘못하면 독화살과 같은 것이어서 항상 조심해야 합니다. 대화를 하면서 이 말을 했을 때 상대방이 세워지는 말인가 아닌가? 교회를 세우는 말인가? 자신의 편리를 구하는 것인가? 하나님 나라에 유익된 것인가? 자신의 유익을 구하는 것인가를 항상 생각하라는 것입니다.

예수 믿는 사람들은 최고의 윤리와 최고의 생명을 가지고 있는 자들입니다. 그러니 최고의 품위와 최고의 상식과 예절과 경망스러움을 버려야 합니다. 최고의 지식으로 사는 자들이기 때문에 남이 있든 없든 간에 늘 하나님 앞에서 정직하게 서야 하는 것입니다. 우리는 흔히 겉 다르고 속 다른 사람들을 이중적인 사람이라 말합니다. 언어도 상대편이 있든 없든 항상 존칭어를 쓰는 것이 좋습니다. 상대방을 높이는 것은 자신을 높이는 것입니다. 진정으로 된 사람들은 늘 언제든지 상대방을 높이는 언사를 하는 것입니다.

다음으로 불쌍히 여기는 마음은 형제의 허물을 덮어 주는 것입니다. 제 시골에 한 신실한 집사님이 계셨는데 남의 허물을 한 번도 들춰서 말한 것을 보지 못했습니다. 늘 신자로서 고고하셨습니다. 저는 목사지만 그분을 존경하였습니다. 제가 그분의 손자하고 동창이었습니다. 그런데 그분은 제가 신학생이라고 하나님의 종이라고 한 번도 말을 내리지 않으셨습니다. 정말 멋있는 분이셨습니다. 정말 그리스도인으로서 손색이 없는 분이셨습니다.

허물을 덮어 줄 뿐만 아니라 남을 진심으로 존경하는 사람이 진정한 성도입니다. 허물을 덮고 서로 사랑하는 것이 그리스도인의 삶의 자세입니다. 두 번째는 너희를 핍박하는 자들을 절대로 맞대응하지 말하는 것입니다. 악을 악으로 갚지 말고 욕을 욕으로 갚지 말라는 것입니다. 그리고 도리어 복을 비는 자들로 부름을 받았기 때문에 복을 빌어 주라는 것입니다. 여러분, 우리의 모든 기준은 하나님이시고 예수님이십니다. 그분이 하시는 것을 따라서 하는 것이 그분의 십자가를 지는 삶이요 복 있는 삶인 것입니다. 예수 그리스도는 어떻게 사셨습니까? 하나님의 아들은 세상에 복을 주러 오셨습니다.

그런데 세상은 어떠했습니까? 그분을 비방하고 모함하고 배척했습니다. 그런데 주님은 하나님으로서 큰 권능을 가지고 계셨지만 그들을 겁주고 같이 비방하고 하신 것이 아니라 반대로 하셨습니다. 먼저 자신을 비방하는 자들을 위해 그들에게 복을 주시기 위해 버렸습니다. 그들을 사랑해서 죄의 종으로 살지 않고 하나님 앞에서 의의 종으로 살도록 그들을 구원하셨습니다. 이것이 주님이 세상에 복을 주는 방식입니다. 악을 악으로 대적하는 것이 아니라 낮아져 섬김으로 세상에 복을 주었습니다.

하나님이 그렇게 세상을 역사하고 복을 주시는 길을 택하셨기 때문입니다. 우리는 때때로 바보처럼 살아야 할 때가 많이 있습니다. 주님 때문에 복음 때문에 세우신 교회 때문에 형제 때문에 억울하게 참아야 할 때가 많이 있습니다. 세상은 우리를 조롱합니다. 복을 빌어 주려고 해도 조롱합니다. 그것은 당연한 것입니다. 예수님이 세상에 구원의 복을 주시려고 십자가에 매달렸을 때에도 사람들은 조롱하였습니다. "저가 스스로 하나님의 아들이라고 하면서 자기는 구원하지 못한다." 그런데 주님은 그들의 죄를 용서하고 복을 빌어 주셨습니다.

이것이 하나님의 방법입니다. 세상의 악을 사랑으로, 낮아짐으로 대하는 것이 하나님의 방법입니다. 주님이 그렇게 사셨습니다. 그리고 복을 주셨고 그 복을 이제 우리를 통해 세상에 주려고 하십니다. 우리를 왕 같은 제사장으로 삼으신 것입니다. 그러니 우리는 이 복을 주님의 방식으로 세상에 선물하는 것은 너무나 당연한 것입니다. 우리는 손양원 목사님을 잘 알고 있습니다. 그분은 자신의 두 아들을 죽인 사람을 용서하고 자신의 아들로 삼았습니다.

주님의 방식으로 산 것입니다. 그런 자들에게 하나님은 썩지 않고 쇠하지 않는 복을 주신다고 말하고 있고 그 직무를 잘한 자들에게 칭찬과 영광과 상급을 주신다고 말씀하고 있습니다. 그러니 신앙은 절대로 쉬운 길로 가지 말고 정도를 가야 합니다. 하나님 앞에 늘 정당하게 살아야 합니다. 그리스도의 방식으로 살아야 합니다. 그런 자들에게 하나님이 마지막 날에 상 주신다고 약속하고 있습니다. 나일론신자가 되어서는 안 되는 것입니다. 힘이 들더라도 하나님 앞에서 늘 떳떳하게 사십시오. 그래야 복을 받습니다.

부모가 정도를 가면 자식이 잘되는 복을 받는 것입니다. 결국은 정도를 가는 자들을 높이실 것입니다. 구약 같으면 악한 자들은 율법에 의해서 처형하는 것이 하나님 앞에서 복을 받는 비결입니다. 구약은 하나님이 그렇게 세상을 다스렸습니다. 그런데 우리에게 복을 주시는 분은 악을 심판함으로 하신 것이 아니라 낮아져 순종하는 사람으로 세상을 구원하셨습니다. 그것이 진리입니다. 남을 대적하는 것이 아니라 남에게 복을 빌어 주는 자들로 부름을 받았다고 말하고 그런 자들을 하나님이 복을 주신다고 말한 다음에 10절부터는 시편을 인용해서 말씀하고 있습니다.

시편 34편은 다윗이 지었습니다. 그 배경을 보면 이렇습니다. 다윗이 사울을 피해서 블레셋 왕 아기스에게 도망을 갔습니다. 그런데 신하들이 다윗을 알아보고 그는 과거에 골리앗을 돌 하나로 죽인 사울보다 더 훌륭한 장군이라고 자기의 왕에게 보고를 하였습니다. 다윗은 이제 죽을 처지에 있게 되었습니다. 그래서 다윗은 왕 앞에서 미친 척을 하였습니다. 그러자 왕은 우리나라에 미친 사람이 부족해서 또 다른 미친 사람을 데리고 왔는가 하고 다윗을 쫓아내 버렸습니다.

그래서 다윗이 살았습니다. 그때 다윗이 시편 34편을 지었습니다. 하나님이 살려 주신 것에 대한 감사의 노래입니다. 다윗은 하나님의 부르심을 입었습니다. 그런데 사울은 다윗을 죽이려고 혈안이 되어 있습니다. 사무엘을 통해 이스라엘의 왕으로 기름부음을 받았지만 아직은 실제적으로 사울이 다스리고 있습니다. 사실 다윗은 사울을 죽일 기회가 여러 번 있었습니다. 그때마다 다윗은 하나님의 기름부음을 받은 종을 죽일 수 없다고 하면서 살려 주었습니다. 다윗은 하나님께 모든 것을 맡긴 사람이었습니다. 사실 다윗이 이스라엘의 임금으로 기름부음을 받았으니까 이스라엘의 왕입니다. 그런데 아직 등극은 하지 않았습니다. 아직은 사울이 왕입니다. 그 사울이 다윗을 죽이려고 하자 이방 땅으로 피신 갔다가 죽을 뻔했는데 다시 살아났습니다. 그러니 얼마나 하나님 앞에 감사하겠습니까? 그 감사의 노래가 시편 34편입니다.

다윗은 사울을 죽이고 왕으로 등극할 수도 있었는데 모든 것을 하나님께 맡기고 참았습니다. 그런데 하나님이 자신을 지켜 주었습니다. 다윗은 하나님이 자신을 결코 버리지 않으신다는 사실을 알았습니다.

그것을 노래하고 그리고 자신을 위험에 빠트리고 핍박했던 자들을 하나님이 꼭 심판하실 것이라는 것을 노래하고 있습니다. 베드로는 복을 이루는 삶을 말하고 있습니다. 악한 자들에게 억울하지만 악으로 갚지 말고 그리스도의 낮아지심의 사랑으로 복을 비는 삶을 살 것을 말하면서 다윗의 시를 인용하고 있는 것입니다.

하나님의 아들이 세상에서는 버림을 당했지만 하나님은 죽은 자 가운데서 그를 살리셔서 하늘의 보좌 우편에 앉는 존귀한 자리를 주셨습니다. 세상은 그를 버렸지만 하나님은 그를 존귀케 했습니다. 주님은 부활의 영광을 위하여 자기 앞에 놓여 있는 십자가의 죽음을 개의치 않고 기꺼이 하나님 앞에 자신의 몸을 헌신했습니다. 그러자 하나님은 그를 높이고 영광을 주셨습니다. 자신을 높이는 것은 그리스도 자신이 아니라 하나님 아버지이신 것을 아셨기 때문입니다. 우리에게 영광의 기업, 영생의 구원을 주시려고 주님은 부끄러운 수치를 당한 후에 영광을 얻으신 것입니다. 그것이 세상을 구원하시려는 하나님의 방법입니다.

그러니 우리들도 장차 나타날 영광과 칭찬, 썩지 않고 쇠하지 않는 기업을 받은 왕 같은 제사장으로 그 복을 주님의 방법으로 나누어 주는 자리에 부름을 받은 것입니다. 그리고 스스로 세상과 형제들을 심판하는 자가 되지 말고, 스스로 악을 갚지 말고, 주님처럼 하나님이 하시도록 입을 다물라는 것입니다. 우리는 복을 비는 것이고 옳고 그름의 심판은 하나님이 하실 것입니다. 우리가 해서는 안 되는 것입니다. 다윗이 그랬습니다. 그리스도가 그랬습니다.

악한 자의 심판은 하나님께 맡기고 항상 복을 비는 자리에 서라는 것입니다. 그것이 하나님의 방법으로 사는 길입니다.

이제 다윗을 건지신 분이 아들을 죽음에서 일으키셔서 우리에게 영생을 주셨습니다. 그러니 죽음과 같은 고통이 있을지라도 두려워하지 말아야 합니다. 하나님이 지키실 것이고 하늘의 기업을 주실 것입니다. 악한 자들 앞에서 놀라지 말고 입을 다물고 모든 것을 하나님께 맡기고 주님처럼 다윗처럼 축복을 빌어 주라는 것입니다. 복을 비는 자가 복을 받습니다. 믿음의 정도를 가십시오. 그것이 사는 길입니다. 힘들다고 피하지 말고 당당하게 그리스도의 방식으로 살아야 합니다. 주님처럼 순종의 길을 가십시오, 하나님을 두려워하십시오,

하나님 앞에서 정결한 삶을 사십시오. 하나님이 보시고 심판하십니다.

그리고 사랑의 순종에 대해 누가 물으면 상전에게나 안 믿는 남편에게나 혹은 믿은 아내와 남편에게나 왜 사랑의 순종을 하는 것인가 물으면 온유하고 겸손하게 설명하라는 것입니다. 하나님의 복은 하나님의 말씀대로 살아야 얻는 것입니다. 자신은 안 살면서 복을 구하면 그것은 어리석은 행위입니다. 어떤 경우에서든지 피하지 말고 믿음의 행위를 드러내야 하나님이 함께하십니다. 세상은 악합니다. 그러나 세상의 왕은 주님이십니다. 그러니 세상을 두려워하거나 좋아하지 마십시오. 피해 가지 마십시오. 그것은 사망의 길입니다. 언제나 주님을 부인하지 말고 온유와 겸손으로 우리가 믿는 그리스도를 확실하게 고백하기 바랍니다.

그러면 지금은 세상은 웃을 수도 있습니다. 또는 믿는 가정 안에서도 적당히 믿어야지 하고 신앙이 있는 자를 비웃을 수 있습니다. 또 천시를 받을 수 있습니다. 그러나 주님이 오시면 우리의 믿음의 결과가 드러날 것입니다. 그때는 우리가 칭찬을 받을 것이고 조롱하던 자들은 심판을 받을 것입니다. 그러니 당장 믿음의 열매, 기도의 열매가 없다고 해서 실망하지 마시고 주님 오실 때까지 확실한 믿음을 가지십시오. 그리고 온유와 겸손한 마음으로 악한 세대에서 주님처럼 길을 가서 세상에 생명을 주는 자들이 되십시오. 하나님이 재림의 날에 여러분을 분명히 높이실 것입니다. 영광을 주실 것입니다. 그리고 세상을 부끄럽게 하고 심판하실 것입니다. 여러분 믿음의 당당함으로 세상을 이기는 여러분이 되시기를 바랍니다. 아멘.

제13강

| 성경: 베드로전서 3장 13~18절 |

제목: 의를 위한 고난

예수님의 은혜와 평강이 여러분에게 넘치기를 기원합니다. 성도의 고난은 피해 갈 수 없는 필연적인 것입니다. 믿음의 정도를 가고자 할수록 고난은 큽니다. 성도가 고난의 길을 갈 수밖에 없는 이유는 우리의 목자장 되신 예수 그리스도께서 세상의 질서와는 정반대의 길을 가서 하늘의 영광을 쟁취했기 때문입니다. 고난 중에서도 가장 큰 고난은 죽음입니다. 세상적으로 보면 죽으면 모든 것이 다 끝나게 되어 있습니다. 그래서 죽는 것을 싫어합니다. 그러니까 죽음은 인간의 최고의 고난인 것입니다. 그런데 우리의 목자장 되신 예수님은 세상에서 가장 큰 고난의 길을 가서 영광을 얻으셨습니다. 이것이 하나님이 세상에 생명을 주고 세상을 변화시키는 방법, 성령의 역사의 방법으로 선택하셨습니다. 그러니 성도는 그리스도의 본을 따라 사는 것이 정당한 것입니다. 성경은 그리스도를 본으로 내세우면서 그리스도의 이름 때문에 고난을 받을지라도 낙심하지 말고 장차 나타날 소망을 두고 그리스도의 이름으로 고난을 받으라고 말합니다. 그러면 고난이 무엇인가요? 고난의 개념은 무엇인가요? NIV성경은 suffer로 번역하고 있습니다. 어떤 사건 때문에 고통이나 아픔을 경험하는 것입니다. 예수님을 믿는 것 때문에 오는 어려움입니다. 예를 들면 세상적으로 손해를 보면 그것을 배상받는 것이 정당하지만 그리스도인들은 그것을 용서해야 합니다. 늘 사랑으로 대해야 하고 화평으로 대해야 하고 참아야 합니다. 또 핍박을 당하기도 합니다.

교회에 다닌다고 주일 저녁마다 남편에게 매를 맞는 여인도 있습니다. 정말 힘이 들어도 주일날 하나님을 섬기는 것도 육체적인 고난입니다. 아무튼 예수 믿는 것 때문에 오는 고난은 헤아릴 수 없는 것입니다. 어떤 분은 돈을 꾸어 주고 예수 믿기 때문에 돈 받는 것을 포기하는 경우도 있습니다. 그리스도의 이름으로 그의 생명으로 산다는 그것 자체가 말할 수 없는 고난입니다. 그러나 말할 수 없는 하늘의 기쁨이요, 하늘의 상급입니다. 13절에 보면 "너희가 열심히 선을 행하면 누가 너희를 해하리오."하고 있고 17절에서는 "선을 행함으로 고난을 받는 것이 하나님의 뜻일진대 악을 행함으로 고난을 받는 것보다 나으니라."하고 있습니다. 선을 행함으로 고난을 받는다는 것이 중요한 내용인데 13~16절까지는 장차 나타날 소망을 두고 고난을 받으라고 말하고 있습니다.

그리고 17절 이하에서는 그리스도께서 받으신 고난과 장차 나타날 영광을 제시하면서 고난을 받으라고 말하고 있습니다. 열심히 선을 행하면 해하는 사람이 없다는 것입니다. 14절을 보면 그러나 정의를 위하여 고난을 받으면 그들의 위협에 두려워하거나 흔들리지 말라고 말하고 있습니다. 정의를 위하여 고난을 받는 것은 예수 이름 때문에 받는 것입니다. 그런데 그 고난 앞에서 고난을 주는 자들을 두려워하거나 흔들리지 말도록 하고 있습니다. 사람은 어려움을 당하면 그 환경에서 흔들리게 되어 있습니다. 예수 이름으로 고난을 받아 환경에 어려움이 있을지라도 흔들리지 말고 놀라지 말라는 것입니다. 더 구체적으로 말하면 삶의 터전이 무너질지라도 두려워하거나 흔들리지 말라는 것입니다. 그러니까 예수 믿는 것 때문에 오는 삶의 터전은 무너짐입니다. 그런데 그러한 가운데서도 두려워하거나 흔들리지 말라는 것입니다. 옛 소련이 무너지면서 공산주의자들은 많은 신자들을 시베리아로 추방했습니다. 그들의 삶의 터전을 무너뜨리고 미래가 보장되지 않는 시베리아로 보냈습니다. 그런데 그때의 사건을 잠깐 읽어 보면 많은 신자들이 시베리아로 화물차를 타고 끌려가면서 터전을 잃었지만, 미래에 대한 보장이 없었지만 두려워하거나 흔들림 없이 기도를 하고 찬양을 불렀다는 기록이 있습니다. 원래 신자는 고난이 오면 더 강해지는 것입니다. 교회 역사에서 그리스도인들이 가장 정결한 삶을 살 때는 극심한 박해 때입니다. 죽음과 신앙을 바꾸는 박해 때 그들은 항상 믿음을 택했고 신실했습니다. 초대교회 때나 로마교회 때입니다. 그러나 로마의 황제인 콘슨탄틴 대제의 영으로 로마가 기독교국가가 되고 나서 기독교는 많이 부패했습니다. 그리스도의 고난이 있다는 것은 그만큼 하나님이 가까이 있다는 증거요, 하나님의 관심을 많이 받고 있는 증거요, 하늘의 상급을 가장 많이 쌓고 있다는 증거요, 하나님이 더 큰 복을 예비하고 있다는 새로운 찬스라는 것을 믿으시기 바랍니다.

예수 이름 때문에 삶의 터전이 무너지는 일이 있어도 두려워하거나 흔들리지 말도록 하고 있는데 그 삶의 터전이 무엇입니까? 그것은 땅의 것으로 썩을 것들입니다. 보통 사람들은 세상적인 먹고 마시는 것들, 집들, 재물들, 죽음, 병, 아픔, 배신, 절망, 이런 것들을 잃으면 삶을 쉽게 포기합니다. 왜냐하면 그것들에서 삶의 가치와 생명을 누리고 살기 때문입니다. 그러나 그리스도인들은 아니어요. 썩을 것들에 가치와 생명이 없습니다. 그러니 그런 것들이 다 무너진다고 할지라도 흔들림이 없이 예수를 믿는 바른 길을 가면 사람들이 묻는다는 것입니다. 당신은 삶에 터전을 다 잃었는데 쉽게 말하면 예수를 잘 믿는 사람이 전세자금을 떼이고 월세방으로 내려앉았는데도 놀라지도 않고, 흔들리지도 않고 도리어 주님께 감사하는 신앙을 지켜 나가는가, 그 힘이 무엇인가를 물을 것입니다. 그러면 죽으시고 부활하신 주님 안에 소망이 있다고 답을 하라는 것입니다. 그 말을 할 준비를 항상 하고 있으라는 것입니다. 그리고 주님이 자신의 피로 우리를 사셔서 나라와 제사장으로 삼으셨기 때문에 거룩한 삶을 살도록 요구하고 있습니다.

15절에 '너희 마음을 거룩하게 하는 것은'이 말은 우리의 도덕성을 말하는 것이 아니라 세상에 속하지 않고 그리스도 안에 속한 상태를 말합니다. 우리의 거룩은 그리스도 안에 있는 것입니다. 부정한 것은 그리스도 밖에 있는 생각이요, 행동입니다. 이처럼 삶의 터전을 잃은 상태에서도 두려워하거나 흔들리지 말고 예수 안에 속하는 거룩한 자가 되고 너희 속에 있는 소망에 관해 묻는 자가 있거든 대답할 것을 항상 예비하되 온유와 두려움으로 하라고 말씀합니다.

그러면 머리 되신 주님께서 오실 때 우리에게 영광과 존귀와 칭찬을 준다는 것입니다. 그러면 세상 사람들이 묻는 우리의 소망은 무엇입니까? 결코 흔들리지 않게 하는 소망은 무엇입니까? 첫째는 우리가 세상에 속하지 않고 그분에게 속했다는 것입니다. 둘째는 세상에 속한 자로 살지 않고 그분 안에 속한 자로 거룩하게 산다는 것입니다. 셋째는 땅에 있는 모든 것을 빼앗길지라도 썩지 않고 쇠하지 않는 하늘의 기업을 받도록 사는 소망으로 사는 삶입니다. 베드로는 이 서신을 받고 있는 성도들이 지금 예수 이름 때문에 힘이 들겠지만 그렇게 살도록 요구하고 이제 몸 된 교회에도 그렇게 살도록 요구하시는 것입니다. 하늘의 기업의 소망 때문에 성도는 이 세상의 것이 무너져도 자신의 육체가 죽어 가도 소동하지 않고 항상 주님만을 경배하고 순종하고 교회를 섬기며 세워 나가는 것입니다. 그리고 장차 나타날 그분의 영광과 칭찬을 생각하고 그렇게 사는 것입니다. 그리고 우리가 극심한 고난 중에서도 오히려 믿음으로 굳건히 서서 사는 이유를 묻는 자들에게 항상 온유하고 두려움으로 말하라고 말합니다.

온유와 두려움은 하나님 앞에서 그렇게 하는 것입니다. 극한 어려움이 있을 때 하나님 앞에서 온유와 두려움으로 서서 말하지 않으면 말을 건네는 자들에게 악으로 말할 수 있습니다. 저주하거나 욕할 수도 있습니다. 그러나 하나님 앞에서 온유와 두려움을 가지면 그러하지 못한다는 것입니다. 왜냐하면 하나님의 온유함이 우리 안에서 생명으로 역사하기 때문입니다. 하나님이 우리에게 베푸신 온유가 무엇입니까? 아들을 주시고 그분의 피 흘리심으로 값 주고 사셔서 우리를 그분의 나라와 제사장으로 삼으셨습니다. 그리고 그분의 신령한 성전이 되게 하고 우리 안에 거하시기 때문입니다. 그러한 내용이 하나님이 우리에게 베푸신 하나님의 온유한 은혜입니다.

그러나 우리가 남을 대할 때도 하나님의 사랑으로 하나님의 온유함으로 하나님의 은혜로 말을 해야지 대적하지 않고 우리 자신의 의를 드러내지 않고 항상 온유함으로 두려움으로 세상을 대하는 것이 옳은 일이라고 말하고 있습니다. 다음으로 선한 양심을 가지라고 말하고 있습니다. 이는 그리스도안에 있는 너희의 선행을 욕하는 자들로 그 비방하는 일로 스스로 부끄러움을 당하게 하려는 것이라고 말합니다. 우리는 가끔씩 우리에게 이러한 질문을 할 수 있습니다. 언제까지 당하고만 있어야 하는가? 베드로는 거기에 대해 선한 양심을 가지라고 말합니다. 사람앞에서의 선이 아니라 하나님을 두려워하고 하나님 앞에서 온유함을 같고 그렇게 해서 마음을 성전으로 단장하라는 것입니다. 그리고 그리스도를 주로 모시고 세상에 속하지 않고 그리스도 안에 속해서 살것을 말하고 있습니다.

주님이 오시면 우리는 영광과 존귀를 받게 될 것이고 성도를 비방하던 자들은 부끄러움을 당하게 될 것입니다. 그러니 선한 양심으로 살아야 하는 것입니다. 성도가 해야 할 것은 선한 양심으로 사는 것이고 나머지는 주님이 판단하실 것이고 나중에는 선한 양심을 따라 그리스도 안에서 사는 자들에게 하늘의 상급을 주실 것입니다. 그리고 하나님이 지금도 그런 자들을 지키실 것이고 하늘의 복을 주실 것입니다. 그러니 성도는 그리스도 안에 속한 선한 양심으로 살아야하는 것입니다. 17절을 보면 "선을 행함으로 고난을 받는 것이 하나님의 뜻일진대 악을 행함으로 고난을 받는 것보다 나으니라."하고 있습니다. 우리들은 세상에서 그리스도 안에서 선을 행하고 의를 행함으로 멸시와 천시를 받을 때가 많이 있습니다. 이것이 우리가 받는 고난이요, 그것이 세상에 교회를 남기신 뜻입니다. 그리스도께서도 세상에 있을 때 고난을 받은 것처럼 우리도 고난을 받습니다. 그리스도를 미워한 세상이 우리도 미워합니다. 그러나 그리스도 때문에 고난을 받는 것이 악을 행하다가 고난을 받는 것보다 나은 것입니다. 그러나 악행을 행하는 자들을 그리스도가 오시면 고난을 받을 것이고 우리는 하나님의 영광과 존귀와 기업에 참여하게 될 것입니다.

사랑하는 여러분, 주님의 이름으로 고난을 받는 자들, 의를 위해 고난을 받는 자들을 세상이 손대지 못하게 하나님이 지키실 것입니다. 그리고 장차 큰 영광을 주실 것입니다. 그러나 우리는 고난 속에서 흔들리거나 두려워할 필요가 없는 것입니다. 18절은 좀 더 분명한 위로를 해 주시고 있습니다. 그리스도의 죽음의 의미를 말하고 있습니다. 그리스도의 죽으심은 모든 죽음을 끝내는 죽음입니다. 이제는 다시 죽지 않습니다. 한 번 죽음의 고난으로 죽음의 시대를 끝내셨습니다. 우리 죄를 위해 단번에 죽으셨습니다. 의인으로서 불의한 우리를 위해 죽으셨습니다. 그리고 우리를 하나님 앞으로 인도하셨습니다.

사랑하는 여러분, 우리는 그리스도 때문에 고난을 받습니다. 세상이 그리스도를 배척했기 때문에 우리도 배척합니다. 그러나 그들을 악으로 대적하지 말고 온유함으로 대하십시오. 하나님이 먼저 우리를 온유함으로 대하셨기 때문입니다. 그리고 우리가 고난 속에서도 믿음으로 살 때 그 믿음에 대해 질문하면 항상 답을 할 수 있도록 준비하십시오. 그리스도 때문에 그런다고 하십시오. 우리의 소망이 썩는 땅에 있지 않고 그리스도 안에 있기 때문에 그런다고 하십시오. 주님은 여러분이 어떤 고난을 당한다고 할지라도 지키실 것입니다.

그리고 세상에서 건지실 것입니다. 세상은 아무것도 아닙니다.

주님은 우리 편이고 주님이 세상을 통치하십니다. 이제 주님이 오시면 우리는 하나님의 영광과 존귀와 기업을 받을 것이고 악한 자들은 악으로 인해 고난을 받을 것입니다. 그러니 여러분, 조금도 세상을 두려워하지 말고 믿음으로 나아가는 여러분이 되시기를 바랍니다. 아멘.

제14강

| 성경: 베드로전서 3장 19~20절 |

제목: 의를 위한 고난

예수님의 은혜와 평강이 여러분에게 함께하시기를 기원합니다. 앞부분에서는 우리를 핍박하는 자들에 대해서는 온유와 겸손함으로 하라 그렇게 말하고 있습니다. 핍박이라는 말은 예수님을 믿는 것 때문에 오는 모든 어려움입니다. 그 어려움 속에서 온유와 겸손함으로 상대를 대하라는 것입니다. 그리고 우리를 핍박하는 자들이 우리가 큰 고난 속에서도 당당히 사는 것을 보고 그 이유를 묻는 자들에게 항상 답을 준비하라고 합니다. 그 답은 예수님에게 소망이 있다는 것입니다. 예수님에게 소망이 있다는 말은 장차 하늘의 기업과 상급이 준비되어 있기 때문입니다.

그러니 보이는 것들 때문에 놀라거나 흔들리지 말고 주님을 붙들고 살라는 것입니다. 우리가 그렇게 살아야 할 이유는 하늘의 상급과 기업이 예비되어 있는 것도 사실이지만 우리의 목자장이신 주님이 그 길을 가셨다는 것입니다. 그리고 그 영이 우리 안에 있으니 우리가 그 영을 따라 살고 목자장이 가신 길을 따라 살아야 승리자로 산다는 것입니다. 그는 도살장에 끌려가는 어린양처럼 그렇게 원수의 손에 끌리어서 십자가에 죽으셨습니다.

하나님은 세상적으로 버림받은 아들을 온 우주의 왕으로 높이셨고 하늘보좌에 앉게 하셨습니다. 그분이 세상을 통치하십니다. 그러니 성도가 하나님 앞에서 영광을 얻고 승리자로 사는 길은 목자장의 뒤를 따라가는 것이 지극히 정상적인 길인 것입니다. 그 길이 승리의 길입니다. 19~20절을 보니까 "영으로 옥에 있는 영들에게 전파하시니라 그들은 전에 노아의 날 방주 예비할 동안 하나님이 오래 참고 기다리실 때에 순종치 아니하던 자들이라 방주에서 물로 말미암아 구원을 얻은 자가 몇 명뿐이니 겨우 여덟 명이라" 하고 있습니다. 이 본문은 천주교회에 다니는 사람들이 좋아하는 본문입니다.

단테라는 사람이 쓴 소설에 있는 신곡입니다. 그 책에 보면 천국이 있고, 연옥이 있고, 지옥이 있습니다. 그러니까 예수 믿는 자들은 천국에 가고 악한 사람은 지옥에 가고 예수를 믿지 않았으나 죄가 없는 자들은 연옥이라는 곳에 간다고 합니다. 바로 태어난 자들이 죽으면 죄가 없으니 연옥으로 간다고 합니다. 그리고 구약의 모든 사람들이 예수님이 오셔서 천국 문을 열기 전에는 연옥이라는 곳에 예비되었다고 주장을 합니다. 연옥도 두 층이 있는데 한 층은 의로운 사람들이 있는 곳이고 한 층은 악한 사람이 있는 곳이라고 말합니다.

물론 이러한 주장들은 바른 것이 아닙니다. 모두 연옥에 있는데 예수님이 처음 천국 문을 열고 들어가는데 먼저 신약의 성도들이 다 들어갔습니다. 그러나 아직 구약인들은 연옥에 있기 때문에 부활하신 뒤로 연옥에 가서 복음을 증거했다고 말하고 있습니다. 이야기만

들어 보면 많은 설득력이 있는 말이지만 이것은 추상적인 소설을 쓴 것이고 성경의 본문은 그러한 증거를 하지 않고 있다는 것입니다. 본문을 무시하고 자기의 주장을 주장하려고 본문을 해석하면 바른 것이 아닙니다.

여호와증인 같은 사람들이 성경을 그렇게 해석합니다. 자기들의 교리를 먼저 만들고 그 교리에 맞게 모든 성경을 다 해석해 버립니다. 그리고 자신들에게 불리한 성경을 아예 해석하지도 않고 읽지도 않는 것입니다. 성경해석에 있어서 단어 하나하나의 해석은 항상 문맥을 따라 반드시 해석을 해야 하는 것입니다. 흔히 노인양반들이 죽고 싶다는 말을 많이 합니다. 그런데 단어만 딱 떼어 놓고 보면 정말 죽고 싶다는 말이 사실인 것처럼 생각될 수도 있습니다. 그러나 문맥과 상황을 잘 보면 정말 죽고 싶어서 하는 것인지 한번 해보는 말인지, 자식들이 안 찾으니까 서운해서 그러는 것인지 구분이 가는 것입니다.

19절의 말은 참으로 논쟁이 많은 구절입니다. 그러나 문맥을 따라 잘 해석하면 천주교가 무리하게 자기들의 교리를 주장하기 위해 해석하고 있다는 것을 알 수 있습니다. 우리가 조금만 상식을 가지고 생각해 보면 지금 앞의 문맥은 무엇을 말하고 있습니까? 고난을 받고 있는 성도들에게 그 고난을 받는 것 때문에 놀라지 말라고 위로하고 있습니다. 세상의 모든 것을 다 빼앗기고 생명을 다 빼앗겨도 놀라지 말라는 것입니다. 왜냐하면 썩지 않는 하늘의 생명과 하늘의 기업을 받은 자들이기 때문입니다. 그리고 사는 이유를 반문해 주고 있습니다. 예수님을 주로 삼고 있는 너희가 무엇을 위해 살고 무엇을 바라보고 사는지를 사람들이 물으면 하나님을 두려워하는 마음으로 겸손하게 대답하라는 것입니다. 그리고 선한 양심을 가지고 너희들이 그렇게 살면 주님이 오실 때 그렇게 질문을 하는 자들은 심판을 받겠지만 너희들에게는 영광과 존귀와 칭찬을 줄 것이라고 말하고 있습니다.

하나님은 우리가 그러한 백성으로 살게 하시려고 구원한 것이라고 말씀합니다. 우리가 고난을 받는 것은 의를 위해 고난을 받는 것이고 악한 자들의 고난은 따로 준비되어 있다는 것입니다. 그러나 항상 믿음으로 사는 일에 조심하라는 것입니다. 그러면서 우리의 주님이 어떠한 길을 가셨는지 우리에게 본을 보여 주고 계십니다. 그러니까 이 문맥은 고난 중에서도 그 고난의 끝에 어떠한 소망이 있는 것인지 그리고 우리가 받은 고난의 의미가 무엇인지 하는 것을 설명하는 문맥입니다.

그러니까 19절도 연옥을 설명하려는 것이 아니라 위의 문맥을 따라 해석을 하는 것이 정당하다는 것입니다. 그러면 우리에게 보이신 그리스도의 본은 무엇인가? 그리스도는 우리가 세상에 대하여 살지 않고 하나님을 위하여 살게 하시려고 의로운 분이 불의한 우리를 위해 죽으셨습니다. 그래서 우리는 예수를 믿음으로 의로운 자들이 되었습니다. 그러나 세상은 아직도 왕 되신 예수님을 인정하지 않는 불의한 세상입니다. 우리는 그 불의하고 악한 세상 속에서 살고 있습니다. 그러면 그 불의한 예수님을 인정하지도 않고 악한 세상에서 우리가 어떻게 살 것인가?

주님은 한 번 죽으심을 통해 죄의 질서를 끝내고 부활하심을 통해 천국을 여셨습니다. 천국을 만드셨습니다. 그리고 우리가 예수님을 믿음으로 세상에 속한 자가 아니라 세상에서는 죽은 자 가운데서 하나님께 속한 자로 만드셨습니다. 이제는 하나님만을 위해 살 수 있는 제사장으로 그 나라의 백성으로 삼으셨습니다. 지금 이 말을 하고 있는 내용입니다. 주님이 우리를 하나님께로 인도하시려고 하는데 그 방법을 자신의 육체의 죽임을 통해 하신 것입니다. 자신의 육체의 죽음을 통해 우리를 구원하신 것입니다. 그러나 다시 부활하심으로 그 영은 살아나셨습니다.

그러면 여기서 말하는 영이라는 것은 무엇인가? 그러면 여기서 육체와 반대되는 개념으로 영인가? 그것을 말하는 것이 아닙니다. 개인의 육체와 영을 말하는 것이 아니라 두 질서를 말하고 있습니다. 첫째, 땅에 있는 질서인지 하늘에 속한 질서인지 둘째, 핍박을 받는 질서인지 하나님 앞에서 영광스러운 질서인지, 셋째 이전의 죄인으로 살았던 질서인지 하나님 앞에서 사는 것인지를 말하는 개념으로 육과 영으로 비교하고 있습니다.

주님은 분명 땅에 오셔서 죽으셨습니다. 그가 부활하였다는 것은 영혼만이 아니라 육체의 부활도 동시에 말하고 있습니다. 우리는 항상 헬라적인 요소가 많이 있습니다. 헬라적인 요소는 무엇입니까? 사람의 구조를 육체와 영으로 구분을 하고 있습니다. 그래서 육체는 땅의 것으로 영은 하늘의 것으로 구분하고 영은 하늘의 것 이데아의 것이므로 선하고 육체는 악하고 그런 개념으로 사람을 이해합니다. 그러나 성경은 영과 육을 말할 때 사람의 육체와 영을 말하는 것이 아니라 옛 시대에 속한 것을 육이라고 하고 새 시대에 속한 것을 영이라고 말합니다.

하나님은 영이시니 예배하는 자마다 신령과 진정으로 하라고 할 때도 이제 하나님은 아들을 통해 새로운 시대를 여신 신약의 하나님이십니다. 그러니 하나님을 예배하는 자들은 아들의 이름으로 예배하라는 것입니다. 여기서도 마찬가지의 개념입니다. 주님은 죄 된 세상에서 의인이었지만 불의한 자들을 위해 죽으셨습니다. 그러나 그분은 우리를 하나님 앞으로 인도하시기 위해 살아나셔야 됩니다. 육에 있어서는 안 되는 것입니다. 곧 죽음의 질서인 옛 시대에 머물러 있어서는 죽음을 정복한 새로운 생명을 주실 수가 없는 것입니다.

그러니 그분은 죽음을 이긴 새로운 영이 되어야 하는 것입니다. 죽음에 속한 것이 아니라 하나님에게 속한 영이 되어야 하는 것입니다. 그러니까 영은 새 시대의 것이고, 하나님의 것입니다. 그런 의미로 영의 개념이고 하나님께 속하지 않는 것, 옛 시대의 것을 육으로 말하는 것이지 사람의 육체와 영을 말하는 것이 아닙니다. 그러니까 좀 어려운 말이지만 육과 영은 종교적인 이원론으로 풀어야 한다는 것입니다. 땅의 질서로는 그분은 죽음을 당하였습니다. 의인으로 불의한 자들을 위해 죽으셨습니다. 우리를 하나님에게 인도하시려고 그렇게 하셨습니다. 죽음을 이긴 새 시대의 분으로, 하나님께 속한 분으로 그분이라는 개념으로 그분은 영이 되셨습니다.

그러면 옥에 있는 영들에게 전파하셨다는 말은 무슨 말입니까? 그 말은 예수님이 3일 동안 죽음 가운데 있었는데 그때 지옥에 가서 지옥에 있는 자들에게 복음을 증거했다는 말이 아닙니다. 육체는 무덤에 있고 영만 빠져나가 복음을 증거했다는 말이 아니라 주님은 우리를 하나님 앞으로 인도하시려고 다시 살아나셨는데 그분이 옥에 있는 영들에게 복음을 증거했습니다. 그러면 옥에 있는 영들은 누구인가? 뒤에서 설명해 주고 있습니다. 20절을 보면 옥에 있는 영들은 노아의 날 방주에 예비할 동안 하나님이 오래 참고 기다리실 때에 순종치 아니하던 자들입니다.

그들이 옥에 있는 영들입니다. 모든 사람이 먹고 마시고 즐겁게 놀면서 죄를 지을 때 노아는 하나님의 심판을 증거했습니다. 며칠이 못 되면 하나님이 세상을 물로 심판하시리라 하였습니다. 그러나 노아의 말에 그들은 노아를 도리어 조롱하고 듣지 아니했습니다. 그들이 옥에 있는 영들입니다. 사람들이 순종치 아니해서 다 물에 빠져 죽었지만 노아의 가족 여덟 명은 방주를 통해 구원을 받았습니다. 노아가 하나님의 심판을 증거했을 때 사람들은 노아를 비웃었습니다. 노아는 하나님의 의를 위해 고난을 받았습니다.

물론 노아가 바라본 것은 물에서 살아나는 것입니다. 그러나 노아의 헌신을 통해 주님이 오셨기 때문에 노아는 주님을 바라보고 주님을 위해 고난을 받은 것입니다. 항상 역사는 결과를 가지고 이전의 모든 것을 새롭게 해석을 하는 것입니다. 이전의 역사가 앞의 역사를 알 수는 없지만 결과가 나오면 이전의 역사는 앞의 역사를 바라보고 진행되었다고 말할 수가 있는 것입니다. 그러면 어떤 의미로 옥에 있는 자들에게 복음을 증거하는 것입니까?

부활하신 주님이 마지막 날에, 재림의 날에 노아의 말을 듣지 않았던 자들에게 이제는 단순히 물로 심판한다는 소식이 아니라 영원히 지옥 불에 던진다는 소식을 노아의 말을 듣지 않았던 자들이 듣게 될 것입니다. 그리고 이제 다시는 죽지 않는 주님의 나라를 세우시므로 노아도 마지막 날에 그 완성된 구원에 참여하는 복을 받게 될 것입니다.

사랑하는 여러분, 우리는 썩지 않는 하늘의 기업을 받은 자들입니다.

우리는 이제 하늘을 위해 살 자들입니다.

무엇을 먹을까 무엇을 마실까 무엇을 입을까에 가치를 두고 거기에 목숨을 걸 자들이 아닙니다. 그런 것들은 다 썩을 것들이요, 주님의 나라에 속하지 아니합니다. 그런 것들을 갖지 말라는 것이 아니라 거기에 가치를 주고 생명을 걸지 말라는 것입니다.

우리의 소망은 이제 정해졌습니다.

그것은 하늘에 속한 신령한 백성으로 주님이 오실 날을 소망하며 하나님의 말씀에 귀를 기울이며 거룩한 백성으로 사는 것입니다.

그런 자가 세상을 이길 것이고 상급을 받게 될 것입니다.

여러분 모두가 주님 오실 날을 소망하고 하늘에 가치와 생명을 두고 썩을 세상을 이기는 능력 있는 믿음의 백성들이 되시기를 바랍니다. 아멘.

제15강

| 성경: 베드로전서 3장 19~22절 |

제목: 의를 위해 받는 고난

예수님의 은혜와 평강이 여러분에게 넘
치기를 기원합니다. 노아 때 사십 주야 비가 내려 온 세상
이 다 비로 잠겼습니다. 하나님이 비를 내리시기 전에 노아를 통해
방주를 만들게 하면서 하나님의 심판을 경고했지만 사람들은 다 비
웃었습니다. 그들은 한 번도 물이 세상을 덮어 망하는 것을 보지 못
했을 뿐 아니라 그들은 하나님의 말을 듣지 않을 정도로 타락해 있
었기 때문입니다. 그들이 하는 일이라고는 먹고 마시는 일뿐이었습
니다. 단순히 먹고 마시는 것이 아니라 하나님을 떠나 먹고 마시는
것이었습니다.

하나님을 떠나 먹고 마시는 것이 죄입니다. 노아의 증거에 사람들
은 비웃었습니다. 노아는 사람들의 비웃음 속에서도 하나님의 심판
을 증거했습니다. 그리고 노아는 구원을 받았습니다. 그러나 사실 노
아가 물에서 구원을 받은 것하고 우리하고는 별로 상관이 없습니다.
왜냐하면 우리의 구원은 물에서의 구원이 아니라 죄에서의 구원이기

때문입니다. 그러면 <u>첫째로, 노아의 구원이 우리와 어떤 상관이 있는 것인가?</u> 분명 노아의 구원은 물에서의 구원입니다. 그리고 우리의 구원은 죄에서의 구원입니다. 사실 신약의 입장에서 보면 노아의 구원은 영원한 것이 아닙니다.

성경을 보면 노아가 물에서 건짐을 받아 영원히 산 것이 아닙니다. 창세기 9장 29절을 보면 노아가 구백오십 세에 죽었다고 말하고 있습니다. 죽었다는 말밖에 없습니다. 그 이상은 없습니다. 그는 물에서는 살아났지만 결국은 죽었습니다. 그것이 끝입니다. 그러면 물에서 구원되어 살았지만 결국 죽은 그에게 신약의 교회가 곧 신약의 성도가 무슨 위로를 받겠는가 하는 것입니다. 교회가 만약 너희가 하나님을 잘 믿으면 보이는 세계에서 노아와 같은 구원을 주실 것이다라고만 끝난다면 우리의 소망은 별다른 것이 없는 것입니다.

그런데 이 노아를 통해 진행되어 온 이 죽으면 끝나는 나라를 이제 사람선지자가 아니라 하나님이 직접 오셔서 죄인 되고 불의한 세상을 위해 죽으셨습니다. 그리고 다시는 망하지 않는 나라를 만드셨습니다. 이 나라는 죽음이 없는 천국의 나라입니다. 영생의 나라입니다. 다시는 하나님과 헤어짐이 없는 나라입니다. 사람의 생명은 항상 하나님과 함께 사는 것인데 예수 믿는 사람들에게 항상 성령이 계십니다. 그러니 영생의 생명으로 사는 것입니다. 노아는 하나님의 말씀에 순종하여 방주를 만들고 결국 죽었지만 그 순종을 통해서 죽음 가운데서도 하나님의 나라가 진행되게 하였습니다.

그래서 이제 죄와 사망을 정복할 예수님이 오시는 데 있어 충성스러운 종으로 순종한 것입니다. 노아의 순종과 구원을 통해 아들을 오게 했고 천국이 임하게 하였습니다. 그러니 노아의 구원은 아들

안에서 천국을 바라보게 된 것입니다. 그러니 우리는 노아를 말하더라도 "너희가 노아를 본받아라." 해서는 안 되는 것입니다. 노아가 그리스도의 충성스러운 증인으로 산 것처럼 이제 너희는 그리스도의 충성스러운 증인이 되라고 말하는 것입니다. 삶의 윤리는 항상 역사를 따라 다르게 요구하는 것입니다. 사람도 마찬가지입니다. 아이 때는 아이의 윤리와 삶의 방식이 있고 어른이 되면 어른의 윤리와 삶의 방식이 있습니다.

그런 것처럼 신약과 구약은 역사가 구분이 되는 것입니다. 갈라디아 4장에서는 구약의 시대를 초등 학문에 있던 시대라고 말하고 신약을 아들의 명분을 받은 시대라고 말하고 있습니다. 그러니까 구약은 사람으로 비교하면 어린아이의 시기이고 신약은 어른의 시기입니다. 구약은 아이의 생명을 가졌고 신약은 장성한 생명을 가졌습니다. 그러니까 교회가 노아의 이야기를 하여도 노아처럼 하나님 말씀에 순종하고 노아처럼 이름을 짓고 노아처럼 복을 받고 구원을 받으라고 해서는 안 되는 것입니다. 교회는 장성한 어른이 되었기 때문에 하늘의 구원을 받았고 하늘을 위해 사는 자들입니다.

그러므로 교회는 노아가 바라보았던 그리고 충성했던 그것을 위해 구원을 받았던 그리스도를 위해 그리스도처럼 죽도록 충성해야 하는 것입니다. 우리의 구원은 죄에서부터의 구원이고 우리의 생명은 죽으나 다시는 죽지 않는 생명입니다. 예수님은 노아의 구원을 다시는 죽음이 없는 영생의 천국을 주심으로 완성하셨습니다. 그러니 노아의 구원이 예수 안에서 그 의미가 드러나고 완성이 되는 것입니다.

둘째로, 예수님이 부활하여 지옥에 있는 영들에게 복음을 전파한다는 말이 어떤 말입니까? 문자적으로 보면 많은 오해를 살 수 있는 본문입니다. 예수님이 죽으신 다음에 며칠 땅속에 있었습니까? 3일 동안입니다. 그 기간 동안에 지옥에 가서 복음을 증거했다는 말이 아니라 노아의 말을 거역한 자들에게 부활을 통해 그들의 죄를 심판하는 복음을 증거한다는 것입니다. 노아의 고난이 예수님에게 완성되고 구원이 완성됐듯이 그들의 심판도 부활을 통해 온전히 증거된다는 것을 말하고 있습니다.

예수님의 부활은 노아를 거절했던 자들의 심판의 확증입니다. 예수님이 세상을 이겼다는 것은 악한 자들이 패했다는 것을 말하고 있기 때문입니다. 노아를 거절했던 자들이 예수님의 부활에서 완전히 죄인이라는 것이 확증되는 것입니다. 그런 의미로 그들은 심판을 받은 것입니다.

지금 베드로서의 문맥이 무엇입니까? 이 편지를 받고 있는 자들의 형편이 무엇입니까? 그들은 예수님을 믿는 것 때문에 극한 고난을 받고 있습니다. 그들에게 고난을 이기면 하늘의 상급과 기업이 있으니 고난을 이겨 내라고 말하고 있습니다. 세상을 이기신 주님이 지키시리라는 말을 하고 있습니다. 그러면서 너희를 핍박하는 자들을 악으로 대하지 말고 사랑으로 대해서 그들을 믿음으로 이겨 변화시키라고 말하고 있습니다. 그리고 그 본으로 예수님을 들고 있습니다. 예수님이 핍박하는 자들을 대적하지 않으시고 사랑의 순종을 통해 이겼지 않느냐? 그리고 하나님이 아들의 순종을 통해 세상을 새롭게 하지 않으셨느냐? 그러니 너희가 그리스도처럼 사람과의 모든 관계에서 그리스도처럼 사랑의 순종을 통해 세상을 이기라고 말하고 있습니다.

그리고 너희들을 대적하는 자들은 너희가 장차 하늘의 영광을 영원히 취할 때 심판의 부끄러움을 당할 것이라고 말하고 있습니다. 그런 문맥에서 옥에 있는 영들에게 예수님이 부활하여 복음을 증거했다고 말하고 있습니다. 그리고 노아의 이야기를 하고 있습니다. 그러니까 우리가 지옥에 있는 영들을 두 가지로 생각해 볼 수 있습니다. 하나는 문맥적으로 보면 분명 마지막 날에 심판을 받을 자들인데 교회를 핍박하던 자들이 될 것입니다. 또 하나는 노아와 상관하여 볼 수 있을 것입니다. 항상 성경은 앞의 문맥을 뒤에서 해석하여 주기 때문에 19절의 영들은 노아 때 끝까지 노아의 말을 거역한 자들일 것입니다.

그들은 하나님을 우습게 안 자들입니다. 그리고 노아를 우습게 안 자들입니다. 그러니까 그들은 노아의 충성스러운 봉사를 통해 올 그리스도의 나라를 대적한 것이 되기 때문에 그리스도께서 자신의 나라를 거역한 그들에게 심판의 복음을 증거하는 것입니다. 그러면 반대로 노아와 그리고 교회의 모든 성도는 그리스도의 영광의 기업을 받을 것입니다. 노아는 드디어 자신의 순종과 구원의 의미가 무엇인지를 알게 될 것입니다. 사람도 마찬가지입니다. 초등학교 때는 공부 잘하고 부모님의 말씀을 잘 들은 의미가 잘 드러나지 않습니다. 특히 어려서 아이가 죽어 버리면 그 아이의 어릴 때의 모든 것이 해석이 안 되고 끊어 버리는 것입니다.

사람도 아이 때는 삶의 의미가 해석이 안 되는 것입니다. 다 크면 초등학교 때 공부를 잘한 것이 무슨 의미가 있는지 어릴 때 공부를 잘한 것이 무슨 의미가 있는지 해석이 가능하다는 것입니다, 그처럼 성경의 해석도 마찬가지입니다. 우리가 유대인을 보면 알 수 있습니다. 그들은 구약은 잘 믿습니다. 그들은 아브라함의 믿음, 노아의 믿음을 본받아 삽니다. 그러나 예수님을 거역합니다. 그러니까 그들은 그들의 삶의 의미가 잘 드러나지 아니하고 목표가 성경과는 상관이 없는 것입니다. 예수님이 오셔서 장성한 천국을 가져오시기 전에는 구약의 역사는 미완성이어서 구약의 누구도 우리의 삶의 본이 될 수 없는 것입니다.

우리가 법을 정하고 인생의 목표를 정할 때도 어린아이 때의 기준으로는 하지 않습니다. 그래서 아이 때의 범죄는 그 죄를 묻지 않는 것입니다. 아직은 미숙해요. 그러니까 우리의 복과 생명과 윤리는 예수님에게서 그 기준으로 정해지는 것입니다.

셋째로, 물은 예수 그리스도의 부활하심으로 말미암아 이제는 너희를 구원하는 표니 곧 세례라는 말이 무엇입니까? 노아는 물로 말미암아 구원을 받았습니다. 하나님이 죄악 된 세상을 심판하심으로 죄가 활동하지 못하는 세상을 새롭게 지어서 노아에게 주었습니다. 노아는 불의한 세계에서 하나님께 순종하여 구원을 받은 의의 조상이 되었습니다. 베드로는 지금 노아의 구원을 예수님 안에서 새롭게 해석해 주고 있습니다. 그러니까 노아에게 있어서 물은 노아가 죄의 세상에서 구원받았다는 표입니다. 물은 구원의 표입니다. 그런 것처럼 이제 노아의 나라를 예수님이 완성하시려고 죽으시고 부활하셨습니다. 그러니까 예수님의 부활은 우리가 구원을 받았다는 표이고 증거입니다. 마치 노아 때 물이 노아에게 구원의 증거가 된 것처럼 이제 예수님의 부활이 우리가 구원을 받았다는 표이고 증거인 것입니다. 그러면서 예수님의 부활이 물과 같이 구원받은 표인데 좀 더 구체적으로 설명하기를 예수님의 부활을 통해 얻는 구원을 옛 시대와 비교해서 말하고 있습니다. 부활을 통해 구원을 받은 것의 표가 세례입니다. 우리가 예수님의 부활을 믿고 구원받았다는 표로 세례를 받습니다. 그런데 부활하심으로 구원받았다는 표로 세례를 말하는데 그 의미를 말하기를 육체의 더러움을 제하여 버림이 아니요, 오직 선한 양심이 하나님을 찾아가는 것이라고 말하고 있습니다.

세례의 의미는 죄 씻음을 받고 하나님의 백성이 되었다는 표로 주는 것입니다. 그러면 구약에서 세례의 의미는 무엇입니까? 그들은 물로 씻고 동물의 피를 뿌림으로 죄 용서함을 받았습니다. 물로 씻고 피를 뿌림으로 정결케 되어 하나님이 계신 성소 안으로 들어갈 수가 있었습니다. 그러나 그 씻음은 완전한 씻음이 아니어서 죄를 지을 때마다 또 물로 씻고 피를 뿌려야 했습니다. 곧 이것은 육체를 씻는 씻음이었습니다. 아무리 씻어도 그들은 죄와 사망 가운데 있었기 때문에 완전한 씻음을 이루지 못했습니다. 그런데 이제 하나님의 아들의 피로 단번에 죄와 사망을 온전히 씻기로 하셨습니다.

마지막으로 이제 예수님의 부활을 통해 우리가 죄에서 씻음을 받았는데 이 씻음은 육체의 예법, 곧 구약처럼 육체만을 씻는 그림자적인 씻음이 아니라 마음을 씻고 곧 마음을 씻는다는 말은 죄를 온전히 씻었다는 것을 말하고 있습니다. 마음을 씻고 선한 양심으로 하나님을 찾아가게 하는 것이라고 말하고 있습니다. 이 내용을 히브리서 9장이 말하고 있습니다. 히브리서를 보면 구약의 피 뿌림, 반복된 물 뿌림도 우리를 살아 계신 하나님의 성소에 들어가서 하나님을 섬기게 하였거늘, 하물며 살아 계신 아들의 피, 흠 없는 아들의 피가 우리를 살아 계신 하나님을 섬기게 하지 못하겠느냐. 그러니 담대히 예수님의 이름을 부르고 담대히 하나님의 보좌 앞에 나아가라고 말하고 있습니다.

우리의 구원은 노아의 구원이 아니라 노아가 바라보았던 마지막 시대의 구원입니다. 육체의 할례가 아니라 마음의 할례요, 부활의 할례입니다. 하늘의 구원에로 구원입니다. 부활의 할례가 옴으로써 노아의 물의 할례가 그 의미와 목적이 분명해졌습니다. 노아의 순종에 의미와 삶의 목표가 분명히 드러났습니다. 노아의 순종을 통해 세워진 부활의 나라에 속한 자들은 이제 육체의 할례 곧 세례를 받은 자들처럼 땅의 성소로 나아가는 것이 아니라 하늘성소로 담대히 나아가는 것입니다. 네 번째로 주님은 부활하심으로 우리를 하나님 앞으로 인도하시는 분이십니다. 그는 하늘에서 오셨고 하늘로 올라가신 분이십니다.

하나님의 대리자요, 천사들이 그분께 순복하는 자리입니다. 주님은 노아와 같이 고난을 받았지만 순종하심으로 구약의 고난을 모두 완성하셨습니다. 그리고 우리에게 하늘에 속한 신령한 백성, 하늘의 성소로 우리를 부르셨습니다. 우리는 예수님의 부활과 연합되어 예수님과 함께 죽고 살아 하늘보좌에 함께 앉아 있는 존귀한 자들입니다. 그러니 예수님처럼 선한 양심으로 세상을 이겨 내야 하는 것입니다. 구약의 모든 고난이 예수님에게서 완성되었습니다. 그러니 그분에게 속한 자로 고난에 놀라지 말고 살도록 말하고 있습니다. 노아가 세상에 속한 자로 살지 않고 하나님께 속한 자로 살았습니다.

그러나 노아를 모독했던 자들은 예수님의 부활에서 심판이 영원히 확정된 것처럼 부끄럽게 된 것처럼 우리는 하늘의 백성으로 부름을 입었으니 고난 속에서도 영광스럽게 고난을 이기도록 말하고 있습니다. 그러면 주님이 오시면 상급을 주실 것입니다. 우리의 소망은 분명하고 갈 길도 분명합니다. 믿음으로 사는 데서 오는 고난이 있을지라도 주님과 같이 동행하고 믿음으로 이겨서 거룩한 백성으로 사는 자들이 되시기를 바랍니다. 아멘.

제16강

| 성경: 베드로전서 4장 1~6절 |

제목: 갑옷을 입으라

예수님의 은혜와 평강이 여러분에게 함께하시기를 기원합니다. "그리스도께서 육신으로 고난을 받았으니 우리도 그리스도와 같은 마음으로 무장하십시오." 하는 제목으로 강론하겠습니다. 우선은 베드서의 주제부분을 간단하게 요약을 하겠습니다. 지금 베드로서 서신을 받고 있는 교회들은 예수님을 주로 고백하는 일 때문에 많은 고난을 받고 있습니다. 베드로는 그들에게 편지를 쓰고 있습니다. 그들의 상황이 그러하기 때문에 베드로가 편지를 쓰는 목적이 고난을 이기도록 하기 위한 것입니다. <u>고난을 이기도록 편지를 쓰고 있기 때문에 첫째는 힘을 주는 말을 해야 할 것이고 둘째는 그 고난을 이기는 자의 대가를 말해야 할 것입니다.</u>

그러면 그들이 예수님 때문에 받는 고난 속에서 고난을 이겨야 하는 이유가 무엇인가? 그것은 그들이 예수님을 믿음으로 하늘에 속한 백성이 되었고 썩지 않는 쇠하지도 않는 기업을 얻는 자들이 되었고, 나라와 제사장으로 택하심을 받았기 때문입니다. 그리스도인들은 이미 예수님을 믿음으로 이런 신분을 얻었습니다. 그런데 이런 신분을 지금 얻고 있지만 이미 썩지 않는 영생으로 생명으로 숨 쉬고 살고 있지만 그리스도의 영광이 그리스도의 왕 되심이 세상에는 보이는 방식으로는 나타나 있지 아니합니다. 믿는 자들에게는 이미 영생이 주어지고 믿음의 눈으로 천국을 바라보고 있습니다. 그리고 예수님이 왕 되심이 드러나 있습니다. 그리고 성령의 역사를 체험합니다.

그런데 세상에는 그리스도의 영광이 가시적으로는 드러나 있지 않기 때문에 세상에서 고난을 받는 것입니다. 늘 세상과 교회의 성도는 삶의 질서와 가치와 방식이 다르기 때문에 대립하는 위치에 있는 것입니다. 성도가 그런 상황에서 믿음의 가치로 산다는 것이 고난인 것입니다. 가장 큰 대립이 가치관의 대립일 것입니다. 세상은 인본주의입니다. 인간 스스로의 힘으로 세상의 평화를 구합니다. 그러니까 그들은 그리스도 나라를 거절합니다. 성도는 모든 것을 하나님의 영광 때문에 하고 세상은 자기의 이성의 만족을 위해 합니다. 그러니 연합이 있을 수가 없는 것입니다.

하나님이 없이 인간 스스로 평화를 구하고 하나님을 배척하고 인간의 힘으로 모든 것을 합니다. 그러니 하나님의 이름으로 한다는 성도와는 대립이 되고 고난이 있는 것입니다. 베드로의 서신을 받고 있는 교회들은 예수 믿는 것 때문에 많은 고난과 천시를 받고 있습니다. 그런 위치에 빠져 있는 그들에게 베드로는 지금 믿음으로 이기라고 서신을 쓰고 있습니다. 사실 우리의 고난은 개개인이 믿음을 통해서 오는 직접적인 고난도 있지만 세상이 예수를 거역하는 것도 우리의 고난입니다. 우리의 세상의 부모가 다른 사람에게 욕을 먹으면 자식은 자신이 직접 욕은 먹지 않더라도 진정한 자식이라면 말할 수 없는 아픔과 고난을 느끼는 것입니다.

초대교회의 고난도 거의 비슷할 것입니다. 직접적인 고난입니다. 삶의 기반을 잃는다거나 육체적인, 인격적인 학대를 받는 것입니다. 그들에게 베드로는 편지를 쓰고 있으면서 위로를 하고 있는데 세상이 하늘의 영광을 모르고 너희를 핍박하지만 주님이 오실 것이라는 것입니다. 그러면 고난을 이긴 너희는 하늘의 영광과 존귀를 얻게 될 것이기 때문에 고난 때문에 믿음을 저버리고 세상의 방식으로 살지 말고 하늘에 속한 바로 하늘의 방식으로 사랑의 몸을 이루어 가는 데 온전하라고 말합니다.

그러니까 예수님의 성도에게 주신 복을 말하고 그 복을 받은 자들이 되었기 때문에 고난 속에서 하늘의 기업을 바라보고 복된 자의 삶을 살라는 것입니다. 그러면서 말하기를 이미 우리의 주님이 하나님의 뜻을 이루기 위해 고난을 받았지만 모든 판단은 하나님에게 맡기고 순종하는 삶을 살았다고 말하고, 너희가 이제 하늘의 제사장으로 부르심을 입었으니 고난 속에서 주님처럼 모든 것을 하나님께 맡기고 하나님 앞에서 순종의 삶을 사는 것이 당연하다고 말하는 것이 베드로서의 전체적인 내용이라고 볼 수 있습니다.

이런 주제를 다시 한 번 우리가 확인하고 본문을 강해함으로써 성령의 은혜가 여러분에게 넘치기를 바랍니다. 고난 속에서 우리에게 주어진 은혜의 약속들을 말하면서 고난을 이기는 본을 제시하고 있는데, 그 본에 예수님이십니다. 그분도 오시어서 하나님의 뜻을 이루는 삶을 사는데 세상에서 배척을 당하셨습니다. 그러나 주님은 고난 속에서도 핍박하는 자들을 향하여 저주하신 것이 아니라 모든 판단은 공의로우신 하나님께 맡기고 하나님의 뜻을 이루는 삶을 사셨던 것처럼 그렇게 너희도 고난 속에서 주님처럼 첫째는 장차 나타날 칭찬과 영광을 생각하고 둘째는 주님이 고난을 이기는 방식으로 입으로 욕하지 말고 원망하지 말고 저주하지 말고 선한 질서에 순종하고, 그 고난의 질서에 두려워하지 말고 담대하게 주님처럼 하나님의 뜻을 이루는 행위를 드러내고 드러내되 온유와 겸손함으로 드러내는 것입니다.

셋째는 너희들이 이렇게 믿음으로 선을 행하면 고난이 있겠지만 너희들을 해하지 못할 것이고 땅에서 고난을 받지만 주님의 나라에서는 심판을 받지 않는다고 말하고 있습니다. 고난은 두 가지가 있습니다. 예수 믿음으로 오는 육체의 핍박과 그리고 사람들이 예수님을 거절하는 것이 우리의 고난입니다. 그 고난이 있지만 믿음으로 향해 가는 자들은 그 믿음으로 오는 핍박이 주님 앞에서 심판을 받지 않는 표가 될 것입니다. 4장은 3장의 끝 부분을 이어서 말하고 있습니다. 그리스도는 육신으로 고난을 받으셨습니다. 그러니 우리와 같은 마음으로 고난을 받는 것에 무장하라고 말합니다.

그리고 육신으로 고난을 받는 사람은 이미 죄와 인연은 끊은 사람이라고 말합니다. 3장 21절을 보면 물은 예수 그리스도의 부활하심으로 말미암아 이제 너희를 구원하는 표니 곧 세례라 육체의 더러움을 제거하는 옛 세례가 아니고 이제는 양심이 하나님을 향하여 찾아가는 세례라고 말합니다. 예수님은 하나님의 보좌에 오르신 하나님이십니다. 그분이 부활하여 우리보다 먼저 하늘보좌에 오르셨습니다. 그러나 그와 연합된 자들도 그와 함께 하늘에 있는 것입니다. 우리가 그리스도와 연합해서 하늘에 있다는 것을 말한 다음에 이제 하늘에 속한 자로서 구체적으로 우리가 어떻게 거룩함을 이루는 삶을 살아야 할 것인가를 말하고 있습니다.

그 거룩함을 이루는 삶은 그리스도께서 육체의 고난을 받으셨으니 같은 마음으로 갑옷을 삼는 것입니다. 그리스도께서 받은 육체의 고난으로 무장하라는 것입니다. 예수님이 육체의 고난을 받았다는 말은 이해가 가는데 그러면 우리가 육체의 고난을 받으면 죄와 인연을 끊고 육신의 때를 욕정대로 살지 않고 하나님의 뜻대로 살아야 한다는 것입니다. 그러니까 그리스도가 육체의 고난을 받은 것은 우리가 육체대로 살지 않고 남은 생애를 하나님의 뜻을 따라 살게 하시려고 한 것입니다. 그러니까 주님이 고난을 받아 우리를 죄에서 구원하였습니다. 그러니까 그리스도께서 고난을 받으신 것은 우리를 세상 죄에서 구원하여 하나님의 뜻으로 살게 하시려는 것입니다.

그러니까 예수님을 하나님의 뜻에 순종하려고 세상에서는 고난을 받으셨습니다. 하나님의 방식으로 하나님의 일을 이루려고 세상에서 배척을 받으셨습니다. 그 고난을 통해 우리를 하늘의 백성으로 구원하셨습니다. 그러니 그리스도를 따라 육체의 고난을 받는 자가 죄를 그쳤다는 말은 주님처럼 하나님을 위해 살면서 그것 때문에 고난을 받는 것입니다. 고난을 받는다는 것은 세상 죄와 싸우는 것입니다. 믿음 때문에 고난을 받는 자는 죄를 이기고 사는 자들입니다. 고난을 받는 자는 하나님의 뜻으로 사는 자들이고 세상에서 벗어난 자들입니다. 죄에 머물러 있는 자들이 아닙니다. 그런 어법으로 육체의 고난을 받는 자는 죄를 그쳤다고 말하는 것입니다.

어법입니다. 고난을 받는다는 것은 예수님의 자녀로 산다는 것을 의미합니다. 예수님의 자녀로 산다는 것은 죄에서 벗어났다는 것을 의미하고 있습니다. 예수를 믿음으로써 성도는 옛 삶의 본성에서 벗어난 것입니다. 예수님의 육체의 고난을 받으신 것은 우리가 육체 가운데 살지 않고 하나님의 뜻대로 살기 위해 그러하신 것입니다. <u>다음으로 그리스도와 같은 마음으로 갑옷을 삼으라고 한 것은 무엇입니까?</u> 이 말은 하나님의 뜻을 위하는 삶을 살기 위해서는 그리스도와 같은 순종의 고난을 살라는 것입니다. 주님이 하나님의 뜻을 이루는 길은 세상에서 멸시를 받는 길입니다. 그 이유는 하나님의 방법과 세상의 방법이 다르고 하나님의 생명과 세상의 생명이 다르기 때문입니다.

다르기 때문에 부딪히고 고난을 받는 것입니다. 그런데 왜 약자냐? 그것은 세상방법으로 세상과 싸우지 않기 때문에 약자입니다. 욕을 하면 같이 욕하고, 거짓을 하면 같이 거짓을 하고, 싸우면 같이 싸우고, 돈 자랑하면 같이 자랑하고 하면 될 것인데 항상 사랑과 순종 낮아짐으로 세상을 이기도록 하고 있습니다. 그러니 세상의 질서는 약자입니다. 하나님은 세상에 생명을 주고 사람의 영혼을 변화시키는 방법으로 그리스도처럼 항상 사랑하고 용서하고 이해하고 배려하는 방법을 택하셨습니다. 그리고 고난을 받아 죽는 방법을 택하셨습니다. 이것이 하나님이 하나님의 역사를 진행시키는 방법이기 때문에 그렇게 하여야 성령이 역사하고 세상이 변하는 것입니다. 예수 믿는다고 욕하는 자들에게 같이 욕하면 거기에 하나님의 역사가 없기 때문에 영혼의 구원이 없는 것입니다.

우리는 결과지상주의에 빠져서는 안 됩니다. 하나님의 방식으로 하지 않았는데 어떤 믿음의 열매가 맺으면 그것은 하나님의 은혜이지 그 방법의 정당성을 인정해 주는 것은 아닙니다. 마음으로 갑옷을 입는 것은 하나님의 뜻을 따라 그리스도와 같이 세상에서는 고난을 받는 삶입니다. 곧 세상적으로 살지 않는 삶입니다. 그렇다면 그들이 하나님의 뜻을 따라 살지 않고 세상으로 살았을 때는 언제입니까? 3절을 보면 여러분은 지난날에 이방사람들이 하고 싶은 일을 하였습니다. 곧 방탕함과 정욕과 우상숭배에 빠져 살았습니다. 그러한 삶은 지나간 때에 살았던 것으로 충분합니다. 이렇게 말하고 있습니다.

그러면 그들이 사람들의 뜻을 가지고 살았을 때가 어느 때입니까? 그것은 음란과 정욕과 술 취함과 방탕과 연락과 무법한 우상숭배를 하여 이방인의 뜻을 좇아 행하던 때입니다. 지금 베드로는 이 서신을 받고 있는 자들이 다 이방인으로 살다고 예수를 믿은 것으로 말하고 있습니다. 그런데 초대교회의 상황을 보면 대부분이 유대인으로서 예수를 믿고 교회를 형성하고 있습니다. 그러면 이 말은 무슨 뜻입니까? 베드로는 이방으로서 성도가 된 자들에게만 편지를 쓰고 있는 것이 아니라 유대인과 이방으로 예수를 믿은 자들에게 편지를 쓰고 있기 때문에 너희가 예수를 믿지 않을 때는 이방인의 뜻을 행하였다는 말의 의미가 무엇인가? 유대인은 예수를 믿지 않았어도 이방인과 같이 살지 않고 유대인처럼 살았습니다.

그렇다면 왜 베드로는 유대인이나 이방인들을 구분하지 않고 너희가 다 예수를 믿기 전에는 이방인처럼 살았다고 하고 있습니까? 그것은 이렇습니다. 예수님이 오시기 전에는 이방인과 유대인이 구별이 있었습니다. 그러나 예수님이 오시고 난 후로는 이방인과 유대인이 차별이 없어졌습니다. 그러니까 여기서 이방인이라는 개념은 예수 밖에 있는 모든 유대인과 이방인을 가리키는 것입니다. 그러니까 이제 예수 밖에 있으면 다들 이방인과 같은 삶입니다. 그것이 하나님의 뜻이 아니기 때문입니다. 3절의 죄들은 하나님이 없이 사는 대표적인 삶의 방식을 열거하는 것이지 이방인의 죄가 이것이 전부다라는 것을 말하는 것은 아닙니다.

예수님을 믿고 이제 하나님의 뜻으로 순복하는 백성이 되었으면 옛 죄의 질서로 살지 말라는 것입니다. 옛 방식으로 살지 말라는 것입니다. 하나님의 뜻이 아닌 방식으로 사는 것이 바로 이방인처럼 사는 것입니다. 하나님이 우리를 하나님의 방식으로 살도록 부르셨기 때문에 하나님의 방식으로 사는 것이 그리스도를 따라 하늘의 기업으로 사는 것입니다. <u>유대인이라고 할지라도 그들이 율법을 지키고 제사를 드리는 삶을 산다고 할지라도 이제 예수님이 그 질서를 폐하였기 때문에 그러한 행동은 하나님을 조롱하는 삶이 되는 것입니다. 유대인들이 옛 질서를 따라 하나님을 잘 섬기려고 하면 할수록 그들은 하나님을 모독하는 것입니다.</u>

사랑하는 여러분, 우리는 하나님의 뜻으로 하나님의 방식으로 사는 대로 부름을 받았습니다. 그러므로 어떤 고난과 역경 속에서도 세상의 삶의 방식에 타협하지 말고 비굴해지지 말고, 옛 방식으로 돌아가지 말고, 누가 우리를 무어라고 하더라도 모든 결과는 하나님께 맡기고 믿음의 길을 묵묵히 가서 썩지 않는 하늘의 영광을 취하는 여러분이 되시기를 바랍니다. 아멘.

제17강

| 성경: 베드로전서 4장 1~6절 |

제목: 갑옷을 입으라

예수님의 은혜와 평강이 여러분에게 함께하시기를 기원합니다. 지금 베드로서 서신을 받고 있는 교회들은 예수님을 주로 고백하는 일 때문에 많은 고난을 받고 있습니다. 베드로는 그들에게 편지를 쓰고 있습니다. 그들의 상황이 그러하기 때문에 베드로는 편지를 쓰는 목적이 고난을 이기도록 하기 위한 것입니다. 고난을 이기도록 편지를 쓰고 있기 때문에 첫째는 힘을 주는 말을 해야 할 것이고 둘째는 그 고난을 이기는 자의 대가를 말해야 할 것입니다.

그러면 그들이 예수님 때문에 받는 고난 속에서 고난을 이겨야 하는 이유가 무엇인가? 그것은 그들이 예수님을 믿음으로 하늘에 속한 백성이 되었고 썩지 않는 쇠하지도 않는 기업을 얻는 자들이 되었고, 나라와 제사장으로 택하심을 받았다는 것입니다. 그리스도인들은 이미 예수님을 믿음으로 이런 신분을 얻었습니다. 그런데 이런 신분을 지금 얻고 있지만, 이미 썩지 않는 영생으로 생명으로 숨 쉬고 살고 있지만 그리스도의 영광이 그리스도의 왕 되심이 세상에는 보이는 방식으로는 나타나 있지 아니합니다. 믿는 자들에게는 이미 영생이 주어지고 믿음의 눈으로 천국을 바라보고 있습니다.

그러나 세상은 주님을 배반하고 있기 때문에 여러 가지 방법으로 신자를 핍박합니다. 그러면 핍박 속에서 어떻게 고난을 이길 것인가 하는 것입니다. 베드로는 그 승리의 길로 목자장이신 주님의 뒤를 따라가라고 말하고 있습니다. 그분은 핍박자들을 원망하지 않고 모든 판단을 하나님께 맡기고 하나님의 뜻을 이루는 십자가의 길을 가셔서 하늘의 영광을 취하셨습니다. 주님이 핍박 속에서 핍박자들을 대적하지 않고 순종의 사랑의 길을 가셔서 승리하신 것처럼 성도도 고난 속에서 하나님께 모든 것을 맡기고 사랑의 순종을 통해 승리하라는 것입니다. 이것이 성도가 고난을 이기는 하나님의 방법입니다.

초대교회들이 자기들을 비방하는 자들을 함께 비방하고 함께 악을 갚고 같이 죽였다면 성령의 역사는 없었을 것이고 하나님의 역사는 없었습니다. 하나님은 그때 순교를 요구했고 그 순교를 통해 하나님은 그들의 영혼을 취하시고 세상을 구원하셨습니다. 순교자인 스데반이 복음을 증거할 때 자기를 향하여 욕하고 돌을 던지는 자들을 향하여 같이 돌을 던지고 싸움을 했다면 하나님은 스데반을 버렸을 것이고 성령의 역사는 없었을 것입니다. 그것은 하나님의 방법이 아니었기 때문입니다. 그러니까 베드로는 고난을 말하면서 새 언약의 복을 말하고, 주님의 본을 말함으로 고난을 받는 성도들이 세상 속에서 하늘의 기업을 바라보라고 말합니다. 그리고 주님처럼 세상을 이기라고 말합니다.

그러면서 4장은 육체의 고난을 받는 자마다 죄가 그쳤다고 말합니다. 육체의 고난을 받는다는 것이 그 사람이 주님 말씀대로 살다가 고난을 받는 것이기에 그렇습니다. 주님의 고난을 받는다는 것은 죄 아래 있지 않다는 것을 의미합니다. 그리스도의 뜻을 따라 말씀으로 사는 자들은 고난을 받는 것이고 그런 자들은 죄 아래 있지 아니합니다. 이제 1장 3절의 말씀대로 예수 그리스도를 죽은 자 가운데서 살리심으로 우리에게 산 소망을 주시고 썩지 않는 하늘의 기업을 주셨기 때문에 이제 마땅히 그리스도의 고난에 참여하여야 합니다. 그리고 이제는 육신의 시대를 인간의 방식으로 살지 말아야 합니다. 하나님이 이제 하늘의 방식으로 살게 하시려고 하나님의 자비하심으로 우리를 거듭나게 하셨기 때문입니다.

고난이 있다고 해서 그것을 피하기 위해 예수 믿기 전에 삶의 질서로 돌아가서는 안 되는 것입니다. 예수 믿기 전에 그들의 삶의 방식은 이스라엘이 이방인이 다 세상의 죄 가운데 있었습니다. 그 대표적인 죄들은 이러합니다. 방탕과 정욕과 술 취함과 환락과 연희와 무분별한 우상숭배에 빠져 살았습니다. 이러한 일에는 이방인이나 유대인이나 별로 크게 구분이 없습니다. 이제 그들은 다 예수 밖에 있으면 이방인들입니다. 로마서 2~3장을 보면 유대인은 율법이 있으면서 죄를 범하고 이방인들은 하나님의 창조 안에 나타난 영광을 보고도 죄를 지었다고 말합니다.

이스라엘이나 이방인이나 다 세상 죄 아래 있었습니다. 그러나 이제 그들은 하나님의 큰 자비하심으로 구원을 받았고 하늘의 산 소망을 받았습니다. 그러니 그들은 과거의 삶의 질서로 돌아가서는 안 되는 것입니다. 그러니까 이방인으로 예수를 믿는 자들은 과거의 세상의 방식으로 돌아가서는 안 되는 것이고 유대인들은 율법의 질서로 또 하나님을 떠나 죄를 지었던 질서로 돌아가서는 안 되는 것입니다. 교회의 성도는 예수 믿기 전에 삶의 방식으로 돌아가서는 안 되는 것입니다. 예수 믿기 전의 삶은 그때의 삶으로 끝내야지 예수 믿고 나서도 그때의 삶의 방식을 가져서는 안 되는 것입니다. 베드로는 그것을 지금 말하고 있습니다.

단순히 하나님을 모르고 살았던 그 말이 아니라 이제 예수님 안에서 자신을 나타내신 하나님을 모르고 살았던 그 시절로 돌아가서는 안 된다는 것입니다. 그러면 왜 베드로는 그들이 예수 믿기 전으로 돌아가지 말라고 하고 있습니까? 그들이 지금 세상적인 것들 때문에 고난을 받고 있습니다. 안 믿는 자들은 우상으로 살고 있습니다. 극한 방탕으로 살고 있습니다. 그런데 그들은 성도들이 자기들처럼 살지 않는다고 비방하고 있습니다. 거기에 대해 너희들은 조금도 이상하게 생각하지 말라고 말하고 있습니다. 주님 앞에서 그들은 그들의 잘못을 다 아뢰게 될 것입니다. 예수님은 부활하셔서 산 자와 죽은 자의 주가 되셨습니다.

<u>그분 앞에 산 자와 죽은 자가 다 무릎을 꿇게 될 것입니다.</u> 그분이 판단하실 것입니다. 4~5절의 강조점은 그들이 너희들을 비방한다고 할지라도 그들을 비방하지도 말고 판단하지도 말라는 것입니다. 판단자는 오직 주님이시라는 것입니다. 하나님의 아들도 자신을 비방하고 핍박하는 자들 앞에서 모든 판단은 하나님께 맡기고 기꺼이 고난의 길을 가셨습니다. 그러므로 너희들도 여러 가지 고난이 있겠지만 그들의 심판은 하나님께 맡기고 하나님의 영광을 바라보고 세상에 속한 자로 또는 세상의 방식으로 살지 말고 모든 거룩과 사랑함으로 행하라 말합니다. 그렇게 살아야 주님이 오셨을 때 하나님이 장차 심판대에서 세상을 심판할 때 그들은 우리를 향해서 너희들은 옳았고 우리가 죄를 범했다고 자복할 것이 아니냐 하는 것입니다.

지금 세상은 그들이 하나님을 섬기지 않고 있어도 보이는 것으로 잘살고 있습니다. 번성하고 있습니다. 하나님 없이도 잘 먹고 잘살고 있습니다. 그런데 예수님을 믿는 것 때문에 모든 것을 잃은 성도들은 도리어 하나님을 더 잘 섬겨요. 그러면 그들은 비방하기를 너희들이 무슨 특별한 사람이라고 가진 것도 없으면서 하나님을 섬긴다고 으스대느냐 비방할 것입니다. 함께 죄를 짓지 않는다고 비방할 것입니다. 그러나 너희들은 모든 것을 하나님께 맡기고 믿음의 길을 가라는 것입니다. 하나님이 심판할 것입니다. 그러니 이 서신을 받고 있는 그들은 고난으로 육체의 갑옷을 삼고 살아야 한다는 것입니다.

사실 이러한 고난이 우리에게도 많이 있습니다. 주일날 교회에 가서 예배를 드리고 기도를 한다고 해서 뭐가 잘된 것이 있느냐? 우리는 하나님을 안 섬겨도 잘 먹고 잘산다. 하나님이 살아 계신다면 너희 예수 믿는 자들이 뭐 특별한 것이 있느냐 그렇게 비방을 합니다. 그러나 주님이 오시면 그들은 부끄러움을 당하게 될 것입니다. 그러니 우리는 우리를 비방하는 자들과 대적하지 말고 판단은 하나님께 맡기고 세상적으로 대적하지 말고 거룩한 백성으로 살아야 할 것입니다. 하나님이 우리가 육체의 때를 벗고 믿음으로 살면 우리를 늘 때를 따라 지키실 것입니다. 우리가 걱정해야 할 것은 세상의 비방이나 우리의 소망이 이루어지지 않는 것이 아니라 우리가 하나님을 믿는 믿음으로 살지 않는 것입니다.

우리가 믿음에 속해서 흔들림이 없이 살면 하나님은 우리의 형편과 처지를 따라 지키실 것입니다. 6절을 보면 죽은 사람들에게도 복음이 전해지는 것은 그들이 육신으로는 모든 사람이 심판을 받는 대로 심판을 받으나 영으로는 하나님의 방식대로 살게 하려는 것이라 말씀하고 있습니다. 쉽게 해석하기가 좀 어려운 내용입니다. 앞의 내용과 연결해서 보면 좀 쉬워질 것입니다. 이를 위하여 죽은 자들에게도 복음이 증거되었다고 말하고 있습니다. 이 구절은 19절과 같이 천주교의 주장을 펼 수 있는 오해가 있습니다. 죽은 자들에게 복음이 전파되었다는 것이 무엇인가? 문자적으로 한다면 예수님을 믿지 않고 죽은 자들에게 예수님이 복음을 증거한 것으로 생각될 수 있는 구절입니다.

그런데 여기서는 죽은 자들에게도 복음을 증거해서 구원을 시키자는 구원론의 말을 하는 것이 아닙니다. 지금 문맥은 무엇입니까? 이 편지를 받고 있는 그들이 고난 속에서도 세상의 방식으로 살지 않고 하늘의 백성으로 살 것인가 하는 것입니다. 또 사람의 뜻으로 육체의 정욕으로 살지 않고 하나님의 뜻으로 살 것인가 하는 것을 대비하면서 하나님의 뜻으로 살 것을 요구하고 있는 문맥입니다. 그 문맥에서 이 말을 하고 있습니다. 예수님은 산 자와 죽은 자를 심판하실 분이십니다. 그분은 죽은 자 가운데서 부활하여 죽은 자와 산 자의 심판주가 되셨기 때문입니다. 그러니까 죽은 자도 심판주가 되었다는 것이 드러났다는 것입니다. 그분이 부활하심으로 이제 <u>산 자와 죽은 자 심판주가 되셨다는</u> 의미로 죽은 자 복음이 증거되었다는 말입니다. 주님이 부활하심으로 모든 자들을 심판하는 분이 되셨습니다. 죽은 자들도 심판하는 분으로 등극하셨습니다. 죽은 자들에게도 복음이 전파되었으니 이는 육체로는 사람처럼 심판을 받으나 영으로는 하나님처럼 살게 하는 것이라고 말합니다.

표준 새 번역은 이렇게 말하고 있습니다. 죽은 자들에게도 복음이 전해진 것은 그들이 육신으로는 모든 사람이 심판을 받는 대로 심판을 받으나 영으로는 하나님의 방식대로 살게 하려는 것입니다. 만물의 마지막이 가까이 왔습니다. 그러므로 정신을 차리고 삼가 조심하여 기도하십시오. 육체와 영을 말하고 있는데 육체는 사람들처럼 심판을 받는 것이고 영으로는 하나님처럼 사는 것이라고 대비시키고 있습니다. 여기서 육체는 우리의 신체를 말하는 것이 아닙니다. 또 영은 우리의 영혼 또는 마음을 말하고 있는 것이 아닙니다. 사실 죄를 짓는 실체가 무엇입니까?, 신체입니까? 아니지요. 죄를 짓는 주체는 인격입니다. 그러니까 성경에 나오는 육체와 영은 철학에서 말하고 있는 것처럼 우리의 신체나 마음이나 영혼을 말하는 것이 아닙니다.

영적이라고 했을 때 영혼을 말하는 것이 아니라 하나님께 속한 것이 영적이라고 말하고 그러지 않는 것을 육적이라고 말합니다. 또 구약을 육적이라고 말하고 신약을 영적이라고 말합니다. 영적이라고 했을 때는 하나님께 속한 인격을 말하는 것입니다. 그러니까 인격은 육체와 영혼을 다 포함한 것을 의미합니다. 아무튼 예수님이 부활하심을 통해 이제까지의 하나님 안에서 죽은 자들에게는 하나님께 속해 영원히 살게 된 것이 드러났다는 의미입니다. 이것이 죽은 자 복음이 증거되었다는 뜻입니다. 예수님이 부활하심으로 영원한 심판주가 되셨으니 하나님을 믿다가 죽은 자들에게는 영원한 상급의 소식이 될 것입니다. 이전에 하나님을 섬기는 자들도 하나님을 믿는 것 때문에 애굽에서 비방을 받고 멸시와 천시를 받았습니다. 그리고 죽어 갔습니다. 그런데 주님이 부활하심으로 영원한 세계를 여셨습니다. 이제 죽음 이후의 영생의 시대를 여셨습니다. 그러니 구약에서 하나님을 믿다가 죽은 자들에게는 주님의 부활의 소식은 복음이 되는 것입니다. 그들의 죽음이 헛된 것이 아니라 주님의 부활과 함께 영생의 부활에 참여하는 복을 받았기 때문입니다. 이 소식은 고난을 받고 죽은 구약의 모든 고난의 갑옷을 입고 믿음 때문에 욕을 먹어야 합니다. 하늘의 소망을 담대히 증거해야 합니다. 세상과 어울리고 세상 사람과 같이 살아서는 안 됩니다. 방탕에 치우치면 세상방식으로 살면 마지막 날에 하나님의 심판을 받습니다. 하나님의 심판을 두려워해야 합니다. 신약의 신자들과 구약의 신자들이 다시 살아날 것입니다. 그들은 믿음 때문에 많은 고난을 받은 자들입니다. 그들은 고난의 갑옷을 입고 세상의 비방 속에서도 고난의 갑옷을 입은 자들입니다. 그러나 세상은 주님 앞에서 자신의 죄를 다 직고하게 될 것입니다. 그러면 신약백성만 하나님 앞에서 다시 사는 것이 아니라 구약의 의인들로 주님의 부활의 생명으로 하나님처럼 살게 될 것입니다.

우리의 소망은 하나님 앞에서 하나님처럼 살고 하나님 앞에서 칭찬을 받는 자로 사는 것입니다. 의인의 승리는 주님의 부활로 구약의 의인들에게까지도 다 드러난 바입니다. 요즘은 세상적인 지혜로 사는 것이 교회에서도 영악한 사람처럼 되어 있습니다. 형제를 위해 참고 배려하고 세우는 것이 아니라 술수로 자신의 인기를 누리고 에고를 충족시키려는 시대입니다. 영광을 구하고 십자가를 지기 싫어합니다. 우리의 고상(枯傷)은 주님을 위해 고난을 받는 것입니다. 사람들에게 칭찬을 받는 것을 두려워하고 하나님에게 칭찬받는 것을 기뻐해야 합니다. 예수님 때문에 욕을 먹는 것을 기뻐해야 합니다. 그것이 우리 믿음의 갑옷이 되어야 합니다. 무법한 세상처럼 살지 말고 믿음의 갑옷을 입고 주님의 칭찬을 바라보고 주님의 고난의 발자취를 좇아서 남은 때를 믿음으로 승리하는 자들이 되기를 바랍니다. 아멘.

제18강

| 성경: 베드로전서 4장 12~13절 |

제목: 그리스도의 고난에 참여하라

베드로는 지금 믿음 때문에 고난받는 교회들에 편지를 쓰고 있습니다. 그들을 위로하기를 첫째는 하늘의 기업을 받았고, 둘째는 예수님의 부활하심으로 하늘에 소망이 있고, 셋째는 나라와 제사장민족이 되는 복을 받았다고 말하고 있습니다. 그러니 이 복을 받은 자들로서 믿음의 고난 속에서 악한자와 더불어 악해지지 말고 예수님처럼 악한 자의 심판은 하나님께 맡기고 사랑으로 악한 자들을 대함으로 고난을 이기라고 말하고 있습니다. 주님이 능히 지키실 것이고 승리하게 하신다는 것을 말하고 힘이 든다고 해서 다시 이방의 방식으로 돌아가지 말고 믿음의 갑옷을 입고 은사를 따라 선한 청지기의 삶을 살도록 말하고 있습니다.

그러니까 고난 속에서도 세상에 속한 자처럼 살지 말고 하늘에 속한 자로 살라는 것입니다. 그리고 그리스도의 이름으로 고난을 받으라고 말하고 있습니다. 그러니까 지금 이야기의 전개는 예수님의 부활에다 초점을 맞추고 있습니다. 예수님이 부활하심으로 새로운 소망을 갖게 하셨다는 것을 강조하고 그 새로운 소망을 따라 살도록 하는 것입니다. 그새로운 소망이 바로 썩지 않는 하늘의 기업이고 그리고 나라와 제사장이 되었다는 것입니다. 이런 것들은 그리스도의 부활이 가져다준 선물입니다. 이 복을 받는 자는 이제 세상에 돌아가서 세상적으로 살아서는 안 된다는 것입니다. 고난이 있을지라도 다시 세상의 방식으로 돌아가서는 안 되고 믿음의 갑옷을 입고 그리스도처럼 승리해야 하는 것입니다. 예수 믿는 자라는 말을 듣는다는 것이 그리 쉬운 것은 아닙니다.

좀 힘들고 고난이 있으면 하나님의 사랑을 의심하게 되고 그리고 믿음의 방식보다는 세상적인 법으로 돌아가는 때가 많이 있는 것입니다. 그런데 베드로는 하나님께 속한 자, 하나님의 법으로 살 자들로 구원을 받았기 때문에 이제 세상방식으로 돌아가지 말라고 말합니다. 그러니까 베드로는 그리스도의 부활을 말하는데 그 부활을 통해 이제 우리가 세상에 소망을 두지 않고 하늘에 소망을 두는 백성으로 살게 하는 부활이라는 것을 강조하고 있습니다. 부활을 통해 우리가 세상에 속하지 않고 하늘의 백성으로 살게 하려고 부활하셨다는 것을 말합니다. 그러니까 베드로는 예수님의 부활을 말하는데 세상에 속한 자로 살지 않고 하늘의 백성으로 살게 하는 것에 강조점을 두고 있습니다. 부활이라는 말을 해도 무엇을 강조하기 위해 그랬는가가 참으로 중요합니다. 그러니까 베드로는 예수님의 부활을 통해 너희들을 구원하여 세상에 속한 자들이 아니라 하늘에 속한 자들로 살게 하려는 것에 중심이 있습니다. 예수 믿는 사람들이 고난 속에서 믿음으로 모든 것을 생각하고 믿음으로 행동을 한다는 것은 그리 쉬운 일이 아닙니다. 항상 쉬운 해결책처럼 나와 있는 것이 세상의 방식이기 때문입니다. 항상 세상의 방식이 실리가 있고 세상을 살아가는 지혜로운 길처럼 되어 있습니다. 어떤 대학교수 집사님이 있었는데 아들이 과학고를 다니고 있었습니다. 그런데 그 아들이 초저녁잠이 많아서 잠을 자지 않으면 야간학습에 많은 지장을 주었습니다. 하루 교과과목이 끝나고 나면 자체동아리 모임이 있었는데 이 아들은 기도와 찬양서 클에 참여하게 되었습니다. 그 교수는 담임선생님에게 자신의 아들이 야간학습 시간 초에는 항상 잠을 잔다는 소식을 듣게 되었습니다. 아들의 소식을 들은 그 교수는 모든 것을 뒤로하고 학교로 달려가서 아들에게 야간학습을 위해 기도와 찬양모임을 빠지도록 강요를 하였습니다. 그러자 그 아들은 하나님께 기도하고 찬양하는 시간이 너무 좋고 힘을 얻는 시간이기 때문에 빠질 수가 없다고 하였습니다. 아들의 말에 교수는 자신이 집사님인데 아들만큼도 믿음이 없다는 생각을 하게 되었고 부끄러워서 그냥 집으로 돌아왔다고 합니다. 물론 그 아들은 야간학습시간에 약간의 잠을 잤지만 기도와 찬양을 통해 더 힘을 얻어 일등이었습니다. 이 교수처럼 우리는 믿음으로 살면 뒤처지고 손해가 나고 그런 생각을 가질 수 있고 실제로 세상의 방식으로 살게 될 때가 많이 있는 것입니다. 그러나 우리의 성공이 믿음 안에서 주님을 위해서 이루어지지 않는 것이라면 하나님과는 아무 상관이 없는 것입니다. 주님은 부활하여 우리가 하늘에 속한 자로 아무리 고난이 있을지라도 하늘에 소망을 두고 하늘에 속한 자로 부활의 생명으로 살 것을 말하고 있습니다. 우리나라 말에 법보다 주먹이라는 말이 있습니다. 그러니까 우리의 일상생활에서 믿음의 의식을 갖고 산다는 것이 중요합니다. 그렇지 않으면 교회만 나와 예배를 드리는 선데이 크리스천으로 전락하기 때문입니다. 내가 부활의 생명을 가졌고 하늘에 소망을 두고 하늘을 위해 산다는 것이 옷을 입은것처럼 자연스럽게 의식되지 않으면 여러 가지 유혹과 고난 속에서 믿음으로 승리한다는 것은 어려운 것입니다. 그리스도의 부활이라는 말이 베드로서에만 나오는 것이 아니라 신약 전체에 나오고 있지만 그 강조점은 다 다르게 기록하고 있습니다. 로마서를 보면 부활 전에는 모든 사람이 아담에게 속해 죄와 사망이 왕 노릇 하는 시대에 살았으나 이제 예수님의 부활을 통해 죄와 사망이 지배하는 시대가 아니라 부활의 생명이 왕 노릇 한다고 말합니다. 이제 부활을 통해 죄의 권세가 지배하는 시대에 살고 있지 않기 때문에 하나님 앞에 온전한 순종을 하도록 요구하고 있습니다. 베드로서는 부활을 통해 하늘에 속한 자로 구원을 받았기 때문에 세상에 더 이상 속하지 말라고 하며 부활을 말하고 있고, 로마서는 부활을 통해 하나님을 불순종하는 옛 죄의 시대에서 벗어났기 때문에 순종하는 삶을 살라는 것에 부활의 의미를 두고 있습니다. 본문 앞에서는 교회가 고난이 계속 이어지고 시험이 있으면 사랑이 식기 쉽고 믿음이 식기 쉽습니다. 그럴지라도 하늘의 속한 자로 하나님을 신뢰하고 하나님께 모든 것을 맡기고 주님이 우리를 사랑하신 것처럼 지치지 말고 열심히 사랑하고 형제의 허물을 덮고 주님의 교회를 온전히 봉사함으로 주님의 온전함을 본받으라고 말합니다. 그리고 이시대 특별히 불신사회에서 어떻게 살 것인가를 더 구체적으로 말하고 있습니다. 12~13절을 보면 시험 중에 낙심하지 말고 기뻐하라는 것입니다. 그러니까 시험이 계속되고 고난이 있고 하나님 앞에서 버려진 생각이 들 때에도 기뻐하라는 것입니다. 고난에 참여하는 것을 즐거워하라는 것입니다. 하나님이 아실 것이고 우리가 감당하지 못하는 시험은 하나님이 주시지 않을 것이며 그리고 그 고난 뒤에, 그 고난을 믿음으로 참은 뒤에 오는 영광은 말할 수 없게 때문입니다. 시험을 당하면 기뻐하라는 말은 베드로서에만 나오는 것이 아니라 야고보서에도 나옵니다. 그러면 왜 성도가 이런저런 시험이 있을 때 낙담하지 않고 기뻐해야 할 것인가? 그 시험의 원인은 세상의 질서 때문에 오는 것입니다. 부활의 생명으로 살고 있지만 주님이 재림하기 전까지는 우리는 세상에 살면서 주님께 봉사합니다. 세상이 영원한 것은 아니지만 우리는 세상에 살면서 주님께 봉사합니다. 그런데 세상은 항상 주님을 거역하는 쪽으로 나아갑니다. 그러니 마찰이 있습니다. 우리가 고난을 당하는 것은 세상의 물질과 세상의 관계 세상의 삶의 질서 때문에 고난이 있습니다. 세상적인 가족의 관계, 그리스도의 통치를 거스른 삶의 현장 그리고 세상의 가치관, 예수님을 거절하는 세상, 이러한 것들 때문에 고난이 있습니다. 사실 주님 안에서 죽어도 좋다는 마음만 가지면 시험은 별로 어려운 것은 아니지만 그러한 믿음을 갖기가 어렵기 때문에 고난 속에 늘 시험이 있는 것입니다. 믿음으로 분명하게 서 버리면 사실 고난이 있어도 어려운 것은 아닙니다. 늘 믿음이 연약하기 때문에 세상적인 것과 믿음적인 가운데서 시험에 드는 것입니다.

항상 갈등과 대립이 있습니다. 믿음의 방식으로 살 것인가, 아니면 세상의 방식으로 살 것인가, 어느 정도는 믿음으로 살고 어느 정도는 세상으로 살 것인가 하는 것들입니다. 그런데 사실 믿는 자에게 게으름은 죽음에 이르는 병입니다. 절망이 죽음에 이르는 병이 아니라 성도는 게으름이 죽음에 이르는 병입니다. 부지런하지 않고 하나님의 은혜 가운데서 믿음으로 승리한다는 것은 어려운 것입니다. 야고보서는 고난을 말하는데 세상의 모든 것이 다 지나가는데 거기에 얽매여 요동하지 말고 그리스도 안에 나타난 새로운 신분 때문에 기뻐하라는 것입니다. 부자는 그것이 영원한 것이 아니기 때문에 교만하지 말고 그리스도의 낮아짐을 따라 봉사하고 가난한 자는 가난하다고 해서 실망하지 말고 그리스도의 높아짐을 자랑하고 서로 사랑하며 봉사할 것을 말하고 있습니다. 정리를 하자면 부활을 말해도 베드로서는 교회가 부활로 하늘에 속한 자가 됐으니까 하늘에 소망을 두고 세상에 속한 자처럼 살지말라는 것입니다. 또 같이 부활이라는 말을 로마서가 하고 있지만 로마서는 그리스도의 부활로 죄와 사망이 끝이 나고 교회가 부활의 생명이 왕 노릇 하는 시대에 우리가 살고 있으니까 하나님 앞에 불순종하지 말고 온전한 순종을 요구하고 있습니다. 또 고난을 말해도 야고보는 세상의 모든 것이 금방 가고 하나님의 나라는 영원하고 썩지 않는 나라이기 때문에 세상에서 여러 가지 시험이 있다고 해서 그런 것들이 영원한 것이 아니기 때문에 절망하지 말고 그런 것들에 소망을 두지 말고 어디에 처하든지 믿음으로 따라 봉사하라고 말합니다 교회 안에 부자도 있습니다. 그러면 그 부자는 그 부를 자랑하지 말라는 것입니다. 그 물질은 영원한 것이 아니기 때문입니다. 도리어 그 부자는 물질에 가치와 영원성을 두지 말고 그리스도처럼 낮아져 그 부로그리스도처럼 형제와 교회를 섬기라고 말합니다. 그렇지 않으면 욕심이 잉태하여 죄를 낳게 될 것입니다. 그리고 교회 안에 가난한 자도 있습니다. 가난한 자는 가난하다고 하여 실망하지 말라고 하고있습니다. 그런 것은 잠깐이요, 하늘의 영광은 크기 때문에 늘 기뻐하라는 것입니다. 하늘의 부요함을 받은 것을 감사하고 기뻐하라는 것입니다.

베드로서는 고난을 말해도 고난을 이기는 방법을 야고보서와 다르게 제시하고 있습니다. 교회가 처한 상황이 다르기 때문입니다. 아마 야고보의 편지를 받고 있는 교회는 보이는 것들 때문에, 고난과 시험을 당하고 있기 때문에 그런 것들은 금방 지나간다고 함으로 힘을 주고 있고 베드로서는 받는 고난이 그 고난 때문에 옛 죄의 질서로 돌아가려는 것이 보이기 때문에 너희는 세상에 속한 것이 아니라 하늘에 속했기 때문에 고난이 있다고 해서 다시 세상으로 돌아가지 말고 그리스도처럼 고난을 이기라고 말합니다. 그러면 주님이 장차 오실 때 하늘의 상급을 주신다는 것입니다. 그리스도 때문에 하늘에 속한 삶 때문에 고난이 오면 고난이 클수록 하늘의 상급이 크기 때문에 고난이 오면 도리어 감사해야 하는 것입니다. 도리어 기뻐해야 하는 것입니다. 고난이 없는 평안함을 추구하는 것이 세상방식으로 사는 것입니다. 그리스도인의 고난은 필연적입니다. 세상과는 가치와 생명과 역사관이 다르기 때문입니다. 그리스도를 위하여 그리스도 때문에 받는 것은 이상히 여기지 말고 기뻐해야 하는 것입니다. 그 것을 통하여 그리스도가 오실 때 영광과 칭찬을 얻기 때문입니다. 세상의 영광은 아무리 연단을 받아 좋은 것이 되어도 그 영광은 사라집니다. 금이 그렇지요. 제련을 하여 영광의 금을 얻어도 그것은 잠깐입니다. 그러나 그리스도를 위해 받는 고난은 영원히 썩지 않을 것이기 때문에 항상 기뻐해야 하는 것입니다.

사랑하는 여러분, 예수님을 믿는 것 때문에, 교회를 섬기는 일 때문에 여러 가지 고난이 있고 시험이 있습니까? 실망하지 말고 기뻐하십시오. 그 고난의 열매는 하늘의 영광으로 쌓이기 때문입니다. 하나님이 여러분을 판단하시고 능히 그 시험을 이기게 하시며 하나님은 여러분에게 감당치 못하는 시험은 주시지 않기 때문입니다. 그러니 어떤 시험과 고난이 있을지라도 비겁하거나 세상과 타협하지 말고 죽음을 각오하고 당당하게 사십시오. 하나님이 여러분을 능히 지키실 것이고 하늘의 영광을 주실 것입니다. 썩을 것에 가치와 소망을 두지 말고 영원히 썩지 않는 하늘을 소유한 것을 늘 감사하고 그 나라를 구하는 데 있어 늘 기쁨으로 구하는 여러분이 되시기를 바랍니다.

제19강

| 성경: 베드로전서 4장 14절 |

제목: 주님의 고난을 받으라

예수님의 은혜와 평강이 여러분에게 함께하시기를 기원합니다. 주님의 이름으로 고난을 받으라는 것입니다. 우리가 사는 인생은 시험과 고난의 연속입니다. 늘 믿음의 길과 세상의 길은 상반되기 때문에 예수님을 왕으로 섬기고 산다는 것은 늘 연단으로 사는 것과 같은 것입니다. 베드로는 지금 예수를 믿기 때문에 고난을 받는 교회들에 편지를 쓰고 있습니다. 오늘 4장은 특히 그 편지 내용 중에 그리스도의 이름으로 고난을 받는 것이 복되다 하고 있습니다. 그 복된 이유는 하나님의 영광의 영이 여러분 위에 머물러 계시기 때문입니다. 그러면 이 말이 무슨 말입니까? 그리스도의 이름으로 고난을 받는 것이 복이 있는데 그 복의 내용이 영광의 영, 하나님의 영이 주님을 위해 고난을 받는 그 사람 위에 머물러 있다는 것입니다.

그렇다면 하나님의 영이 주님을 위해 고난을 받는 사람 위에 머물러 있는 것이 왜 복이 되는가입니다. 영이 있다는 것이 성령이 있다는 것입니다. 성령이 있다는 것은 우리가 하나님의 자녀라는 증거입니다. 성령이 있는 자는 성령으로 사는 자는 세상과 타협하지 않고 살기 때문에 하늘의 백성이라는 증거입니다. 그러니까 자신이 예수님을 믿는 것 때문에 여러 가지 고난을 받으면 그것이 자신이 세상에 속하지 않고 하늘의 백성이라는 증거이기 때문에 기뻐하라는 것입니다. 사단은 항상 우는 사자처럼 삼킬 자를 찾는데, 그 자가 바로 믿는 자들입니다. 그러니까 예수 믿는 것 때문에 오는 여러 가지 인내들, 유혹을 피하는 것들, 고난들이 아주 많이 있습니다.

그런 것이 있는 것은 자신이 하나님의 백성이구나 하는 것이 증명되기 때문에 기뻐하라는 것입니다. 그러면 그 증명이 왜 기쁜가? 그것은 성령이 역사하기 때문입니다. 성령이 역사해요, 그래서 하늘의 기쁨과 평강을 줍니다. 이 기쁨은 세상의 기쁨과는 다른 기쁨입니다. 이 기쁨은 세상이 알지 못합니다. 이 기쁨은 하나님이 주신 기쁨입니다. 세상은 바로와 같습니다. 출애굽기를 보면 애굽 왕 바로는 하나님을 모르는 사람입니다. 그래서 그는 하나님의 백성인 이스라엘을 핍박하였습니다. 이스라엘 여인들이 사내아이를 낳으면 그 아이는 죽이도록 하였고, 집을 주지 않고 흙으로 벽돌을 만들도록 하였고, 나중에는 하나님을 조롱하였습니다.

하나님은 그들을 심판하셨고 결국은 이스라엘은 승리의 노래를 불렀습니다. 그런 것처럼 세상은 결국 하나님의 심판을 받을 것이고 성도는 승리의 노래를 부를 것입니다. 그리스도의 이름으로 고난을 받음의 끝은 승리이기 때문에 항상 기뻐해야 하고 또한 성령이 그리스도인으로 살면 기쁨을 주시기 때문에 기뻐해야 하는 것입니다.

두 번째로 죄로 인해서 고난을 당하지 말고 믿음 때문에 고난을 당하면 부끄러워하지 말고 그 이름으로 하나님께 영광을 돌리라고 말하고 있습니다. 앞부분에서는 그리스도 이름으로 고난을 당하면 복이 있다고 말하고 여기서는 고난을 받되 자신의 죄 때문에 고난을 받지 말고 그리고 믿음 때문에 고난을 받으면 두려워하지 말고 부끄러워하지 말고 그 고난으로 인하여 하나님께 영광을 돌리라고 말하고 있습니다. 하나님이 세상 모든 통치자들을 세웠는데 죄 때문에 그 세상통치에 의해 억압을 당한다면 그것은 부끄러운 고난이 되는 것입니다. 작년인가 옷 로비사건이 있었습니다. 전부 큰 교회 다니는 권사님들이었는데 텔레비전 청문회에 나와서 다들 하나님의 이름으로 자신들의 진실함을 증명해 보이려고 하였습니다.

말할 수 없는 창피고 고난입니다. 그러니까 그리스도인들은 세상적인 죄 때문에, 잘못 때문에 부끄러운 고난을 당하지 말라는 것입니다. 그것은 주님이 주신 고난이 아니기 때문에 하나님의 나라와는 아무런 상관이 없습니다. 자신이 자기의 욕심 때문에 죄를 지어 놓고 하나님의 뜻이겠지 하지 말라는 것입니다. 요즘은 죄짓지 말라는 설교를 하면 인기가 없는 설교입니다. 적당히 죄를 덮어 두면서 복을 선사해야 인기가 있는 설교인데 그런 게 여러분 죄는 감추어 두고 덮으면 결국은 그 죄가 그 사람을 삼키는 것입니다. 죄 때문에 부끄러운 고난을 받아서는 안 되는 것입니다.

믿음 때문에 고난을 받으면 하나님께 영광을 돌리라고 말합니다. 그 이유는 그 고난을 통해 하나님의 뜻이 이루어지는 것이고 그리고 하늘에 상급을 쌓는 길이기 때문입니다.

세 번째로 하나님의 집에서부터 심판할 때가 되었다는 것입니다. 성도들이 믿음 때문에 고난을 받았는데 고난에 대해 심판을 할 때가 되었다는 것입니다. 이 심판은 고난의 결과를 따라 주시는 영광의 심판일 것입니다. 하나님이 하나님의 집을, 곧 하나님의 백성을 심판하면 곧 이 핍박의 내용을 밝히고 그러면 세상의 핍박자들의 그 비리는 자동적으로 드러나서 하나님의 심판을 받을 것입니다. 고난을 받는 자들에게 상급 주시기 위해서 하나님의 집을 먼저 심판하면 자동적으로 성도들을 핍박했던 자들의 비리가 들추어지고 그러면 세상은 심판을 받는다는 것입니다.

하나님이 하나님을 심판하면 성도들의 행위가 다 드러날 것입니다. 정말 주님을 위해 온 생을 투자했음이 드러날 것입니다. 그러나 그러지 못한 자들은 예수를 믿는다고 하면서 세상적으로 취할 것 다 취하고 세상방식으로 즐거움을 다 느끼는 자들은 영원한 불로 심판을 받을 것입니다. <u>하나님의 집을 심판할 때 예수 믿는 것 때문에 세상에 속하지 않아서 세상에서는 심판을 받은 자들은, 그러니까 세상에서 버림을 받은 자라는 의미로 하나님 집에서의 심판을 받는 것입니다. 하나님 집에서의 심판은 세상에서 믿음 때문에 버림을 받았는가를 가리는 심판일 것입니다. 그러니까 그때의 구원자는 고난을 이긴 자들만이 될 것입니다.</u>

여기서는 구원 얻은 자가 적다, 그런 말이 아니라 의인도 겨우 구원을 받는다는 말은 예수님을 믿어도 겨우겨우 구원을 받는다는 말이 아닙니다. 물론 일리는 있는 말입니다. 죽어라고 최선을 다하고 목숨을 다하고 교회를 세우고 형제를 세우는 사람하고 대충대충 교회에 다니다가 천국 티켓을 따려고 하는 사람하고는 분명 차이가 있어야 할 것입니다. 일주일에 기도 한 시간도 안 하고 성경 한 장도 읽지 않는 사람하고 매일 기도하고 성경 읽고 전도하고 그래도 믿음으로 열심히 살아 보려고 하는 사람하고는 분명 차이가 있습니다. 제가 전번에 어떤 목사님의 설교를 들었습니다. 그런데 그 목사님이 하는 말이 한국교회의 성도는 전부 선수로 살아야 함에도 불구하고 감독으로 산다는 것입니다.

이 말이 무슨 말이냐 하면 교회의 질서로 보면 목사는 성도에게 말씀을 가르쳐서 말씀으로 기도하고 전도하고 심방하고 사랑을 나누고 하도록 하는 감독의 성격이 강한데 한국교회는 성도가 감독이 되기를 원한다는 것입니다. 감독은 선수가 운동장을 잘 뛰도록 가르침을 주는 자인데 선수들은 전부 관중석에 앉아 있고 감독이 운동장에서 뛰는데 관중석에 앉아 있는 선수들이 감독이 잘 뛰지 못한다고 다들 한마디씩 하는 즐거움으로 산다는 것입니다. 그러니까 정작 뛰어야 할 성도는 게을러서 안 뛰고 감독의 직무인 목사가 그 직무를 벗어나서 뛰고 있으니까 교회가 문제라는 것입니다.

사실 나는 목회를 잘못해 왔다는 생각이 많이 듭니다. 너무 자유만 강조했지 채찍은 없었어요. 그러니까 성경은 한 장도 안 읽은 성도, 기도 한 시간도 안 하는 성도, 설교의 본문도 모른 성도로 만들어 놨으니 내가 지금 죽으면, 문자대로 하면 겨우 구원의 문을 통과할 것입니다. 사실 그런데 본문은 앞에서 하는 이야기와 상관이 없습니다. 예화는 들었지만 사실 대부분 비유적인 예화가 아니고 실제의 사람을 들어서 예화를 들면 본문과는 거의 대치가 되기 때문에 문제가 발생하는 것입니다. 아무튼 마지막 날에 의인도 겨우 구원을 받는다는 말이 무엇인가?

여기서 의인은 예수 믿는다고 하는 자들입니다. 베드로는 시험을 이기라는 성경입니다. 즉 믿는 자에게 반드시 시험이 있다는 것입니다. 반드시 시험을 통과하는 것이 믿는 자들의 삶이기 때문에, 시험을 통과하고 살기가 힘이 들기 때문에 그런 의미로 겨우 마지막 날에 의인도 구원을 받는다는 뜻입니다. 그러므로 세상이 믿는 자들을 핍박하는 삶이기 때문에 예수님 믿음으로 핍박이 없으면 예수 믿는 자라는 증거가 없는 것입니다. 여러분은 예수 믿는다는 증거가 무엇입니까? 어떻게 보면 한국교인은 철없는 새댁 같은 부분이 많이 있습니다.

새댁이 철이 없으면 남편이 장인을 욕하고 일 년에 한 번씩만 친정에 보내 줘도 자기 할 일만 잘하면 그 신랑이 최고입니다. 철이 없는 것이지요. 철이 없는 신앙인들도 마찬가지입니다. 자기만 세상적으로 편하면 돼요. 신랑 되신 예수님이 욕을 먹든 말든 자기만 시험이 없고 편하면 된다는 것은 이기주의입니다. 또한 교회공동체는 힘이 드는데, 형제는 힘이 드는데 자기만 편하다면 잘 먹고 마시고 있으면 그것은 그리스도인으로 사는 것이 아닌 것입니다. 마지막으로 19절에 하나님의 뜻대로 고난을 받는 사람은 선한 일을 하면서 자기의 영혼을 신실한 창조주께 맡기라고 말하고 있습니다. 왜냐하면 그분이 여러분을 능히 여러 가지 시험에서 이기게 하고 장차는 하늘 영광으로 인도하기 때문입니다.

말씀을 정리하겠습니다. 그리스도인들은 고난을 받을 수밖에 없습니다. 그 이유는 세상을 하나님을 모르기 때문입니다. 그 고난을 이기는 자들은 복이 있습니다. 왜냐하면 하나님의 영광에 참여하기 때문입니다. 두 번째는 죄짓는 것으로 고난을 받지 말고 그리스도 때문에 말씀대로 살려고 하는 것 때문에 고난을 받으라는 것입니다. 세 번째는 하나님의 집을 심판할 때에 고난을 받는 자들은 주를 위해 고난을 받는 것이 분명히 드러나기 때문에 복이 있지만 반대로 세상은 심판을 받는다는 것입니다. 그리고 네 번째는 고난 속에서 하나님께 모든 것을 맡기라는 것입니다. 그러면 하나님이 모든 것을 책임지신다는 것입니다.

사랑하는 여러분, 믿는 자는 고난이 당연한 것입니다. 그 고난을 통해 영생을 얻고 하늘의 상급을 누릴 것입니다. 여러분이 하나님의 집의 심판을 기억하고 세상의 욕심 때문에 고난을 받는 것이 아니라 하나님 때문에 고난을 받고 그 고난 속에서 두려워하지 말고 하나님께 모든 것을 맡기고 믿음의 길을 가서 승리하는 자들이 되기를 바랍니다. 아멘.

제20강

| 성경: 사도행전 2장 1~3절 |

제목: 성령에 대해서

　　　　예수님의 은혜와 평강이 여러분에게 함
께하시기를 기원합니다. 오늘은 베드로서의 강론을 잠깐
멈추고 성령에 대해서 강론하겠습니다. 교회마다 6월 8일을 성령강
림주일로 지켰는데 좀 지났지만 성령에 대해서 말씀을 들음으로 성
령의 역사가 여러분에게 있기를 기원합니다.

1) 성령이라는 이름의 뜻

　　요한복음 14장 16절부터를 보면 예수님의 제자들과의 대화 속에
서(두려워하는 제자들에게) 장차 보낼 성령에 대해 말하고 있습니다.
성령이라는 이름은 파라클레토스 - 변호자, 중재자, 협조자라는 뜻을
가지고 있습니다. 그러니까 제자들과 함께 떠나지 않고 있을 그리스

도의 영입니다. 중요한 것은 그리스도는 고난의 길을 갈 것입니다. 그리고 아버지께서 그리스도의 영으로 성령을 보내실 것입니다. 그 영은 육체를 입은 그리스도와 달리 자기 제자들을 영원히 떠나지 않고 함께 사실 것입니다.

떠나지 않고 자기 백성과 영원히 함께 사는 그리스도의 영이 성령이라는 것에 강조가 있습니다.

그러니까 성령은 그리스도의 영입니다. 좀 포괄적 의미로 하면 성부, 성자, 성령, 하나님 중에 한 분이라는 것입니다. 성령이 어떤 분이신가 하는 것은 너무 포괄적인 뜻을 가지고 있기 때문에 오늘 성령에 나타난 성령에 대해서만 강론을 하겠습니다.

2) 왜 성령이 오순절 날 임하셨는가

성령의 임재의 표가 나오고 있습니다. 오순절 날 제자들이 기도하기 위해 모였습니다. 주님이 평상시에 자신이 가시면 진리의 영이 와서 너희를 진리 가운데로 인도하신다는 말을 하셨습니다. 그런데 문맥을 보면 그들이 정말 주님의 이 말씀을 듣고 그 영을 기다리기 위해 모였는지는 모르겠지만 아무튼 그들은 오순절 날 모였습니다. 왜냐하면 오순절은 이스라엘의 3대 절기여서 이스라엘 20대 된 남자는 다 성전으로 모여야 했습니다. 이스라엘의 3대 절기는 레위기 23장에 보면 자세하게 기록되어 있습니다. 유월절, 오순절(맥추절), 초막절입니다.

1월 14일이 이스라엘이 애굽에서 구원을 받은 것을 기념하기 위해 지키는 유월절입니다. 유월이라는 것은 죽음이 넘어가다는 뜻입니다. 애굽에서 이스라엘이 구원받기 마지막 밤에 하나님이 장자심판을 하셨습니다. 죽음의 사자가 애굽의 모든 장자는 다 죽였지만 어린양의 피가 발라진 집만 넘어갔습니다. 죽음이 넘어간 것입니다. 하나님의 은혜와 애굽의 장자를 죽이고 이스라엘을 장자로 삼은 날 죽음이 넘어간 날을 기념하기 위해 지키는 절기가 유월절입니다. 유월절을 지키고 이스라엘이 처음 가나안에 들어와 추수한 것을 하나님께 감사하기 위해 지킨 절기가 초실절입니다.

구약 때는 하나님이 먹고 마심의 질서를 통해 자기 백성에게 생명을 공급하셨습니다. 하나님의 생명을 먹는 것이 이스라엘의 안식입니다. 그러니까 안식일을 이스라엘이 쉬는 이유가 그날을 쉬어야 하나님이 주신 생명으로 먹고 마시고 먹음의 교제를 성전의 상에서 할 수 있기 때문입니다. 구약의 모든 절기는 하나님이 주신 생명을 먹고 그 생명으로 교제하기 위해서입니다. 그것이 가장 중요한 목적입니다. 그래서 예수님도 안식일에 대해 마태복음 12장을 보면 안식일이 사람을 위해 있다는 것을 말하고 있습니다. 하나님이 안식일을 사람에게 선물로 주셨음을 말하는 것입니다.

오순절은 이스라엘이 첫 이삭을 드린 날 곧 초실절 그날부터 50일째 되는 날에 하나님께 지키는 절기입니다. 이날은 보리를 추수하는 절기이기도 하기 때문에 맥추절이라고도 불렀고 초실절의 50일째 되는 날이기 때문에 오순절이라고도 불렀습니다. 그런데 강조점은 이 오순절은 대대로 지키라는 강조가 있고, 곡물을 추구할 때 가난한 자와 객을 위해 다 추구하지 말 것을 곧 밭모퉁이를 남길 것을 말하고, 떨어진 이삭도 줍지 말 것을 말하고 있습니다. 그러니까 오순절은 하나님의 생명의 은혜가 풍성히 주어진 날입니다.

그들이 애굽에서 나와 광야를 지나면서 만나와 메추라기를 먹었습니다. 그러나 그 먹음은 안전한 것이 아니었습니다. 하나님의 은혜로 안식일을 보내고 만나와 메추라기를 먹었지만 늘 불안한 것이었습니다. 그런 의미로 하나님의 은혜는 은혜이지만 풍성한 은혜라고 말할 수는 없는 것입니다. 그런데 지금 그들은 적에게 쫓기지도 않고 약속의 땅에 풍성한 수확을 해서 먹게 되었으니 하나님 생명의 은혜가 풍성히 주어진 날인 것입니다.

하나님의 은혜가 풍성히 주어진 날, 이것이 오순절의 특징입니다.

이 말은 하나님이 이스라엘과 풍성한 생명의 교제를 하는 날이라 볼 수 있습니다. 그들도 풍성히 먹고 하나님에게도 풍성히 드리고 가난한 이웃에게도 주고 교제가 풍성히 이루어지는 날입니다.

교제가 무엇입니까? 디아코니아가 무엇입니까? 교제가 어떻게 이루어지는 것입니까? 자기 백성을 하나님이 섬기는 것으로 하나님과 교제하고 하나님은 그 섬김을 받는 자기 백성과 하는 교제의 내용입니다. 기도라는 것은 교제 중에 한 부분이지 그것이 교제의 전체는 아닌 것입니다. 또 우리가 하나님의 말씀으로 사는 것도 하나님과 교제하는 삶이 되는 것입니다.

그러니까 오순절 날 성령이 임하신 것은 하나님의 은혜를 새롭게 완성하신 것을 나타내는 증거입니다.

구약에서 하나님이 생명의 은혜를 풍성히 주신 날 성령이 임하신 것은 은혜 위의 은혜인 것입니다. 성령이 왜 임재하셨나를 가르쳐 주고 있는 것입니다. 하나님이 이제 자기 백성에게 다시는 망하지 않는 썩지 않는 생명과 은혜를 주시려고 성령으로 임하신 것입니다. 하나님이 영원히 자기 백성 안에 머물며 생명을 공급하시기 위해 오신 것입니다.

3) 성령의 임재가 의미하는 것은 무엇입니까

먼저 기도해야 성령은 오시는가입니다. 구원약적으로 하면 그들이 기도하지 않아도 성령은 이미 약속되어 있기 때문에 기도해야 성령이 임한다는 주장들은 바른 것이 아닙니다. 그들이 그때 기도한 것은 절기를 따라 모였고 늘 하던 대로 기도한 것으로 되어 있습니다. 그때 성령이 임한 것입니다. 하나님의 은혜를 사모하는 그들에게 성령이 임한 것입니다. 이 성령이 역사적인 사건입니다. 이전에는 성령이 자기 백성 안에 임한 적이 없었습니다. 하나님이 사람 안에 있다는 것은 하나님의 성전이 되었다는 것을 말하는 것입니다. 그런데 성령이 자기 백성 안에 거처를 정하시러 임재한 것입니다. 이것은 하나님의 구원역사의 완결적인 사건입니다.

하나님이 자기 백성 안에 친히 임재하셔서 영생을 주고 은혜를 주고 성전을 삼는 것이 하나님의 구원역사의 목표인 것입니다.

창세기를 보면 하나님과 아담은 에덴에서 함께 거닐었습니다. 막힌 담이 없었습니다. 사람의 생명은 하나님 앞에서 사는 것입니다. 그런데 범죄는 하나님과 인간의 사이를 갈라놓았습니다. 하나님이 아담을 에덴에서 쫓아내셨습니다. 나중에 이스라엘이 지은 성전에 하나님이 임재하셨지만 누구도 그 안에 함부로 들어갈 수가 없었습니다. 그리고 그들은 하나님의 은혜를 받았어도 다 죽어 갔습니다. 나중에는 그들이 죄를 범하자 사람이 지은 그 성전을 떠나셨습니다. 그런데 예수님의 죽으심과 부활을 통해 성령이 다시 자기 백성 안에 임재하셨습니다.

하나님이 자기 백성과 함께 사시려고 오셨습니다. 성전이 아니라 친히 자기 백성 안으로 들어오셔서 함께 호흡하고 영생을 주고 하늘의 은혜를 주십니다. 하나님 앞에서 영원히 사는 것이 우리의 영생이고 우리의 생명이고 복인데 이제 하나님의 성령이 친히 우리 안에 임재하시니 그것은 하나님의 구원의 완성인 것입니다. 그러니까 성령의 임재의 의미는 죄 때문에 떠나셨던 하나님이 그리스도의 속죄로 인하여 우리와 영원히 사시겠다는 증표인 것입니다.

하나님이 우리 안에 영으로 계십니다. 이것이 우리의 신비입니다. 하나님이 우리와 같이 거닐고 하나님이 우리와 같이 숨을 쉬고 하나님이 우리와 같이 괴로워하고 아파하고 이것이 우리의 최고의 복인 것입니다.

4) 성령임재의 표입니다

2~3절을 보면 "홀연히 하늘로부터 급하고 강한 바람 같은 소리가 있어 저희 앉은 온 집에 가득하며 불의 혀같이 갈라지는 것이 저희에게 보여 각 사람 위에 임하여 있더니"라고 되어 있습니다. 이것은

하나님이 임재하는 표입니다. 성령의 임하심의 표가 급하고 강한 바람과 혀같이 갈라지는 불입니다. 더 쉽게 표현하면 갑자기 세찬 바람이 부는 듯하다 소리가 하늘에서 났다는 것이고, 불길이 솟아오르는 것과 같은 혀들이 갈래갈래 갈라지면서 나타나더니 그 혀같이 불이 각 사람 위에 내려앉은 것입니다. 성령이 임하기 전에 이런 한 현상이 있었다는 것입니다. 그러니까 이러한 표들은 성령이 임한다는 증거로 나타난 표입니다.

그러면 왜 이러한 표를 하면서 성령이 나타났는가입니다.

성령은 그리스도의 영으로 하나님이신데 구약을 보면 하나님이 이스라엘 중에 임재하실 때 그런 표를 가지고 임재하셨기 때문에 동일하게 성령이 임재하실 때도 구약의 표를 가지고 임재하시는 것입니다. 사사기를 보면 하나님이 제사를 받으실 때 불로 제단을 태워 제물을 흠향하셨습니다. 그러니까 불은 하나님이 임하셨다는 증거요 표인 것입니다. 에스겔을 보면 39장에 이스라엘이 지금 골짜기의 마른 뼈처럼 되었는데 하나님이 바람을 불러 그 뼈들을 소생시키고 있습니다. 그러니까 이스라엘의 회복을 말하고 있는 내용입니다. 뼈처럼 죽은 그들을 다시 살리시겠다는 내용입니다.

그러니까 바람은 하나님의 임재의 표로 구약 때도 사용하신 것입니다. 그처럼 성령이 지금 구약에 여호와 하나님이 임재의 표로 사용한 불과 바람을 표로 자기 백성 중에 임재한 것입니다.

여러분, 성령은 그리스도의 영입니다. 오순절의 은혜를 완성하기 위해 구약의 여호와 임재 모습처럼 불과 바람으로 임재하셔서 교회에, 내 안에 계십니다. 이 성령은 그리스도의 대속의 죽음과 부활의 결과로 하나님이 이제 더 이상 떠나가지 않고 영원히 함께 우리와 살기 위해 오신 것입니다.

성령을 모신 여러분, 우리와 함께 사신 성령은 늘 우리가 그리스도의 말씀을 따라 그리스도를 위해 늘 죽음의 길, 십자가의 길, 자기를 부정하는 길을 갈 때 하나님이 우리 안에 임하신 목적이 이루어지는 것입니다. 여러분이 늘 성령을 생각하고 걷고 행동해서 성령을 근심케 하는 것이 아니라 성령의 사람으로 사는 여러분이 되시기를 바랍니다. 아멘.

제21강

| 성경: 베드로전서 5장 8~14절 |

제목: 믿음에 굳게 서라

예수님의 은혜가 여러분에게 넘치기를 기원합니다. 오늘은 베드로전서 5장 8~14절 말씀을 가지고 믿음에 굳게 서라는 제목으로 말씀을 드리겠습니다.

베드로는 왜 믿음에 굳게 서라고 하는가. 그것이 오늘 말씀의 중심일 것입니다. 베드로는 이 서신을 받고 있는 교회들이 믿음에 굳게 서지 않으면 안 될 이유가 있기 때문에 믿음에 굳게 서라고 했을 것입니다. 여기서는 믿음으로 굳게 서야 할 이유와 굳게 서는 방법을 말하고 있습니다.

첫째는 대적 마귀가 우는 사자같이 두루 다니며 삼킬 자를 찾고 있기 때문에 근신하고 깨어서 믿음에 굳게 서야 합니다. 마귀가 고난이라는 것을 통해서 성도를 유혹합니다. 그 고난을 통해 성도를 유혹해서 삼키게 되는 것입니다. 믿음으로 굳게 서지 못하면 부활하신 주님을 붙들지 못하면 고난 속에서 염려하게 되고 그 염려를 통해 마귀가 유혹하고 그러면 넘어지게 되는 것입니다. 주님을 신뢰하는 믿음이 그래서 중요한 것입니다. 항상 마귀는 성도를 유혹할 때 불신하는 마음속부터 유혹해서 넘어지게 하는 것입니다.

불신이 무엇입니까? 하나님을 향한 믿음이 바로 서지 못한 상태입니다. 믿음으로 굳게 서는 자라면 죽음도 두렵지 않는 것입니다. 사람들이 가장 두려워하는 것은 죽음입니다. 그 이유는 죽음 이후의 세계를 알지 못하기 때문입니다. 지하묘소의 순교자라는 책이 있습니다. 곧 지하묘소는 카타콤이라는 말입니다. 초대 기독교인들이 믿음을 지키기 위해 지하에서 생활한 모습과 그리고 믿음을 지키기 위해 죽음 앞과 세상의 권력 앞에 비굴하지 않는 모습을 기록하고 있는 내용입니다.

그 책에서 주인공은 마세라스라는 로마근위대 장교입니다. 그는 황제의 명을 받고 크리스천들을 박멸하는 장교로 임명을 받게 됩니다. 한 소년의 인도로 지하 동굴로 가게 되었고 그곳에서 한 장로를 만나게 되어 두루마리 성경의 한 구절을 듣게 되었습니다. 사망아 너의 이기는 것이 어디 있느냐 사망아 너의 쏘는 것이 어디 있느냐 사망의 쏘는 것은 죄요, 죄의 권능은 율법이라. 우리 주 예수 그리스도로 말미암아 우리에게 이김을 주시는 하나님께 감사하노니.

고린도전서 15장 55~57절에 나와 있는 내용입니다. 이 구절을 접하고 그가 변화되어서 자신의 모든 것을 포기하고 이제 쫓기는 신세가 되어 지하 동굴에서 생활을 하다가 붙잡히게 되어 화형을 당하게 되었습니다. 그런데 그가 숨이 끊어지면서 한마디 말을 하였는데 그것은 참으로 위대한 신앙의 고백이었습니다. 숨이 끊어지면서 한 한마디 말은 바로 승리라는 말이었습니다. 승리가 죽음을 이겼다는 것입니다. 그 힘든 죽음의 공포 그리고 조금만 변절하면 살 수 있다는 친구의 유혹, 그 속에서 그는 주를 향한 신뢰, 죽어도 다시 살 수 있다는 신뢰, 주님을 위해 사는 것이 최대의 복이고 생명이라는 확신이 불길 속에서 마지막 숨이 끊어지기 전에 남긴 말은 승리라는 말이었습니다.

늘 마귀는 성도의 가장 약한 점을 공격하려고 기회를 보고 있습니다. 그리고 조금만 틈만 보이면 그곳을 공격하여 여지없이 넘어지게 하는 것입니다. 그러므로 항상 성도는 승리하는 신앙으로 살려면 근신하고 깨어서 믿음으로 굳게 서야 하는 것입니다. 항상 승리라는 고백이 이루어지는 삶을 사시기를 바랍니다. 어떤 유혹과 고통 속에서도 믿음으로 승리했다는 고백이 항상 있어야 할 것입니다. 믿음으로 굳게 서서 마귀에게 조금도 빈틈을 주지 않는 자들이 되기를 바랍니다.

<u>두 번째는 믿음으로 굳게 서는 것이 무엇인가입니다.</u>

믿음으로 굳게 선다는 것이 무엇인가입니다. 우리는 흔히 교회 밖의 세계를 세상이라고 합니다. 예수님을 인정하지 않는 사람들, 질서들을 세상이라고 하는데 세상은 주님을 인정하지 않습니다. 예수 믿는 사람들은 영생이 있고, 하나님의 심판이 있고, 사는 목적이 먹든지 마시든지 무엇을 하든지 하나님의 영광을 위해서 하여야 한다는 가치관과 세계관이 분명히 있습니다. 그러나 세상은 그러한 사실을 인정하지 않기 때문에 예수 믿는 것을 업신여기고 같이 먹고 마시지 않으면 조롱을 합니다.

복음을 따라 사는 자들이 쉽게 넘어지는 것이 있는데 물질의 문제입니다. 뭔가 믿음으로 살아 보려고 하는데 역시 가난합니다. 뭔가 남을 돕게 살려고 하는데 가진 것이 없습니다. 그러다 보면 돈을 사랑하게 되고 믿음을 저버리게 되는 것입니다. 다음은 기도의 문제입니다. 사실 기도라는 것이 하나님이 원하시는 기도의 내용이 아니라 우리가 일방적으로 우리의 뜻을 이루려고 기도하는 경우가 많이 있습니다. 그러니 기도해도 응답이 되지 않는 것입니다.

먼저 하나님의 뜻이 무엇입니까? 하나님의 뜻을 따라 기도하는 것이 아니라 자신이 자신의 욕심을 따라 기도하고 나서 응답이 되지 않으면 쉽게 실망하는 것입니다. 예수님을 인정하지 않는 세상과 그리고 복음을 바르게 알지 못하는 것 때문에 성도는 늘 시험과 고난이 있는 것입니다.

첫째는 그 시험과 고난 속에서 세상의 정체를 바로 아는 것이 믿음으로 서는 것입니다. 세상의 것은 썩을 것이고, 영원하지 않는다는 것을 아는 것입니다. 그 사실을 항상 알아야 세상의 유혹에 빠지지 않는 것입니다. 얼마나 많은 사람이 물질 때문에 넘어집니까? 말할 수 없지요.

둘째는 주님이 썩지도 않고 쇠하지도 않는 영광을 주신다는 것을 믿는 믿음에 서는 것입니다.

참 중요한 내용입니다. 세상은 다 썩을 것입니다. 사람들이 값어치 있다고 하는 세상지식도, 가치관도, 물질도 다 썩을 것입니다. 손으로 놓지 않고 싶은 모든 세상의 것은 다 없어질 것입니다. 일장춘몽입니다. 하나님 없이 이루어 놓은 지식과 권력과 목적이 우리 자신에게 아무런 의미가 없는 것입니다. 그 사실을 아는 것이 믿음으로 서는 길입니다.

셋째는 주님이 세상에서 고난을 받은 것은 우리로 하여금 세상에서 고난을 받아도 세상 사람처럼 살지 않게 하려는 것을 아는 것이 믿음으로 서는 길입니다. 주님은 하나님의 뜻을 따라 썩는 세상의 방식으로 살지 않았습니다. 주님이 그렇게 사신 것은 우리가 세상방식으로 살지 않게 하고 하나님의 방식으로 살게 하려는 것입니다. 결국은 예수 믿는 사람들은 세상에 속하지 않았기 때문에 세상에서는 배척을 받는 것이 당연한 것입니다.

곧 세상의 질서, 세상이 추구하는 삶, 세상의 가치, 세상의 물질, 세상이 좋아하는 것들, 세상의 권력, 거짓, 악함, 그런 것들로부터 배척을 받는 것입니다. 그런데 주님은 그런 것들에서 배척을 받는 것이 성도의 면류관이요, 성도의 상급이 되는 것입니다. 베드로 서신을 읽는 교회들이 이런 믿음의 내용으로 굳게 서야 그들의 믿음을 지켜낼 수가 있을 것입니다. 이러한 믿음의 내용은 그들의 형제 된 우리에게도 동일한 것입니다. 이 믿음으로 깨어 있지 않으면 항상 마귀는 우리를 밥으로 알고 유혹할 것입니다.

<u>크게 세 번째로 하나님이 우리를 고난 속에서도 온전케 하고, 강하게 하고 기초를 튼튼하게 하실 것이기 때문에 어떤 시험과 고난이 있을지라도 믿음으로 굳게 서라는 것입니다.</u>

우리를 이렇게 도우시는 하나님은 그리스도 안에서 우리를 부르신 하나님이십니다. 하나님의 모든 우리를 그리스도 안에서 부르신 것으로 나타났습니다. 왜 그러면 그리스도 안에서 우리를 부르신 것이 하나님의 은혜가 다 나타났느냐는 것입니다. 우리를 그리스도 안에서 부르신 것이 왜 하나님의 은혜이냐 하는 것입니다. 그리스도인이라는 것은 그리스도와 함께라는 말입니다. 우리가 그리스도와 함께 부른 것이 하나님이 우리에게 주신 은혜입니다. 그러면 우리가 그리스도와 함께 있는 것이 복이 되느냐는 것입니다.

예수님이 부활하여 하나님의 영광을 얻으셨습니다. 예수님이 하늘의 영광과 영생과 기업을 얻으셨습니다. 그러니 예수님과 함께 있다는 것은 그리스도 안에서 하나님께 부름을 받았다는 것은 예수님의 모든 영광을 예수 믿는 자들에게 다 주시기 때문에 그리스도 안에 있는 것이 하나님의 은혜가 되는 것입니다.

우리를 온전케 한다는 것은 영원한 영광에 참여하는 것입니다. 고난은 잠깐입니다. 그러니 온갖 고난이 있을지라도 그분께 모든 걱정을 맡기고 즐거움으로 고난을 받으라고 하십니다.

우리가 고난을 받는 것은 하나님의 자녀이고 영생을 얻은 자라는 증거고 그것을 통해 하늘의 백성으로 훈련을 받으며 하늘의 복을 받기 때문입니다. 이렇게 믿음으로 굳건히 서라고 하면서 11절에 말하고 있습니다. 이 말은 끝인사말이 아니라 큰 축복을 말하면서 그 축복에 대한 찬미를 하고 있는 내용입니다. 하나님이 믿음을 지키는 자들에게 복을 주시고 지켜 주신다는 약속을 하고 나서 그 하나님께 찬미를 하고 있는 것입니다.

자신을 위한 고난은 승리가 보장되어 있지 않지만 하나님을 위한 고난은 승리가 보장되어 있기 때문입니다. 자신의 백성을 고난 속에서도 보호하고 복을 주시는 하나님을 찬미하고 아멘 하고 있습니다. 아멘이라는 말은 '진실로 그러하도다.'라는 뜻입니다. 진실로 하나님께 자기 백성을 보호하시는 권세가 있는 것입니다. 고난이 있지만 그중에 하나님의 영광은 온전히 드러난다는 것입니다. 하나님이 세운 나라는 영원한 나라고 음부의 권세가 무너뜨리지 못할 나라요, 영원한 나라입니다. 그러니 그 나라를 세우신 하나님의 권세를 찬미하는 것은 당연한 것입니다.

사랑하는 여러분, 믿음으로 굳게 서야 합니다. 그 길이 우리가 살 길입니다. 세상이 우리를 문화인 취급을 한다고 해서 그들이 주님을 인정하지 않고 있기 때문에 우리는 항상 고난 가운데 있습니다. 우리의 하나님을 세상이 조롱하고 있으니 우리는 자녀 된 자로서 항상 고난과 고심 가운데 살고 실제로 우리가 믿음 때문에 고난을 받습니다. 그러나 걱정하지 마십시오, 세상 때문에 걱정하지 말고 믿음 없음을 걱정하십시오. 세상에 속하지 않고 믿음으로 서 있다는 것을 감사하고 하나님을 찬미하십시오. 아멘이신 하나님께 모든 것을 맡기고 오직 믿음으로 세상을 이기는 자들이 되기를 바랍니다. 아멘.

제22강

| 성경: 마태복음 12장 1~8절 |

제목: 안식일의 주인 예수님

예수님의 은혜가 넘치기를 기원합니다.

오늘 성경은 마태복음 12장 1~8절입니다. 말씀의 제목은 안식일의 주인 예수님입니다. 성경의 주제가 많이 있습니다. 하나님의 나라, 안식일, 언약 등인데 그중에서도 중요한 성경의 주제가 안식일입니다. 안식일을 이해하면 성경의 큰 흐름을 다 파악했다고 할 정도로 큰 주제입니다. 安(편안할 안)息(숨 쉴 식)日(해 일)이라는 말이 무엇인가입니다. 한자뜻풀이로 하면 편안하게 숨 쉬는 날입니다. 우리나라 말로 의역을 하면 아무 일도 하지 않고 편안히 쉬는 날입니다.

한자말이나 우리나라 말의 뜻으로는 안식일의 의미가 무엇인지를 정확히 알 수가 없습니다. 단어 뜻대로 하면 그냥 안식일은 편안히 쉬는 날이기 때문입니다. 그러면 이스라엘 백성들은 안식일이라는 의미를 어떻게 받아들였는가입니다. 출애굽기를 보면 이스라엘이 하나님 언약의 백성이 되고 난 후에 가장 중요하게 지키도록 명령을 받은 것이 있는데 6일 동안은 일하고 제7일째는 안식하는 것이었습니다. 말 그대로 아무것도 하지 않고 그날은 쉬는 것입니다.

그러면 그날은 무엇을 하려고 쉬었는가입니다. 왜 안식일 날 그러니까 7일째는 쉬도록 하셨는가입니다. 7일째를 쉬도록 하셨기 때문에 그날이 바로 안식일이라는 것입니다. 그날을 쉬게 하는 목적이 무엇인가입니다. 출애굽기는 그날에 이스라엘이 아무것도 하지 않고 성전에 모여 하나님을 예배하고 하나님이 주신 성전의 떡상을 먹었습니다. 그러니까 이스라엘 사람들이 일을 하지 않고 7일 날 성전에 모인 이유는 하나님을 예배하고 하나님이 주신 생명의 양식을 먹기 위해서라는 것을 알 수 있습니다.

예배와 떡을 먹음, 다른 말로 하면 하나님의 구원을 감사하고 노래하고 예물을 드리는 것이 예배라면 성전의 떡상을 함께 먹는 것이 하나님이 주신 생명을 먹는 것입니다. 예배와 떡을 먹는 이것을 하나님과 이스라엘이 함께 교제했다고 말하는 것입니다.

어느 안식날 예수님이 제자들과 함께 밀밭 사이를 걸어가고 있었습니다. 제자들은 밀밭 사이를 걸어가다가 밀 이삭을 잘라 먹었습니다. 거기서부터 분쟁이 생기고 있습니다. 남의 밀 이삭을 잘라 먹은 것에 대해 시비가 붙은 것이 아니라 왜 안식일 날 밀 이삭을 잘라 먹었는가입니다. 신명기 2장을 보면 이스라엘 사람 중에 길을 가다가 배가 고프면 남의 이삭을 잘라 배를 채우고 가는 것은 죄가 아니었습니다. 물론 그것을 자기의 집에 가지고 가면 도둑입니다. 그 이유는 이스라엘은 하나님의 한 공동체이기 때문에 서로 생명을 보호해야 할 책임이 있습니다.

그러니까 부득이 길을 가다가 배가 고프면 형제의 것을 취하여 생명을 연명하는 것은 당연한 것이었습니다. 이스라엘의 율법을 보면 지금 제자들이 길을 가다가 남의 밀 이삭을 잘라 먹은 것이 잘못된 것이 아니라 그 안식일 날 밀 이삭을 잘라 먹었다는 것입니다. 곧 안식일 날 밀 이삭을 자르는 일을 했다는 것입니다. 안식일 날은 아무것도 하지 않고 하나님만을 섬기고 하나님이 주신 생명의 양식을 먹는 날인데 먹기 위해 일을 했기 때문에 율법을 어기는 죄를 범했다는 것입니다.

하나님이 이스라엘에 아무 일도 하지 말고 그날을 쉬도록 하신 이유는 그렇게 해야만 하나님을 예배할 수 있고 하나님이 주신 생명의 양식을 공급받을 수 있기 때문입니다. 그러니 안식일을 쉬는 이유는 하나님이 사람을 위해 만드신 것입니다. 그래서 예수님도 사람이 안식일을 위해 있지 않고 안식일이 사람을 위해 있다고 말씀을 하신 것입니다.

첫째, 예수님은 바리새인들이 당신의 제자들이 안식일을 어겼다고 했을 때 그 이유를 직접 말하는 것이 아니라 다윗의 이야기를 하고 있습니다.

바리새인들은 바리새파라고 부르기도 합니다. 이들은 이스라엘 가운데 가장 영향력을 미친 파입니다. 이들은 하나님의 예정을 믿고 부활을 믿으며 철저하게 율법을 지키려고 하다가 형식으로 치우친 자들입니다. 그래서 형식주의의 사람들을 바리새인과 같다고 하는 것입니다. 남에게 보이기 위해 하는 자들이 바로 바리새파입니다. 그들이 왜 당신의 제자들은 안식일을 어기는 일을 하는가 따지고 있습니다. 이 말은 당신의 제자들이 율법을 어기니 진정으로 하나님의 백성이 아니고 그리고 당신이 그 사람들의 스승이니까 당신은 이상한 사람이라는 것입니다.

곧 이단이라는 말과 같습니다. 그러자 예수님은 다윗의 이야기를 하고 있습니다. 사무엘상 21장을 보면 다윗이 사울에게 쫓겨 놉이라는 곳으로 피신을 갑니다. 거기서 부하들과 배가 고파서 제사장 아미멜렉에게 먹을 것을 요구합니다. 그러자 제사장은 하나님께 드린 진설병밖에는 없다고 합니다. 진설병은 성전 안 떡상에 하나님을 위해서 12덩이의 떡을 차려 놓는 것인데 매 안식일마다 새로운 떡으로 바꿉니다. 그리고 물려 나온 떡은 거룩한 뜻이어서 제사장 가문밖에는 먹지 못하는 것입니다.

만약 이 룰을 어기면 죽임을 당하는 것입니다. 제사장은 다윗이 제사장도 아닌데 기꺼이 그 떡을 다윗에게 주고 그의 부하들에게 줍니다. 그러니까 예수님은 제자들이 안식일 날 밀 이삭을 잘라 먹은 것하고 다윗의 제사장도 아니면서 성전의 거룩한 떡을 먹은 것하고 일치를 시키고 있습니다. 도대체 다윗이 성전의 거룩한 떡을 먹은 것하고 안식일 날 예수님의 제자들이 밀 이삭을 잘라 먹은 것하고 무슨 상관이 있는 것인가입니다. 아무런 상관이 없는 것 같습니다. 예수님의 다윗 이야기는 바리새인의 질문에 도무지 답이 되지 않는 것 같습니다.

제자들이 이삭을 잘라 먹은 것이 잘한 것인지 아니면 잘못된 것인지를 말하는 것이 바른 답일 것 같은데 그것을 말하지 않고 다윗이 제사장밖에 먹지 못하는 성전 안의 떡을 먹었다는 것으로 답을 대신하고 있습니다. 지금 바리새인들은 왜 안식일 날 일을 했느냐를 물었는데 예수님은 다윗이 제사장밖에 먹지 못하는 떡을 먹었다고 말하고 있습니다. 바리새인들은 예수님 당신이 누구인데 제자들에게 안식일 날 일하는 것을 허락했는가를 묻고 있는 것입니다.

　그러자 예수님은 다윗도 제사장밖에 먹지 못한 진설병을 먹었다고 말하고 있습니다. 예수님의 이러한 답은 제자들이 안식일 날 밀 이삭을 잘라 먹은 것이 안식일을 어기는 것이냐 아니냐 하는 것에 답을 주시는 것이 아니라 그들의 질문에 자신이 누구인가를 말씀하고 있습니다. 예수님이 어떤 분이신데 안식일을 어기어도 잘못이 아닌가를 말하고 있는 것입니다. 만약 예수님이 안식을 어기어도 될 분이라면 예수님을 따르는 제자들이 안식을 어기는 것은 아무 잘못이 아니기 때문입니다.

　예수님은 그들의 질문에 그들이 원하는 식으로 답을 주는 것이 아니라 예수님 자신이 원하는 식으로 답을 주고 있습니다. 그들의 질문에 예수님은 자신이 누구인가를 말하고 있습니다. 곧 예수님의 자기계시입니다. 그렇다면 예수님이 누구이신가 한 것하고 다윗의 진설병을 먹은 것하고 또 무슨 상관이 있는 것인가입니다. 이 말은 다윗이 성전의 떡을 먹는 것이 죄가 없는 것처럼 자신의 제자들이 안식일 날 밀 이삭을 먹은 것이 안식일을 어기는 죄가 없다는 것입니다.

　다음으로 안식일 날 제사장이 성전에서 제사의 일을 하여도 그것이 죄가 되지 않는다고 하면서 자신의 제자들이 이와 같이 안식일 날 밀 이삭을 자르는 일을 한 것이 죄가 아니라고 말하고 있습니다. 이 말은 우리가 생각하는 식으로 밀 이삭 자르는 것이 일이냐 또는 먹기 위해서 하는 것인데 그것이 일이냐 질문을 던질 수 있습니다. 그러나 분명한 것은 율법으로는 그것도 죄에 들어간다는 것입니다. 요약하면 예수님은 어떤 분이시기에 다른 사람이 밀 이삭을 자르는 일을 하면 죄가 되는데 예수님만 죄가 되지 않느냐 하는 것입니다. 도대체 예수님은 누구신가, 그것이 오늘 말씀의 핵심입니다.

둘째는 구약의 안식을 범해도 죄가 되지 않는 예수님은 어떤 분이신가입니다.

이것이 핵심입니다. 예수님은 누구신가이고 안식일과 어떤 상관이 있는 분이신가입니다. 예수님은 자신이 성전보다 크다고 말하고 자신은 자비를 원하고 제사를 원치 않는다고, 안식의 주인이라고 말씀하십니다. 인자라는 말은 다니엘서 7장 13절의 말입니다. 그러니까 구약의 약속을 이루시는 분으로 예수님이 오셨다는 것을 말하고 있습니다. 안식일을 쉬는 것은 이스라엘이 하나님을 예배하고 하나님이 주신 생명의 은혜를 풍성히 받기 위해서입니다. 안식일 날을 쉬지 않으면 하나님처럼 사는 것이 아닙니다. 하나님처럼 6일 동안 일하고 하나님을 예배하고 하나님이 주신 생명의 은혜에 참여하기 위해 안식을 하는 것입니다. 안식일은 하나님이 자기 백성에게 생명의 은혜를 주시는 특별한 날입니다.

첫째, 예수님이 다윗의 예를 든 것은 다윗은 일반백성과는 다른 특별한 은혜를 받았기 때문입니다. 다른 백성 같으면 성전의 거룩한 떡을 먹으면 죽어야 하고 율법으로 하면 밧베바를 범하는 즉시 돌 맞아 죽어야 하지만 율법을 뛰어넘는 특별한 은혜를 주신 것입니다. 왜 그랬느냐 하는 것은 다윗에게서 하나님의 특별한 왕조가 시작되고 있기 때문에 율법을 뛰어넘는 은혜를 주신 것입니다. 다윗을 통해 세운 나라는 당시에는 율법 아래 있지만 그 나라를 통해 새로운 나라를 여실 것입니다. 그러니 율법을 뛰어넘는 은혜를 주신 것입니다.

새로운 자비 이전의 성전이 주지 못한 하늘의 은혜를 주시기 때문에 이제는 성전제도는 끝이 나야 하는 것입니다.

다음으로 제사장이 성전에서 일을 하는 것은 하나님의 은혜를 백성에게 주기 위한 행동입니다. 그들은 하나님을 대리해서 일을 합니다. 은혜를 주는 일입니다. 그러니 그 일은 은혜의 일이어서 죄가 되지 않는 것입니다. 그러니까 다윗과 제사장은 일반백성에게 적용되는 율법과는 다른 적용을 하고 있습니다. 그것이 특별한 것입니다. 일반백성에게 적용하는 율법으로 다윗과 제사장을 정죄할 수 없는 것처럼 예수님 자신을 정죄하지 말라는 것입니다. 그러면 예수님이 어떤 분이시기에 율법을 어겨도 정죄하지 말아야 하는가?

그것은 예수님이 성전보다 더 크기 때문입니다. 요한복음에 보면 예수님이 사람의 손으로 짓지 아니한 성전을 3일 만에 지을 것이라고 하셨습니다. 이전의 성전의 역할은 하나님의 은혜를 주는 것이었습니다. 그러나 예수님이 자신의 몸으로 지을 성전을 통해 이전의 성전이 준 것보다 더 큰 은혜를 주실 것입니다. 그 은혜는 썩지도 않고 쇠하지도 않는 영원한 생명입니다. 그리고 사람의 손으로 지은 성전이 아니라 이제 자신의 몸으로 지은 교회성전을 새롭게 만드실 것입니다. 새롭게 하나님의 왕국을 만들고 새로운 성전을 지어 자기백성에게 은혜를 주시는 분이기 때문에 예수님은 다윗처럼, 제사장처럼 안식일에도 은혜의 일들을 해야 할 것입니다. 새로운 성전을 지어서 새로운 복을 주시는 분이기 때문에 주님은 성전보다 더 크고 새로운 안식을 만드시는 분으로 안식일의 주인이십니다. 예수님이 하시는 모든 일이 은혜를 주시는 일이기 때문에 안식일계명과 상관이 없는 것입니다. 여러분, 주님의 부활로 새로운 성전이 지어졌는데 그것이 바로 교회입니다. 그리고 그 부활의 날이 바로 새로운 안식일 새로운 주일이 되게 하셨습니다. 우리가 이날 모이는 것은 하나님께 예배하고 하나님의 생명의 은혜를 누리기 위해서입니다. 하나님이 새로운 안식을 제정하셨는데 주일입니다.

이제 새로운 성전이 지어졌는데 우주적인 성전이여 이제 특별한 날만 거룩한 것이 아니라 모든 날이 거룩하고 모든 먹는 것이 거룩합니다. 주일은 부활을 기념하는 축제의 날이고 한 몸으로 하나님을 예배하고 생명의 교제를 나누는 날입니다. 하나님이신 예수님이 들판에서 생명의 양식을 제자들에게 주었기 때문에 그것이 바로 새로운 성전의 양식이요, 큰 은혜인 것입니다. 또 안식일만 주시는 것이 아니라 하나님이 매일 자기 백성과 먹고 마시었으니 모든 날이 안식일처럼 되어 버린 것입니다.

우리가 지금 항상 우주적인 성소에서 하나님이 주신 양식을 먹고 마십니다. 이것이 큰 축복이고 이런 복을 주셨기 때문에 예수님이 구약의 성전보다 더 큰 하나님이신 것입니다. 그러니 성전의 법으로 율법으로 주님을 징계할 수가 없는 것입니다.

여러분, 이날은 축제의 날이므로 모이기에 정말 힘써야 하고 이날 하나님이 우리에게 큰 은혜를 베푸셨던 것처럼 형제에게 은혜를 베풀고 다른 일은 쉬고 하나님을 예배하는 일에만 생명의 은혜를 받는 일에만 전념하시기 바랍니다. 하나님이 그날을 쉬어도 먹을 것 입을 것을 책임지실 것입니다. 최고로 평안하게 하나님을 바라보고 하나님만 섬겨서 하늘의 은혜를 풍성히 누리는 여러분이 되시기를 바랍니다. 여러분이 그렇게 살도록 하시기 위해 예수님이 성전보다 더 큰 이가 되어 구약의 성전보다 더 큰 은혜를 자신이 주신 것입니다.

그러니 이날은 주님을 닮아서 형제를 힘껏 돕고 먹고 마심에 종이 되지 말고 주일은 쉬고 하나님의 구원을 노래하고 생명의 풍성함을 받고 하나님이 자비를 풍성히 베풀므로 우리가 안식일의 주인으로

살 수가 있는 것입니다. 그러니 썩을 것에 얽매이지 말고 그날은 쉬
고 힘께 주님을 예배하고 힘껏 형제의 부족을 채움으로 주님처럼 안
식일의 주인으로 사는 복 있는 자들이 되기를 바랍니다. 아멘.

제23강

| 성경: 마태복음 12장 46~50절 |

제목: 새로운 가족

예수님의 은혜와 평강이 여러분에게 함께하시기를 기원합니다. 오늘 성경은 마태복음 12장 46~50절을 본문으로 해서 새로운 가족이라는 제목으로 말씀을 드리겠습니다.

새로운 가족이라는 말은 이전에 가족과 비교해서 이제는 이전의 가족이 아니라 새롭게 구성된 가족이라는 의미입니다. 보통 가족이라는 의미는 혈연으로 맺어진 관계로 의식주를 함께하는 공동체입니다. 이것이 세상에서 일반적으로 말하는 가족이라는 개념입니다.

오늘 예수님은 하나님 안에서의 새로운 가족공동체가 무엇인가를 말하고 있습니다. 그리고 그 공동체는 어떻게 만들어지는 것인가를 말씀하고 있습니다.

먼저 성경에서 말하는 가족이라는 개념은 하나님을 믿는 자들입니다.

하나님을 믿는 자들의 공동체가 하나님 안에서 가족입니다. 세상처럼 혈연으로 맺어진 것이 아니라 하나님 안에 있는 자들이 하나님의 가족이요 하나님 언약의 백성입니다.

첫째는 새로운 가족과 반대되는 가족은 누구인가입니다.

분명 예수님이 이전과는 다른 새로운 가족이 어떻게 만들어지는가를 말하고 있기 때문에 그러면 예수님이 오시기 전에는 어떻게 하나님의 가족이 또 언약의 백성이 만들어졌고 그들은 누구인가입니다. 창세기 12장을 보면 하나님이 아브라함이라는 사람을 불러서 명령과 함께 한 가지 약속을 해 주고 있습니다. 첫째는 아브라함이 살고 있는 갈대 아우르라는 곳을 떠나라는 것입니다. 갈대 아우르는 지금의 이라크 유프라테스 강 가까운 곳에 있는 지역입니다. 둘째는 하나님의 약속을 믿고 떠나면 그의 후손을 하늘의 별처럼 바다의 모래처럼 많게 해 주겠다는 것입니다.

아브라함을 부르기 전에는 하나님의 가족, 곧 하나님을 섬기는 자들, 하나님이 주신 생명으로 사는 자들이 어느 한 특정한 민족만 되는 것이 아니라 모든 민족이 함과 셈과 야벳의 모든 민족이 하나님을 섬기는 하나님의 가족이 되었습니다. 그런데 이제 아브라함을 부르면서부터는 아브라함의 후손만 하나님의 백성이 되도록 하였습니다. 아브라함의 후손을 성경은 이스라엘민족이라고 말합니다. 이스라엘 사람들은 아이를 낳으면 자동적으로 하나님의 백성이 되었습니다.

낳으면 누구든지 이스라엘 아이는 자동적으로 하나님의 백성으로 만들어졌습니다. 다른 말로 하면 하나님의 가족으로 자동적으로 만들어진 것입니다. 이러한 형태를 혈육의 출생이라고 말합니다. 그러니까 예수님이 오셔서 새로운 방법으로 하나님의 백성, 하나님의 가족을 만들기 전에는 이스라엘 백성의 혈연의 출생으로 하나님의 백성이 만들어진 것입니다.

예수님이 오시고 난 뒤에는 하나님의 백성을 하나님의 가족을 이

러한 방법으로 만들지 않기 때문에 그들은 옛 시대의 백성, 옛 가족
들이라고 볼 수 있을 것입니다. 그러니까 중요한 것은 이제 옛 가족
이었던 그들도 새로운 가족으로 태어나야 한다는 것에 강조점이 있
습니다. 예수님이 제시한 새로운 백성이 되는 길로 그들이 들어오지
않으면 안 된다는 것입니다. 만약 그들이 하나님이 새로운 백성을
만드는 새로운 길로 들어오지 않으면 그들은 더 이상 하나님의 백성
이 아닌 것입니다.

우리나라가 박정희 시대에 화폐개혁을 했습니다. 화폐개혁을 하면
이전의 돈은 다 필요 없는 것이고 이전의 돈을 새로운 지폐로 바꾸
어야 화폐의 가치를 이전의 돈을 아무리 많이 가지고 있어도 일단
화폐개혁이 되어 버리면 이전의 돈은 아무 필요가 없는 것입니다.
이처럼 이스라엘은 하나님이 제시한 새로운 가족이 되는 길로 들어
와야 하나님의 새로운 백성이 될 수 있는 것입니다.

둘째로 하나님이 제시한 새로운 백성이 되는 길은 무엇인가입니다.

어느 날 예수님이 말씀을 가르치고 있었는데 예수님의 모친과 그
의 동생들이 예수님을 만나려고 문밖에 서서 예수님을 만나기를 원
하였습니다. 그 사실을 어떤 사람이 알고 예수님께 가서 "예수님의
어머니와 형제들이 만나려고 문밖에서 기다리고 있습니다. 가서 만
나십시오."라고 말하였습니다. 그때 예수님은 아주 뜻밖의 답을 하십
니다. "누가 내 형제고 누가 내 어머니야." 그리고 제자들을 손으로
가리키면서 그들이 내 어머니요, 내 형제들이라고 말씀하셨습니다.
그리고 말씀하시기를 "하늘에 계신 내 아버지의 뜻을 행하는 사람이
내 형제요, 내 자매요, 내 어머니이다." 하셨습니다.

하나는 예수님이 자신을 찾아온 어머니와 형제들을 만나지 않으시

고 이제는 마리아와 형제들이 자신의 형제가 아닌 것처럼 말하고 있는가입니다.

이것은 정말 자신의 어머니와 형제를 배척한 것이 아니라 순간의 부정을 통해 자신이 누구인가, 자신을 통해 새롭게 태어나는 가족공동체, 혈연은 어떻게 만들어지는가를 말하고 있습니다. 이제 진정한 가정은 가족공동체는 이스라엘처럼 혈연으로 맺어짐으로 자동적으로 되는 것은 아닙니다. 이제 새로운 공동체는 태어남의 혈연관계가 아니라 하나님의 뜻대로 하는 자, 곧 하나님이 보내신 아들을 알고 믿는 것입니다.

예수님이 자신의 가족을 부정하는 방식으로 새로운 가족관계가 무엇인가를 가르치는 것은 아직은 예수님의 가족이 예수님이 하시는 일을 잘 알지 못하였기 때문입니다. 그들은 예수님을 위대한 선지자로 하나님의 아들을 알았지만 그가 하신 일을 다 알지 못하였습니다. 예수님은 그들의 믿음 없음을 통해 자신의 뜻을 알리고자 한 것입니다. 이제는 나를 낳아 주고 나와 형제 된 그들이 나의 진정한 가족이 아니라는 것입니다. 이제는 하나님의 뜻을 아는 자가 나의 가족이라는 것입니다.

그 하나님의 뜻은 하나님이 보내신 아들을 온전히 믿는 것입니다. 예수님은 단순히 모세처럼 이스라엘 백성을 구원한다거나 다윗처럼 예루살렘에 큰 성전을 짓고 로마로부터 독립을 쟁취하는 분이 아닙니다. 예수님은 하나님은 하나님이 뜻을 이루는 것인데 자기 백성을 위해 십자가에서 죽고 부활하고 죄에서 자기 백성을 구원하여 천국의 백성으로 만드는 것입니다. 바로 앞의 문맥을 보면 예수님을 거절하고 표적을 구하는 자들에게 심판을 선포하고 있습니다. 그들이 예수님을 거절하였기 때문입니다.

그런데 지금 예수님의 가족들조차도 예수님을 하나님이 보내신 뜻대로 믿지를 않고 있습니다. 예수님을 거절한 것입니다. 그런 그들에게 이제 진정한 하나님의 백성은, 하나님의 가족이 되는 비결은 이전에 하나님의 백성이 되는 것과는 다르다는 것입니다. 이전에 혈연으로 하나님의 백성이 되고 가족이 된 그런 관계가 아니라 이제 하나님이 보내신 자들 하나님이 보내신 뜻을 따라 믿는 것이라는 것입니다.

이것이 아주 중요합니다. 이제 예수님의 가족도 예수님 안에서 바르게 거듭나야 하나님의 새로운 가족이 되는 것입니다.

사실 우리는 다들 가족을 가지고 있습니다. 그런데 엄밀한 의미에서 보면 예수 밖에 있으면 생명의 공동체가 될 수 없는 것입니다. 하나님의 가족이 아니라 혈연으로 맺어진 임시적인 가족일 뿐입니다. 하나님 안에 있을 때 하나님의 생명으로 숨을 쉴 때 진정한 가족이 되고 영원한 가족이 되는 것입니다. 하나님의 영이 그 안에 없으면 우리는 한 몸이 아닙니다. 남입니다. 그러나 내게 하나님이 은혜를 주었으니 내 가족에게도 은혜를 주심으로 알고 열심히 섬겨 변화되도록 하여야 할 것입니다.

또 하나는 제자들이 왜 예수님의 모친이고 형제고 자매인가입니다. 그들이 예수님을 하나님의 아들로 믿고 있기 때문입니다. 지금 여기서 강조하는 것은 예수님의 가족들이 예수님을 어느 정도 이해했는가 하는 것이 중요한 것이 아닙니다. 중요한 것은 어떤 자가 진정한 새로운 하나님의 가족인가입니다. 예수님의 가족일지라도 예수님을 하나님의 뜻을 따라 믿지 아니하면 이제는 하나님의 새로운 가족이 아닌 것입니다. 이제 새롭게 거듭나야 합니다.

하나님이 보내신 하나님의 아들을 구원자로 믿어야 하나님의 새로운 백성으로 거듭나는 것입니다. 그래야 그리스도의 진정한 몸이 되는 것입니다.

셋째로 교회가 하나님의 새로운 가족입니다.

이제 누구든지 예수님을 믿으면 죄에서 벗어나 하나님의 백성이 되고 그리스도의 피로 맺어진 하늘의 혈통으로 거듭난 하나님의 백성, 하나님의 가족이 되는 것입니다. 예수님은 자신을 거절한 자들에게 자신을 하나님의 뜻대로 믿지 못하는 자들에게 자신을 믿음으로 새로운 가족으로 태어날 것을 요구하고 있습니다. 이제 우리는 예수님을 믿음으로 예수님의 한 피 받은 한 몸 한 가족이 된 교회입니다. 이것은 참으로 중요합니다. 교회공동체가 하늘까지 이어지기 때문입니다.

그러니 항상 주일날 모여 예배를 드리는 형제들을 한 몸으로 사랑해야 합니다. 영원한 우리의 가족이고 혈통이고, 사랑의 대상이기 때문입니다. 우리는 또한 세상 때문에 세상 체면 때문에 주님을 주님으로 고백 못 하는 죄를 범하지 말아야 합니다. 주일날 모여 생명의 잔치를 함께하는 일을 가장 중요하게 여겨 세상 때문에 주일을 빠지는 어리석음을 범하지 말아야 할 것입니다. 또한 진정으로 그리스도의 피를 받아 한 몸이 된 형제자매들과 거룩한 교제 속에 늘 힘이 되고 용기를 주고 기쁨을 함께 나누는 자들이 되기를 바랍니다. 왜냐하면 여러분의 진정한 교제의 대상자들이기 때문입니다.

한 몸, 한 형제, 한 피로 묶인 공동체, 영원한 교제의 가족이라는 사실을 기억하고 항상 충만한 사랑의 교제로 형제에게 늘 기쁨만 가득 주는, 항상 최선을 다해 사랑하는 새로운 생명의 가족의 지체들이 되기를 바랍니다. 아멘.

제24강

| 성경: 레위기 19장 1~8절 |

제목: 하나님의 거룩한 백성으로 사는 길

예수님의 은혜와 평강이 여러분에게 함께하시기를 기원합니다. 오늘 성경은 레위기 19장 1~10절입니다. 말씀의 제목은 하나님의 거룩한 백성으로 사는 길입니다. 다른 말로 하면 하나님의 거룩한 백성으로 사는 방법입니다. 보통 거룩히 하라는 한국말의 뜻은 성스러운 것을 말합니다. 흠과 티가 없는 도덕적인 사람을 가리켜서 거룩한 사람이라고 말합니다. 이것은 세상 사람들이 말하는 '거룩히'라는 뜻이고 성경은 하나님이 거룩하다고 말합니다.

그분은 흠과 티가 없고 전능한데 자신의 백성과 언약을 이행하는 일에 변함이 없고 흠이 없고 티가 없는 것입니다. 언약을 이행한다는 말은 하나님이 하나님의 역할을 하신다는 것입니다. 하나님의 역할을 하는데 온전히 한다는 의미로 하나님의 거룩하십니다. 하나님이 하나님의 역할을 한다는 것은 부모가 부모의 역할을 한다는 것과 같습니다. 부모가 거룩하다는 것은 부모의 역할을 잘한다는 의미로 거룩한 것이지 부모의 역할과 상관이 없이 자녀와 상관이 없는 한 인간으로 거룩하다는 것은 아닙니다.

부모가 자녀와 상관이 거룩하고 지혜롭고 도덕적이고 하는 것들은 자녀와 아무런 상관이 없는 것입니다. 하나님이 거룩하다고 할 때도 마찬가지로 하나님의 자녀를 위한 거룩함입니다. 하나님의 거룩한 자신의 백성을 보호하고 복을 주고 하는 일에 거룩한 분이고 하나님의 자녀의 거룩은 무엇이냐, 그것은 하나님의 말씀을 따라 사는 것입니다.

오늘 성경은 하나님의 언약의 백성이 된 이스라엘 사람들이 하나님의 나라를 이루면서 거룩한 백성으로 사는 길을 말하고 있습니다. 오늘은 성경 전반에 나오는 하나님 백성의 거룩한 삶을 말하는 것이 아니라 오늘 본문에 나오는 거룩이 무엇인가 하는 것을 강론하겠습니다. 레위기는 하나님의 사랑의 교제가 구약성경 중에 가장 풍성하게 나타나 있는 성경입니다. 하나님이 하나님의 집인 성전을 짓고 그곳에 머물며 자신의 백성과 함께 사는 이야기를 하고 있습니다. 그러니까 레위기의 거룩은 하나님의 집에서는 살면서 하나님이 원하시는 대로 사는 것이라고 볼 수 있습니다.

하나님의 집에서 살면서 하나님이 명하시는 것을 지키는 것이 레위기의 거룩입니다.

오늘 본문의 거룩한 삶은 성전에 살고 있는 이스라엘 백성에게 요구된 것입니다.

하나님은 모세를 통해 하나님의 집에서 살고 있는 이스라엘 사람들에게 하나님도 거룩하니 너희도 거룩하라고 말하고 있습니다. 이 말은 하나님이 이스라엘 언약의 하나님으로 그들을 구원하고 보호하고 복을 주는 일에 신실하니 하나님의 백성이 된 이스라엘도 이 하나님을 닮아 하나님의 말씀을 잘 지키라고 하고 있습니다. 언약의 역할을 다하시는 것이 자기 백성에 대한 하나님의 거룩입니다.

반면 하나님의 백성이 된 이스라엘은 언약의 백성이 되었기 때문에 하나님이 말씀하신 것을 잘 지켜 행하면 그것이 거룩한 것입니다. 그 말씀은 넓게는 율법입니다. 그리고 오늘 본문에서는 8가지 정도를 지키는 것이 거룩한 백성으로 사는 것입니다.

첫째는 하나님의 집에서 사는 그들은 부모를 경외하고 안식일을 지키는 것입니다.

둘째는 헛것을 위하지 말고 너희들을 위하여 신상을 만들지 말라고 말씀합니다. 헛것은 우상입니다. 하나님이 이스라엘을 애굽에서 건지셨습니다. 그리고 언약하셨습니다. 그 언약은 하나님은 이스라엘을 지켜 주시겠다는 것이고 이스라엘은 하나님만 섬기고 하나님 말씀을 지키는 하나님의 소유화된 백성이 되겠다는 약속입니다. 그러므로 그들은 우상을 만들거나 섬기는 일은 언약을 파기하는 것이어서 곧바로 하나님의 심판을 받았습니다.

언약을 무너뜨리는 죄 중에 가장 큰 죄가 하나님을 버리고 우상을 만들거나 섬기는 것입니다. 이스라엘 역사를 보면 그들이 언약을 따라 하나님만 잘 섬길 때는 그들 주위에 아무리 큰 나라가 있어도 두려워할 필요가 없었습니다. 왜냐하면 하나님이 지켜 주었기 때문입니다. 하나님은 이스라엘을 위해서 세상을 다스렸기 때문입니다. 그런데 그들이 하나님이 주신 것에 만족하지 않고 이방사람들의 부와 이방사람들의 복과 이방사람들의 신들을 부러워하고 그것들을 따랐을 때 하나님은 그들에게 이스라엘을 넘겨주어 망하게 하였습니다.

그들이 부러워하는 세상 곧 이방인들을 통해 그들을 망하게 하고 정결케 하신 것입니다. 그런데 이스라엘이 하나님의 심판으로 망하게 되는 과정을 보면 한 번 잘못했다고 곧바로 망하게 하신 것이 아닙니다. 많은 세월 동안 선지들을 보내서 돌이키라고 사랑의 권면을 하였습니다. 그러나 그들은 하나님이 보내신 선지자들을 죽이고 하나님의 언약을 지키는 하나님의 집에서 사는 거룩한 자녀가 되지를 못하였습니다.

그러자 하나님은 하나님을 모르는 자들을 통해, 그리고 이스라엘이 부러워하던 그들을 통해 이스라엘을 심판하고 이스라엘을 죄로부터 정결케 하였습니다. 이스라엘 땅은 언약의 땅이고 하나님의 성전이고 집인데 그곳을 이스라엘이 더럽혔습니다. 그러나 이제 하나님이 이스라엘을 다 몰아내자 그들은 더 이상 하나님의 집을 우상으로 더럽히지 못하게 된 것입니다. 그런 의미로 이스라엘의 심판이 하나님의 집을 정결케 하신 것입니다.

요즘 들어 각종 매체를 보면 교회의 타락과 믿는 성도의 타락을 방영하고 있습니다. 어떤 사람들은 감히 하나님의 거룩한 교회를 이방인이 세상이 도전한다고 하여 하나님의 심판으로 벌을 받을 것이라고 말하는 사람도 있습니다. 그러나 조금만 냉정하게 보면 교회가 스스로 곧 말씀으로 거룩을 유지하는 길을 상실해 버렸습니다. 치리가 없어진 것입니다. 세상의 물량주의가 하나님의 복으로 둔갑한 지가 오래입니다.

그러니 하나님은 이제 세상을 들어서 교회를 부끄럽게 하고 교회를 정화시키는 것입니다. 이런 방송은 스스로 정화능력을 상실한 한국교회에 대한 하나님의 경고입니다. 성도는 이러한 것들을 보면서 스스로 하나님의 말씀으로 돌아와야 됩니다. 부정을 비판하기보다는 자기를 거룩하게 해야 하는 것입니다. 부정을 가지고 그 부정이 자기를 망하게 하는 것입니다. 왜냐하면 모든 것을 부정의 눈으로 보게 될 것이기 때문입니다.

언약을 떠나면 그리고 이방인의 부와 그들이 섬기는 신과 삶의 방식과 문화를 부러워하면 그때부터 하나님을 떠나게 되는 것입니다. 그러므로 성도들이 죄 가운데 살기 때문에 죄를 안 짓고 살 수는 없지만 가장 근본적인 죄들을 짓지 말아야 합니다. 하나님과의 관계를 근본적으로 하는 죄는 짓지 말아야 합니다. 그러기 위해서는 이것만은 무너뜨리지 않겠다고 하는 몇 가지의 원칙을 갖는 것이 중요합니다. 어떤 성도는 한 가지 믿음의 원칙이 있는 어떤 일이 있어도 하나님을 원망하지 않고 감사하며 산다는 것이었습니다.

그래서 그분은 항상 감사하고 삽니다. 여러분도 믿음을 위해 무너뜨리지 않는 믿음의 원칙들을 정하시기 바랍니다. 하나님은 그 원칙들을 통해 역사하실 것이고 여러분에게 복을 주실 것입니다. 성도 스스로가 하나님이 기뻐하시는 말과 행동을 만들어야 하나님도 언약의 하나님으로 일을 하시는 것입니다. 하나님을 질투하시는 하나님이기 때문에 우리가 하나님을 조금만 사랑하는 노력이 비치기만 하면 우리를 통해 놀라운 역사를 항상 만들어 내실 것입니다. 그러니까 세상의 흐름 속에서 외소해진 모습으로 살지 말고 믿음의 원칙을 따라 삶으로써 하나님의 역사를 누리는 자들이 되기를 바랍니다.

셋째는 화목제로 희생제물을 드릴 때는 하나님이 받게끔 즐거운 마음으로 드리라는 것입니다. 억지로 마지못해서 율법에 나와 있으니까 의무적으로 드리는 것이 아니라 하나님을 사랑해서 하나님이 즐겁게 받으시도록 드리라는 것입니다. 그리고 그 드리고 물린 제물은 이틀까지는 먹되 3일까지 먹으면 그 제물은 역겨운 제물이 되고 그 사람은 하나님에게 벌을 받게 되고 백성 중에서 끊어진다고 말하고 있습니다.

이스라엘이 하나님의 집에서 살면서 다섯 가지의 예물을 드렸는데 번제, 소제, 화목제, 속건제, 속죄제입니다. 여기서 화목제가 모든 제사의 중심입니다. 다른 제사가 죄를 씻는 제사라면 화목제는 죄와는 상관없이 감사함으로 드리는 제사입니다. 화목제사는 하나님 앞에서 먹는 것이 중심이 된 내용입니다. 쉽게 말하면 하나님과 같이 상을 차려 놓고 함께 먹는 식탁의 교제입니다. 생명의 교제입니다. 그런데 그 생명의 교제도 이틀을 할 수가 없었습니다. 이틀간만 하나님 앞에서 먹는 식탁의 교제가 허락된 것입니다.

자식이 항상 부모 앞에서 밥을 먹어야 부모 자식 간에서 바른 관계인데 이틀밖에 못 먹고 삼 일째 먹으면 그 음식은 썩은 음식과 같다고 말하고 있습니다.

말씀을 정리하겠습니다. 신약의 교회는 그리스도의 부활로 탄생하였습니다. 교회는 새로운 언약백성으로 살고 있습니다. 이제 하나님의 성전은 우주적이고 예수 믿는 성도가 하나님의 성전입니다. 하나님이 내 안에 살고 있고 우주를 집으로 통치하십니다. 우리가 늘 살고 우주가 하나님이 거처하는 성전입니다. 거룩한 하나님의 집입니다. 하도 악한 자들이 많으니까 우주가 더러운 곳으로 여겨지지만 우주는 하나님의 성전입니다.

그리고 우리는 그 성전에 살고 있고, 산제사를 통해 하나님을 예배하고 있습니다. 늘 화목제물로 하나님께 제사를 드리고 늘 화목제물을 장소와 시간과 상관이 없이 먹고 마시는 것입니다. 그 화목제사는 그리스도의 이름으로 드려지는 우리의 예배적인 생활입니다. 또 우리가 먹고 마시는 것이 다 그리스도의 몸이요, 그의 피입니다. 곧 그리스도의 생명으로 주어진 것입니다. 이러한 풍성한 복을 받고 우리가 살고 있습니다. 영생의 생명으로 살고 있습니다.

이것은 우리가 새 언약의 백성이 되었기 때문입니다. 그러므로 우리도 새 언약을 주신 하나님을 닮아 거룩해야 합니다. 하나님의 거룩은 하나밖에 없는 아들을 우리를 위해 주신 것입니다. 그리고 지금 우리가 연약하지만 마지막 그리스도의 재림까지 우리를 지키시는 일입니다. 반면 우리의 거룩한 하나님의 언약을 지키는 삶입니다. 그 삶은 하나님의 말씀을 따라 사는 것인데 오늘 본문으로 하면 주일을 지키는 것이요, 우상을 섬기지 않는 것이요, 화목 제사를 드리고 먹는 삶입니다.

화목 제사를 드리는 삶은 늘 우리가 예수님의 이름으로 하나님을 예배하고 그 말씀으로 사는 삶이요, 그 화목제물을 먹는 것은 항상 우주적인 성전 안에서 먹는 모든 것입니다. 그리고 영생의 영식으로 주신 그리스도의 말씀을 통해 먹는데 항상 시간과 장소와 상관이 없이 먹는 복을 받은 것입니다. 사랑하는 여러분, 우리는 하나님의 거룩한 백성입니다. 거룩한 백성으로 사는 길은 바로 주일을 지키는 것이며 우상을 섬기지 않고 하나님만을 섬기는 것이고 화목 제사를 드리는 삶입니다. 이러한 삶을 살아 그리스도의 거룩한 백성이 되시기를 바랍니다. 아멘.

제25강

| 성경: 빌립보서 4장 10~14절 |

제목: 능력 있는 믿음

예수님의 은혜와 평강이 여러분에게 함께하시기를 기원합니다. 오늘 성경은 빌립보서 4장 10~14절입니다. 말씀의 제목은 능력 있는 믿음입니다. 믿음이라는 말은 일반적으로 신뢰를 말합니다. 이것은 사람들이 보통 사용하는 보편의 말이고 성경은 언약의 말씀대로 믿고 사는 것을 말합니다. 두 가지가 있어야 저 성도는 믿음이 있다고 말할 수가 있는 것입니다. 하나는 말씀을 믿는 것, 곧 성경에 기록한 하나님의 말씀을 믿는 것입니다. 또 하나는 말씀대로 사는 것을 의미합니다.

보통 능력이라는 단어의 뜻은 어떤 것을 행할 수 있는 힘입니다. 곧 파워입니다. 능력 있는 사람이라고 했을 때 자신이 하는 일을 잘 이행하는 사람을 가리킵니다. 그러면 바울은 오늘 본문에서 하나님이 주시는 능력이 무엇이고, 그 능력 안에서 바울이 모든 것을 할 수 가 있다고 하는데 그 모든 것은 무엇인가입니다. 오늘 말씀의 핵심은 13절입니다. 나에게 능력을 주신 분 안에서 나는 모든 것을 할 수 있다는 말입니다. 이 말은 예수만 믿으면 자신이 하고 있는 일들이 다 이루어진다는 마음대로 할 수 있다는 것을 말하고 있는 것은 아닙니다.

물론 하나님이 우리에게 믿음으로 승리하도록 힘을 주십니다. 그러나 믿기만 하면 불가능이 가능해지고 모든 것이 자기가 마음먹은 대로 된다는 의미로 하나님이 능력만 주시면 모든 것을 할 수가 있다는 말이 아닙니다. 첫째로 하나님의 능력은 하나님을 뜻을 따라 고백과 사는 것을 의미합니다. 자기 마음대로 한다는 것이 아니라 하나님의 뜻에 순종하는 믿음이 하나님이 주신 능력입니다. 마태복음 26장 36~46절을 보면 예수님이 잡히시기 전에 마지막으로 하신 겟세마네기도 장면이 나오고 있습니다.

예수님이 겟세마네라는 곳에 이르러 다른 제자들에게는 내가 기도할 동안에 너희는 여기 앉아 있으라 하시고 베드로와 야고보와 요한을 데리고 기도하러 가십니다. 그런데 십자가를 지는 일 때문에, 다가올 고통 때문에 고민하고 슬퍼하셨습니다. 세 제자에게 이르기를 내 마음이 심히 고민하여 죽게 되었으니 너희는 여기 머물러 나와 함께 깨어 있으라고 하셨습니다. 그리고 나아가사 얼굴을 땅에 대고 엎드려 기도하시기를 "나의 아버지여 하실 수만 있으시면 이 잔을 내게서 지나가게 해 주십시오. 그러나 내 뜻대로 하지 마옵시고 아버지의 뜻대로 하십시오." 하셨습니다.

여기서 예수님의 능력은 자신이 하나님의 능력을 나타내는 것이 아니라 자신의 세상 대속 제물로 보내신 아버지의 뜻을 순종하는 것입니다. 곧 십자가를 지는 것입니다. 그러니까 성경에서의 능력이라는 말은 상황 속에서 하나님의 뜻을 고백과 삶을 의미하는 것입니다.

구약성경을 보면 욥이라는 인물이 등장하고 있습니다. 그는 동방의 부자고 의인이었다고 말합니다. 그런데 어느 날 갑자기 자식을 다 잃고 재산도 다 잃고 나중에는 아내마저 자신을 저주하고 자신의 곁을 떠나 버렸습니다. 그리고 자신은 문둥병 같은 병에 걸렸습니다.

매일 뾰족한 돌로 피가 나도록 극지 않으면 가려워서 살 수가 없는 지경입니다.

그러면 그런 상황 속에서 욥이라는 사람에게 하나님이 요구하시는 능력이 무엇이겠습니까? 욥이 나타내고자 하는 능력이 아니라 하나님이 요구하시는 능력이 무엇인가입니다. 우리는 여기서 분명한 선을 그어야 합니다. 내가 원하는 능력이 아니라 하나님이 원하시는 것이 무엇인가입니다. 하나님이 원하시는 것을 따라 사는 것이 능력 있는 삶인 것입니다. 하나님이 욥에게 원하시는 능력 있는 삶이란 그러한 역경 속에서도 하나님을 원망하지 않는 마음의 자세입니다. 비록 절망 가운데 있지만 하나님을 원망하지 않고 하나님을 높이는 것, 이것이 욥의 능력입니다.

이것이 하나님이 능력 주심 가운데 욥이 할 수 있는 모든 일입니다.

둘째는 바울이 하나님께로부터 받는 능력이 무엇이고 그가 그 능력으로 무엇이든지 할 수 있다고 했는데 그것이 무엇인가입니다. 모든 것을 할 수 있다는 것은 하나님이 지켜 주시니 모든 일을 할 수 있다는 만사형통적인 말이 아니라 일차적인 것은 하나님의 뜻을 고백하고 하나님의 뜻을 따라 사는 것을 의미합니다. 자기의 욕망이 이루어지는 것이 아니라 하나님의 뜻이 이루어져야 그것이 하나님의 능력인 것입니다. 자기의 욕심을 이루는 수단으로 하나님의 능력을 바라서는 안 된다는 것입니다.

하나님이 고난을 원하시면 그 고난 속에서 믿음을 지키는 것이 하나님이 주신 능력이고 하나님 안에서 모든 것을 할 수 있는 것입니다. 기독교인들은 가시적인 결과지상주의가 아니라 하나님이 원하시는, 자기가 원하는 결과의 모습이 아니더라도 하나님의 뜻이 실현되는 결과를 바라고 원하는 것이 하나님이 주신 능력으로 사는 것입니다.

바울이 빌립보교회에 대해서 늘 가슴 조이는 것은 교회 안에 있는 유대주의자들 때문이었습니다. 성도가 율법을 따라 더 이상 역사하지 않기 때문에 주를 믿는 기쁨을 상실하게 된 것입니다. 이제까지 이스라엘에 하나님의 복 주심은 가나안 땅에서 젖과 꿀로 잘 먹고 잘사는 것이었습니다. 이스라엘이 하나님 잘 섬기면 이방인들은 이스라엘을 침략하지 못할 것입니다. 하나님이 그들을 지키실 것입니다. 늘 가나안에 풍성한 추수가 계속되고, 그들은 장수하며 또 건강할 것이며, 그들의 자녀가 잘될 것입니다.

이것이 옛 언약백성들이 이스라엘에 율법을 잘 지키면 주시겠다고 하는 복의 내용입니다. 이스라엘 역사를 보면 그들이 율법을 잘 지켰을 때는 그러한 복을 주셨고, 그들이 하나님을 배반했을 때는 그것들을 빼앗아 갔습니다. 실제로 하도 그들이 돌아서지 않으니까 나중에는 가나안 땅에서 그들을 몰아내셨습니다. 복이 기준이 보이는 것들로 주어졌습니다. 썩는 땅의 것들입니다. 그러니까 이스라엘 사람들은 그들의 수확이 적어지고 이방인에게 침략을 당하고 병이 들고 자식들이 안되고 먹을 것이 없어지면 하나님이 자신들을 버렸다고 생각을 한 것입니다.

그것은 지극히 당연한 생각입니다. 하나님의 복이 그렇게 주어졌기 때문입니다. 또 하나는 이스라엘은 낮아져 섬김으로 복을 받는 것이 아니라 높은 자는 낮은 자를 다스림으로 복을 받았습니다. 형제 중에 잘못이 있으면 율법에 의해서 형제의 잘못을 비판하고 고발하는 것이 하나님을 기쁘시게 하는 것입니다. 여신이 간음을 하면 처음 발견한 사람을 그것을 덮어 주어서는 안 되고 잡아다가 공개적으로 그 죄를 비판하고 모두 돌로 던지는 것이 구약의 의로운 행동이고 하나님 앞에 복을 받는 길이었습니다.

그런데 교회의 복은 그것이 이스라엘의 복이 아닙니다. 하늘의 썩지 않는 기업입니다. 또한 형제를 섬김으로 하나님이 복을 내리는 시기입니다. 하나님이 이제 하나님의 나라를 구약의 이스라엘과는 다르게 운영을 하십니다. 교회의 법은 이제 율법이 아니라 새 계명입니다. 곧 사랑의 계명입니다. 온전한 용서, 사랑, 배려, 이것이 새 계명의 내용입니다. 하나님이 일을 하셨습니다. 하나님이 우리의 허물을 탓하지 않으시고 우리를 감싸 안으시고 영원히 썩지 않는 영생을 주신 것입니다.

그러니까 이제 하나님의 복을 받는 비결은 율법을 따라 형제를 고발하고 비판하는 것이 아니라 형제의 죄를 감싸고 용서하고 이해하며, 배려하는 것이 하나님의 뜻입니다. 이것이 하나님의 뜻이기 때문에 교회 안에 기쁨이 있는 것입니다. 비판이 있는 교회는 유대교회이고 하나님의 기쁨이 없는 것입니다. 하나님의 성령이 역사하지 않기 때문입니다. 또한 이스라엘처럼 하나님의 복을 보이는 것으로 판단하면 진정한 기쁨이 없는 것입니다. 왜냐하면 교회의 복은 썩는 세상이 아니라 썩지 않는 하늘의 보화이기 때문입니다.

그래서 예수님도 세상을 사랑하는 자는 내게 합당치 않다고 하신 것입니다. 물론 하나님이 여러분에게 먹고 마시고 쓸 것을 주실 것입니다. 그리고 필요하다면 물질을 풍성하게 주실 수도 있습니다. 그것도 하나님의 복입니다. 그러나 그것이 이스라엘처럼 절대적인 복이 아니라는 것입니다. 교회의 복은 하늘의 기업입니다. 그러니까 물질이 없는 자는 하늘의 기업이 더 많은 줄 알고 자족하고, 물질이 있는 자는 하늘의 기업을 위해 사용하라는 뜻인 줄 알고 교만하지 않고 사용하는 것이 하늘의 복으로 사는 것입니다. 지금 빌립보교회는 유대주의들 때문에 그들이 시험이 있고 근심이 있습니다. 율법으로 하면 그들이 예수를 믿으면서 예수를 모르는 자들에게 잡혀 죽임을 당하는 것은 하나님의 복이 아닌 것입니다. 또한 율법으로 보면 낮아져 섬기는 것이 하나님의 뜻이 아닌 것 같습니다. 그러니 낮아져 섬기면서 기쁨이 없고, 특히 예수 믿음으로 고난을 받으면, 하나님이 역사하신다면, 하나님이 살아 계신다면 이방을 들어 우리를 핍박할 수 있을까 하여 기쁨을 상실하게 되는 것입니다.

그런 빌립보교회에 편지를 쓰면서 자신의 능력을 말하고 있습니다. 이 능력은 기도만 하면 병자를 고치는 것이 아니라 하늘의 복을 따라 새 계명을 따라 배가 고프든, 감옥에 있든, 그런 외적인 상황과 상관이 없이 하나님이 명하신 일을 할 수 있는 능력을 하나님께로부터 받았다는 것입니다. 부활하신 주님이 바울을 붙잡고 있고 바울을 통해 역사하고 일하기 때문에 십자가의 길을 가는 복음의 일을 한다고 할지라도 바울은 결코 흔들리지 않고, 두려워하지 않고, 복음의 모든 일을 한다는 것입니다. 이것이 바울이 하나님께로부터 받은 능력입니다.

바울은 죽어도 이제 죽지 않고 영생한다는 것을 알기 때문에 죽음 때문에 하나님을 배반하지 않습니다. 바울은 이제 썩는 것으로 하나님의 복을 측량할 수 없다는 것을 알기 때문에 자신의 육체가 썩어도 두려워하지 않습니다. 바울은 이제 섬김이 하나님의 능력인 것을 알기 때문에 높아지는 것을 원치 않습니다.

사랑하는 여러분, 여러분도 바울의 능력에 힘입기를 바랍니다.

죽음을 이긴 주님, 세상을 이긴 주님만을 의지하고 어떤 상황에 있든지 사업이 망하든 안 망하든, 가난하든 부자든, 병이 있든 건강하든지 간에 그것에 연연하지 마십시오. 하나님이 내 안에 있으면 그것으로 만족하십니다. 하나님이 나를 하나님이 원하시는 데로 이끄실 것입니다. 그러니 환경과 상관이 없이 주님을 고백하고 하나님의 뜻을 따라 사십시오. 그것이 복음의 능력이고, 그것이 기쁨이요, 승리입니다.

이것이 여러분이 하나님이 주신 능력 안에 모든 것을 하는 것입니다. 나타난 결과에 상관없이 하늘의 시민권을 가진 자들로 바울처럼 담대히 하나님의 뜻을 따라 기쁜 마음으로, 믿음으로 승리하는 자들이 되기를 바랍니다. 아멘.

제26강

| 성경: 마태복음 12장 38~45절 |

제목: 표적의 의미

예수님의 은혜와 평강이 여러분에게 넘
치기를 기원합니다. 오늘 성경은 마태복음 12장 38~45절입
니다. 제목은 표적의 의미입니다. 표적이라고 하는 것은 어떤 증거가
되는 표입니다. 표시입니다. 보통 사람들도 서로를 신뢰하지 못할 경
우는 상대방이 하는 말이 진실이라는 것을 증명할 수 있는 증거를
보여 달라고 합니다. 여기서도 그런 의미입니다. 예수님이 하나님과
같은 분으로 하나님의 말씀을 증거하셨습니다. 그리고 귀신 들린 자
들에게서 귀신을 쫓아내셨습니다. 그리고 죽은 자를 살려내셨습니다.

그리고 안식일의 주인으로 안식일의 완성자로 자신을 따르는 자들
에게 큰 복을 주셨습니다. 하늘에 계신 하나님이 육체를 입고 오셔
서 죄로 인해 병을 얻고, 귀신이 들리고 죽어 가는 자들을 살리심으
로 하늘의 자유와 생명과 복을 주신 것입니다. 사람이 병들고 귀신
이 들고 죽어 가는 것은 하나님과의 언약을 파괴한 하나님의 심판의
결과물들입니다. 예수님은 친히 그 결과물들을 제거하고 영원한 생

명을 가진 자들로 다시 살게 하기 위해 오셨습니다. 큰 자유와 복을 주신 것입니다.

예수님이 눈멀고 벙어리 된 자들을 고쳐 주시고 귀신을 쫓아내자 이스라엘 백성들을 가르치는 바리새인들과 서기관들이 예수님 당신이 귀신 들려 가지고 그러한 일을 행하지 않느냐 비난을 하였습니다. 바리새인들과 서기관들은 이스라엘 백성들을 가르치는 율법선생들입니다. 서기관들은 제사장 가문의 계열이고 바리새인들은 율법을 철저히 지킬 것을 주장하는 율법주의자들입니다. 그러니까 바리새인들과 서기관들은 스스로들 하나님을 잘 섬긴다고 하는 자들입니다.

그들의 임무는 하나님의 말씀을 잘 가르쳐서 백성이 하나님의 언약의 백성으로 잘살게 하는 데 힘을 쏟도록 하는 것입니다. 그런데 예수님이 하나님의 아들로 하나님 나라의 왕으로 귀신을 쫓아내자 그들은 예수님이 귀신의 힘을 빌려 귀신을 쫓아낸다고 하였습니다. 그러자 예수님은 내가 성령으로 귀신을 쫓아내고 있으면 하나님의 나라가 너희에게 임했다고 말씀하였습니다. 하나님의 나라는 하나님이 통치하는 나라가 임했다는 것입니다.

다른 말로 하면 하나님이 예수님을 통해 하늘나라를 주는 시대가 열렸다는 것입니다. 하늘나라는 더 이상 죽음과 죄가 없는 영생의 나라입니다. 그러니 우리가 예수님을 믿으면 하나님의 나라의 백성이 되고 영생을 얻는 것입니다. 영생이 있고 하나님의 영광이 있고 온전한 순종이 있는 나라가 바로 하나님의 나라입니다. 예수님이 그 나라를 가져오셔서 선물하고 있는데 바리새인들과 서기관들은 예수님을 못 믿겠다고 하고 당신이 귀신을 쫓아내는 것을 보니까 당신이 귀신의 힘으로 한다고 하면서 하나님이 보내신 하나님 나라의 왕이신 예수님을 거절한 것입니다.

그런 그들에게 예수님은 자신은 하나님의 아들로 성령의 힘을 빌려 하나님의 나라를 선물하고 있는데도 불구하고 거절하는 너희에게 정죄함을 받으리라고 하셨습니다. 곧 하나님이 보내신 인자, 자신을 거절하는 자, 배반하는 자들에게 그 죄과를 받으리라고 하셨습니다. 그러니까 오늘 본문 앞에서 바리새인들과 서기관들이 예수님을 배반했고 예수님은 자신을 배반하는 자들에게 하나님의 정죄가 있을 것이라고 하셨습니다. 예수님이 자신을 영접하지 않고 시비를 거는 자들에게 하나님의 정죄가 있을 것이라고 하자 서기관과 바리새인들은 예수님 당신이 귀신을 쫓아내고 병든 자들을 고치고 죽은 자들을 살리는 그것이 하나님의 아들로, 하나님 나라의 왕으로 하는 증거를 보여 달라고 하고 있습니다.

그 증거를 보여 주기 전에는 당신이 귀신 들린 사람에 불과하다는 것입니다. 분명 예수님은 앞에서 하나님이 보내신 믿지 않는 자들에게는 하나님의 정죄가 있으리라고 했는데 그들은 여전히 예수님을 믿지 않고 표적을 구하고 있습니다.

그러자 예수님은 악하고 음란한 세대가 표적을 구한다고 하고 자신에게는 선지자 요나의 표적밖에 없다고 하셨습니다. 음란하다는 것은 성적인 타락을 말하는 것이 아니라 이스라엘이 음란하다고 했을 때는 이스라엘이 하나님의 신부니까 하나님을 떠나 우상을 섬기는 것이 이스라엘의 음란입니다. 악한 것도 마땅히 하나님을 섬겨야 하는데 하나님을 섬기지 않는 것이 악한 것입니다. 그러니까 예수님이 그들에게 악하고 음란한 세대의 사람들이라고 한 것은 그들이 하나님이 보내신 하나님의 아들인 자신을 믿지 않기 때문에 그들은 하나님을 거절한 것이 되어 음란하고 악한 자들이 된 것입니다.

예수님이 하나님이 보내신 하나님의 아들로 병든 자들을 낫게 하고 귀신을 쫓아내고 죄를 용서하고 하나님의 말씀을 가르치심으로 하나님의 나라를 선물했지만 그들은 예수님을 거절함으로 그를 보내신 하나님을 거절한 것입니다. 그러니 그들은 음란하고 악한 자들이 되어 버린 것입니다. 그들이 예수님을 배반하고 표적을 구하자 예수님은 요나의 표적을 말하였습니다.

구약성경 요나서를 보면 주께서 아밋대의 아들 요나를 불러서 너는 어서 큰 성 니느웨로 가서 외치라 그들의 죄악이 내 앞에 이르렀다고 하였습니다. 그러자 요나는 주님의 명령을 배반하고 다시스로 가려고 욥바에서 다시스로 가는 배를 탔습니다. 그때 배가 큰 풍랑을 만났고 요나는 모든 사람이 이제 죽게 되었을 때 그 풍랑이 자신이 하나님을 배반해서 그런 것이라고 말하였습니다. 그러니 자신을 바다에 던지면 풍랑이 잔잔케 될 것이라고 하였고 사람들은 그를 바다에 던졌는데 큰 물고기가 삼켰습니다. 요나는 물고기 배 속에서 고통 중에 하나님을 부르며 회개하고 주님이 시키는 일이면 모든 것을 하겠다고 고백을 하였습니다.

그러나 하나님의 은혜로 고기가 요나를 배 속에서 뱉어 냈고 그는 니느웨로 가서 회개할 것을 외쳤습니다. 요나가 하나님의 말씀을 어긴 것은 요나 자신의 생각이 하나님의 생각과 맞지 않았기 때문입니다. 이스라엘은 선민이고 니느웨는 이방인들로 악한 자들입니다. 이방인들이 죄를 지으면 하나님이 심판해서 망하게 하는 것이지 이스라엘처럼 선지자를 보내서 회개하라고 하는 것은 이제까지는 없었던 일이고 요나의 생각에는 있을 수 없는 일이었습니다.

오직 하나님의 백성은 이스라엘뿐이고 하나님을 모르는 자들은 다 망하는 것이 그 순리였습니다. 그런데 하나님이 그 법칙을 깨고 요나를 불러 니느웨에 가서 회개를 선포해서 그들을 살게 하라고 하니까 요나는 하나님의 뜻을 이해하지 못했고 하나님의 뜻을 배반하다가 하나님의 심판을 받아 고기 배 속으로 들어가게 된 것입니다. 그러니까 요나가 고기 배 속에 삼 일 동안 있었다는 것은 요나가 하나님의 말씀을 배반했다는 표가 되는 것입니다.

요나가 하나님의 뜻을 못마땅하게 여긴 내용이 3장 10절~4장 1~2절에 나와 있습니다. 요나의 생각으로는 이방인을 구원시킨다는 것은 아무리 하나님의 뜻이라고 해도 받아들일 수 없다는 것입니다. 앗수르의 수도가 니느웨인데 요나는 여로보암 2세 때 활동한 선지자이고 그 당시에는 이스라엘이 죄를 범해서 앗수르에 이스라엘을 넘기리라고 한 시기였습니다. 그러니 더더욱 자신들을 장차 망하게 할 앗수르를 회개시켜 다시 살리는 일을 한다는 것은 어려운 일인 것입니다.

39절에 요나가 하나님의 말씀을 배반해서 3일 동안 고기 배 속에 있었던 것이 표적을 요구하는 서기관과 바리새인들에게 보여 줄 표적이라는 것입니다. 곧 이 말은 무슨 말입니까? 너희가 요나가 하나님의 뜻을 배반한 것처럼 너희가 나를 거절한다는 것입니다. 곧 이 말은 너희가 요나처럼 하나님의 정죄함을 받을 것이라는 심판의 표적을 말하고 있는 것입니다. 그러시면서 요나가 3일 동안 고기 배 속에 있었던 것처럼 인자도 땅속에 3일 동안 있으리라 하셨습니다.

그런데 사실 이 비유는 잘 안 맞는 것 같습니다. 요나가 자기의 죄 때문에 3일 동안 고기 배 속에 들어갔고 예수님은 자신의 죄가 아니라 자기 백성의 죄 때문에 무덤 속에 갇힐 것이기 때문입니다. 그러니까 핵심은 요나가 고기 배 속에 3일 동안 있다는 것은 요나가 하나님을 배반했다는 증거요, 예수님이 땅속에 3일 동안 있다는 것은 하나님의 아들을 하나님 나라의 왕을 보고도 그들이 예수님을 거절했다는 증거가 된다는 것입니다. 하나님의 아들을 보고도 배반한 그들은 이제 예수님을 원수의 손에 넘기어 십자가에 못 박히게 하고 3일 동안 예수님을 죽은 자의 세계에 있게 한 것입니다. 예수님이 땅속에 있다는 것은 바로 서기관과 바리새인들이 예수님을 거절했다는 곧 하나님의 뜻을 배반했다는 증거가 될 것입니다. 41절에 보면 마지막 심판 때 니느웨 사람들이 일어나 너희들을 정죄한다고 하십니다. 왜냐하면 그들은 요나의 말을 듣고 회개하였는데 지금 그들은 하나님의 아들의 말을 듣고도 회개하지 않고 있기 때문입니다.

그리고 42절에 그 심판 때 남방 여왕이 일어나 이 세대사람들을 정죄한다고 하고 있습니다. 그 여왕의 솔로몬의 말을 들으려고 먼 데서 왔는데도 그들은 솔로몬을 만드신 분이 와서 말을 해도 듣지 않기 때문입니다. 그러니 그들이 다 예수님을 거절한 자들을 가리켜 죄인들이라고 말한 것입니다. 그리고 그들을 장죄하고 있는데 43절에서 45절을 보니까 비유를 하나 들고 있습니다. 더러운 귀신이 사람에게서 나갔는데 쉴 것을 찾지 못하다가 자신이 나온 집으로 다시 가 보니 그 집이 소제되어 있는지라 자기보다 더 악한 귀신 일곱을 데려오니 그 사람의 형편이 전보다 더욱 심하게 되었다. 이가한 세대가 이와 같다고 말씀하십니다.

여기서는 귀신의 정체를 말하려는 것이 아니라 사람의 몸을 귀신의 집으로 비유하고 있습니다. 귀신이 한 사람에게 쫓겨났습니다. 그런데 돌아다녀 보니까 쉴 곳이 없어서 다시 그 사람에게로 와 보니 그런데 그 사람이 더욱 건강해져서 들어갈 수가 없습니다. 그래서 자기보다 강한 귀신 일곱을 데리고 그 사람 몸속으로 들어가서 그 사람을 차지해 버렸습니다. 그러면 그 사람은 이전보다 더욱 힘들게 된 것입니다. 여기서 소제된 집은 이스라엘입니다. 그들은 여호와의 거처였기 때문입니다.

그리고 지금은 하나님의 아들이 그들 가운데 있기 때문에, 하나님의 말씀을 증거했기 때문에 그들은 소제된 하나님의 거처입니다. 그런데도 하나님의 아들을 믿지 않으면 일곱 귀신이 들어오는 것처럼 그들은 하나님께 정죄를 받을 것입니다. 이스라엘이 정결하다는 의미는 하나님의 말씀이 그들 가운데 있기 때문입니다. 하나님의 말씀이 그들 가운데 있는데도 그 말씀을 믿지 않으면 그들은 하나님의 심판을 면할 길이 없는 것입니다.

말씀을 마치겠습니다. 여러분, 우리는 예수님을 믿음으로 거룩한 성령을 모신 거처가 되었습니다. 하나님이 성전이 되었습니다. 우리는 예수님이 부활의 주님이라는 것을 압니다. 주님의 재림을 알고 오시면 알곡은 곡간에 쭉정이는 불에 태운다는 사실도 알고 있습니다. 그리고 이제 예수님의 무덤의 표는 우리의 죄가 죽었다는 표적이 될 것입니다. 물론 주님을 배반한 자들은 주님을 배반한 표가 될 것입니다. 그리고 우리는 무덤을 이긴 부활이라는 새로운 표적을 가지고 있습니다. 주님이 부활하셨다는 표적은 그를 믿는 자들에게는 부활이지만 반대로 그를 믿지 않는 자들에게는 심판의 표적이 되는 것입니다.

요나가 하나님을 배반한 표적인 물고기 뱃 공인 것처럼, 예수님이 땅속에 3일 동안 있었던 것이 이스라엘이 예수님을 배반한 표적인 것처럼, 우리가 부활의 표적을 보고도 우리의 삶이 엉겅퀴를 내면 하나님의 정죄밖에는 없는 것입니다.

부활을 표적으로 갖고 있는 여러분, 죽음을 두려워하지 마십시오. 다시 부활할 것입니다. 세상을 이기신 주님을 따라 부활의 표적을 굳게 믿고 이 표적이 여러분에게 심판의 표적이 아니라 마지막 날 영광의 부활로 다 살아날 수 있는 표적이 되도록 열매 맺는 삶을 사시기를 바랍니다. 여러분의 열매가 주님의 부활의 표적이 영광이 될 수도 있고 심판이 될 수도 있을 것입니다. 잠자지 말고 깨어서 이 악한 세대에서 주님의 부활을 영광의 표적으로 갖는 자들이 되기를 바랍니다. 아멘.

제27강

| 성경: 마태복음 11장 1~6절 |

제목: 메시아가 하시는 일

예수님의 은혜와 평강이 여러분에게 함
께하시기를 기원합니다. 오늘 성경은 마태복음 11장 1~6
절입니다. 말씀의 제목은 메시아가 하는 일입니다. 메시아라는 말은
히브리어로 구세주라는 뜻입니다. 예수님이 하나님의 아들로 오셔서
하늘나라를 증거할 당시의 상황은 하나님의 언약의 백성이 된 이스
라엘은 지금 로마의 속국으로 있는 때입니다. 성전이 회복이 되어
있고 헤롯왕이 통치를 하고 있지만 하나님의 율법으로 통치를 하는
것이 아니라 로마의 법으로 통치를 하고 있습니다. 그 헤롯은 하나
님이 기름 부어 세운 왕이 아닙니다.

이스라엘은 신정국가입니다. 하나님이 직접 법을 주고 왕을 세우
고 그렇게 해서 이스라엘을 다스리십니다. 그렇게 볼 때 예수님이
공생애를 하고 있는 그 시기는 이스라엘이 하나님의 신정국가라고
볼 수 없는 나라입니다. 로마가 통치를 하고 있었기 때문입니다. 종
교적으로는 어느 정도 자유가 보장되었다고 볼 수 있지만 하나님의

법으로 국가를 통치하는 시대는 아닙니다. 로마의 황제가 이스라엘의 왕이고 로마법에 따라 이스라엘은 다스려졌습니다.

이스라엘은 로마의 속국이고 식민지입니다. 그들은 자유를 가지고 있지 않습니다.

첫 번째로 세례요한이 예수님을 의심하고 있는 것이 무엇인가입니다.

요한복음 1장 29절을 보면 세례요한은 예수님에 대해 증거하기를 세상 죄를 지고 가는 하나님의 어린양이라고 하고 있습니다. 그리고 자신이 직접 예수님에게 물로 세례를 주었습니다. 그리고 자신이 예수님께 세례를 주었을 때 하늘에서 "이는 내 사랑하는 아들이요, 내 기뻐하라는 자라" 하는 하늘의 음성을 들었습니다. 그런데 지금 감옥에 갇혀 있습니다. 요한은 그의 동생의 아내인 헤로디아를 취한 일과 그의 악행을 책망하다가 미움을 받고 감옥에 있습니다. 그가 감옥에 있는 것은 하나님의 의로운 일을 한 결과입니다.

그리고 지금 예수님은 하나님의 아들로 메시아로 자기 백성을 구원하고 억울한 자에게 풀림을 주기 위해 오셨다고 자신을 증거하고 있습니다. 요한은 지금 감옥에 있으면서 메시아로 오신 예수님의 이해에 대해서 고민에 휩싸여 있습니다. 자신이 비록 세례를 주었고 하늘에서 나는 이는 내 사랑하는 아들이요 내 기뻐하는 자라는 소리를 들었지만 그리고 예수님이 메시아라는 것을 알고 있지만 예수님의 메시아 됨을 의심할 수밖에 없는 일이 일어난 것입니다. 자신은 하나님의 아들을 증거했고 의로운 선지자의 역할을 하고 감옥에 있는데 그리고 얼마 있으면 죽을 것 같은데 메시아라고 하는 예수님은 의인인 자신을 감옥에서 구원해 주지 않는 것이었습니다.

요한은 지금 자신이 처한 상황을 보면서 정말 예수님이 메시아인가 그가 메시아면 구약의 예언대로 왜 의인인 자기, 억울하게 감옥에 갇힌 자기를 해방하지 않는 것인가 하는 의심을 품게 된 것입니다. 그래서 그는 예수님께 자신의 제자를 보내 당신이 정말 이제까지 선지자들이 자기 백성을 구원한다고 예언한 메시아인가를 묻고 있는 것입니다. 요한의 메시아사상으로 보면 예수님이 지금 자신에게 취하고 있는 행동으로 보면 구약의 선지자가 예언한 메시아가 아닌 것 같기 때문입니다.

그래서 요한은 그가 메시아라면 하는 퀘스천 마크가 생겼고 결국은 자기 제자를 보내 정말 당신이 우리가 기다리고 있던 메시아인가를 묻고 있는 것입니다. 이러한 요한의 질문은 우리에게는 충격처럼 받아들여질 수 있습니다. 그리고 요한이 믿음이 없다고 질책을 금방 해 버립니다. 그런데 중요한 것은 요한이 고백하고 있는 메시아에 대한 이해는 어느 정도인가입니다. 요한이 이해하고 있는 메시아에 대한 사상과 실제로 메시아로서 구약의 예언을 이루고 있는 예수님은 어떠한 메시아인가 하는 것입니다.

이 갭을 이해하는 것이 본문의 열쇠일 것입니다. 그리고 그것이 우리가 성령의 역사를 풍성하게 누릴 수 있는 길인 것입니다. 말씀을 통해 성령은 우리에게 은혜를 공급하시기 때문입니다. 예수님이 우리를 통해 하신 일을 우리가 들음으로 성령의 역사를 체험하게 되고 하늘의 은혜와 복을 받게 되는 것입니다. 예수님이 행하시는 것을 보면 세례요한의 기대와는 다르게 메시아의 일을 하고 있습니다. 가난한 자에게 복음을 전파하고 율법으로는 죄인 된 자들과 친구가 되어 그들과 함께 마시고 있습니다.

그리고 요한 자신은 의인인데 감옥에 갇혀 있습니다. 요한은 지금 자신이 이해하는 메시아의 사상을 예수님이 어느 정도 가지고 있지만 또 다른 모습의 메시아의 행동을 하시고 있기 때문에 믿음이 흔들리고 있습니다. 그러니까 요한은 예수님의 행동 중에서 의구심을 갖게 된 가장 큰 요인은 의인인 자신, 악한 자에게 억울하게 갇혀 있는 자신을 해방시키지 않는 데 있습니다. 선지자의 메시아 사상은 억울한 자, 억눌린 자들에게 해방과 복을 준다고 하고 있기 때문입니다.

그러면 억울하고 억눌린 자들은 누구인가입니다. 하나님의 아들이신 예수님은 선지자들이 말하고 있는 억울한 자들, 병든 자들은 누구이며 그들을 해방시키는 것이 무엇인가입니다.

예수님은 세례요한의 질문에 이렇게 답하고 있습니다. 눈먼 사람이 보고 저는 사람이 걷고 나병환자가 깨끗하여지고 귀먹은 사람이 듣고 죽은 사람이 살아나고 가난한 사람이 복음이 듣는다고 하라고 하십니다. 자신의 메시아로서 하시는 일을 가르치심으로 자신이 누구인가를 분명하게 오해가 없도록 계시를 하셨습니다. 그러시면서 누구든지 나로 인하여 실족하지 않는 자가 복이 있도다 하셨습니다. 예수님은 자신의 메시아로서 행동을 잘 이해하지 못하면 실족할 수 있다는 것을 말하고 있습니다.

그러니까 자신의 행동을 잘못 이해하면 오해를 일으킬 수도 있다는 말입니다. 예수님이 세례요한에게 답변하고 있는 것은 구약에서 예언된 하나님 나라의 회복을 자신의 행동을 통해 하시고 있다는 것을 말하고 있습니다. 하나님의 나라가 회복이 되고 하나님이 그들 중에 임하시고, 하나님의 영이 온 백성에게 임하는 것이 선지자들을 통해 마지막 시대의 구원입니다. 종말의 시대의 구원입니다. 구약성경 중에 특히 이사야가 종말에 메시아가 오면 이러이러한 구원이 이루어질 것이라고 약속하고 있습니다.

이사야 35장, 26장, 29장, 61장입니다. 이사야가 예언하기를 종말에는 우주적인 회복이 있을 것으로 말하고 있습니다. 예언은 되어 있는데 예수님의 초림 때는 그것이 이루어지지 않는 때입니다. 이사야가 말하는 억눌리고 억울한 자들은 일차적으로 이방인들에게 노예로 끌려간 이스라엘 사람들이고 이차적으로 하나님의 율법을 잘 지키다가 고난을 받는 예레미야 같은 의인들입니다. 메시아가 임한다는 것은 하나님이 자기 백성 중에 임한다는 것인데 구세주가 임하면 이러한 해방과 복이 임할 것이라고 예언하고 있습니다.

그런데 예수님은 구약의 이사야의 예언을 이루는 메시아 하나님의 아들이라고 자신을 증거하면서도 자신들이 바라는 일을 하지 않고 있습니다. 물론 일부는 메시아의 권능을 나타내는 것은 사실이지만 구약의 의인은 세례요한을 구원한다거나 이스라엘을 로마에서 건진다거나 그러한 일들은 하지 않고 있습니다. 그럴 뿐만 아니라 구약 선지자들이 다들 부정한 자라고 같이 하지 않던 율법으로 정죄된 자들과 같이 친구 하고 밥도 먹고 그들이 하나님의 백성이 되었다고 하고 도무지 예수님의 메시아적인 사상을 이해하기가 힘이 듭니다.

그렇다면 예수님은 억눌린 자들을 누구라고 보았는가? 지금 예수님은 구약의 완성자로 오셨습니다. 구약을 완성하여 하나님의 나라를 주실 자로 오셨습니다. 여기서 포커스가 있습니다. 이제는 예수님은 자신의 죽음으로 이스라엘뿐만 아니라 천하 만민이 구원을 받고 하나님의 백성이 되게 하는 메시아로 오셨습니다. 새로운 하나님의 나라를 건설하러 오셨습니다. 그러니까 예수님이 이해하고 있는 억눌린 자들은 이스라엘을 포함해서 모든 이방인들이 죄 아래 있다는 것을 말하고 있습니다.

하나님 앞에서 언약을 떠나 휘장 밖에 있는 모든 천하 만민이 죄에 억눌려 진정한 하나님의 은혜를 누리지 못하였습니다. 예수님은 바로 자신이 메시아로서 죄 아래 있는 모든 사람을 구원하러 오셨음을 말하고 있습니다. 그러니까 모든 자에게 죄로부터 해방이 되어 하나님의 새로운 백성이 되에 하는 일이 이사야의 예언을 진정으로 성취하는 것이라고 말하고 있는 것입니다. 그러나 이러한 예수님의 가르침은 예수님을 구주로 받지 않으면 믿어지지 않는 내용이었습니다.

자기들은 분명 메시아가 오면 이사야가 예언한 대로 이스라엘의 해방을 생각하고 있는데 예수님은 병자를 고치고 벙어리 된 자들을 고치고 귀신을 쫓아내고 하면서 그 모든 일이 죄로부터의 자유를 주는 행위고, 하나님의 백성을 만드는 일이라고 하니 참 이해하기가 힘이 든 것입니다. 또 부정한 자들과 먹고 마시니 이 일도 힘이 듭니다.

예수님은 세례요한의 질문에 답을 하면서 자신의 메시아적인 사명은 모든 민족을 이제 죄로부터 구원하여 해방을 주고 하나님의 백성으로 살게 하는 것이라고 말씀하시고 있는 것입니다. 그것이 이사야의 예언을 이루는 길이라고 말하고 있습니다. 요한은 지금 구약의 마지막 선지자입니다. 그의 예수님에 대한 이해는 아주 적습니다. 그러니 그러한 질문이 나오는 것이고 예수님은 그에게 자신이 하고 있는 일을 설명하면서 그 일이 이사야의 예언을 성취하는 것인데 천하 만민을 죄에서 구원하는 행위라고 자신의 메시아의 사역을 말씀하고 있습니다.

여러분, 우리는 주님의 모든 지식을 가지고 있습니다. 메시아가 하는 일이 무엇인가를 알고 있고, 하나님에 대한 완전한 지식을 가진 자들입니다. 그러므로 우리는 메시아 되신 그리스도의 영을 따라 사는 자들로서 보이는 것들이 조금 사라진다고, 자기 마음먹은 것이 이루어지지 않는다고 하나님을 의심하고 신뢰를 저버리는 믿음 없는 행동과 말을 해서는 안 될 것입니다. 자신의 모든 것을 주어 우리를 죄에서 해방하신 그리스도를 우리는 우리의 주님으로 알고 있고 그 것은 의심할 바가 없는 일입니다.

그러므로 항상 우리의 삶이 주님을 신뢰하고 그 신뢰 속에 산제사를 드리는 복된 자들이 되시기를 바랍니다. 아멘.

제28강

| 성경: 요한복음 2장 1~11절 |

제목: 기쁨의 포도주

　　　　　예수님의 은혜와 평강이 여러분에게 함
께하시기를 기원합니다. 오늘 성경은 요한복음 2장 1~12
절입니다. 말씀의 제목은 기쁨의 포도주입니다. 기쁨의 포도주를 만
듦으로써 예수님이 나타내고자 하는 것을 말씀드리고자 합니다. 예
수님이 포도주를 만드시는 사건 곧 표적이 우리에게 무엇을 주고 있
고 자신을 어떤 분으로 증거하고 있는가입니다. 다른 말로 하면 포
도주를 만드는 사건을 통해 나타내신 자기 증거가 무엇인가입니다.
자기계시입니다.

　예수님이 물로 포도주를 만드는 사건은 표적입니다. 표적이라는
말은 하나의 전형입니다. typical입니다. 그 사건을 통해 원래 의도한
바를 드러낸다는 것입니다. 예수님은 이 물로 포도주를 만드는 사건
을 통해 드러내고 있는 것이 무엇인가 하는 것입니다. 그것이 오늘
성경의 핵심이고 우리는 그 해석의 말씀을 들음으로 성령의 역사를
통해 큰 은혜를 누리게 될 것입니다.

첫 번째, 오늘 본문의 시작을 던 날에 하면서 본문을 진행하고 있습니다. 1장 1절을 보면 예수님이 하나님과 창조 이전부터 하나님과 함께 계셨다고 말하고 그 예수님이 생명의 빛으로 오셨다고 말합니다. 그리고 생명의 빛으로 오신 예수님이 새로운 생명의 빛을 비추는 일을 하십니다. 생명의 빛을 비추면 사람들은 새로운 창조물이 되는 것입니다. 그러니까 요한복음을 기록한 요한은 창세기 1장을 보면 하나님이 맨 처음 천지를 창조할 때 첫날은 무엇을 만들고, 둘째 날은 무엇을 만들고 6일 동안 하루하루를 나누어서 천지를 지었습니다.

그런 것처럼 예수님이 하시는 모든 일은 새로운 창조를 하는 일이라는 것을 말하기 위해 요한복음 서두에서 1장 35절을 보면 예수님이 어떤 일을 하실 때 이튿날 하고 시작하고 있습니다. 하루하루 천지창조 때처럼 세상을 새롭게 만드시는 분이라는 것을 말하는 것입니다. 그리고 3일째 또 세상을 새롭게 창조하는데 가나의 혼인잔치를 통해 세상을 새롭게 창조하시는 일을 한다는 것입니다. 예수님은 새로운 창조주이시기 때문입니다.

두 번째, 마리아가 포도주가 떨어졌다고 하자 예수님은 내 때가 아직 이르지 않았다고 하십니다. 예수님이 어머니가 혼인집에서 포도주를 책임지고 일을 해 주는 것을 보면 집안사람인 것 같습니다. 집안사람이기 때문에 예수님과 제자들도 다 초청을 받았습니다. 혼인잔치를 한창 하고 있는데 갑자가 포도주가 떨어졌습니다. 잔칫집에 포도주는 아주 중요한 음식이었기 때문에 마리아는 당황하고 그 사실을 예수님께 알렸습니다. 그때 예수님은 "여자여 그것이 나와 무슨 상관이 있습니까? 아직도 나의 때가 오지 않았습니다." 하셨습니다.

　우리의 의문점은 마리아가 포도주가 떨어졌을 때 예수님에 대한 기대가 무엇인가이고 또 하나는 어머니의 부탁에 예수님은 그것을 거절하면서 자신의 때가 아직 이르지 않았다고 하는 것은 무엇인가 입니다. 포도주를 해결해 주는 것하고 자신의 때하고 무슨 상관이 있는 것인가입니다.

　그러면 마리아는 예수님을 어떤 분으로 알고 있었는가이고 그리고 포도주를 어떻게 해결해 줄 것인가 하는 것을 믿었는가입니다. 누가복음을 보면 마리아에 대해서 잘 말하고 있습니다. 예수님을 잉태한 뒤로는 그가 성령이 충만했고, 자신이 잉태한 그 아들이 하나님의 아들이라는 사실을 천사에게 들었고, 5절을 보니까 마리아가 예수님이 어떻게 시키던 그대로 하라는 것을 보니까 마리아의 믿음은 예수님을 하나님의 아들로 알았습니다.

　그리고 단순히 예수님이 포도주를 돈으로 사 오라고 말하는 것이 아니라 하나님의 아들로 능력을 행하여 그 일을 해결할 수 없느냐는 부탁입니다. 그러면 예수님이 마리아기 자신에게 하나님의 아들로서의 능력을 나타내 보일 것을 요구했을 때 여자여 아직 내 때가 이르지 않았다는 것을 말하면서 거절하고 있습니다. 여자여 하는 것은 존칭입니다. 그런데 예수님은 처음에는 자기의 때가 이르지 않았다고 거절하고 나서는 나중에는 부탁을 들어주고 있습니다.

　그러면 하나는 마리아가 하나님의 능력을 보여 줄 것을 요구했을 때 하나님의 때가 아니라고 하면서 거절하고 있는 것인가입니다. 하나님 아버지가 지시한 일만 하고 하나님이 지시할 때만 그 일을 한다는 것입니다. 보면 거절하고 나서 몇 초 후에 바로 부탁을 들어주는 것으로 되어 있습니다. 금방 들어주려면 기분 좋게 들어주시지 하나님의 뜻이 아니라고 하고서 거절했다가 금방 하나님의 뜻을 받아서 들어준 것인가 하는 것입니다.

1초 사이로 하나님의 때가 변하는 것인가? 예수님은 지금 마리아의 요구를 따라 하나님의 능력을 나타내는 것이 아니라 하나님의 뜻에 따라 능력을 나타내는 분임을 말씀하고 있습니다. 말을 풀어서하면 여자여 당신의 뜻이 아니라 하나님의 뜻이 있어야 능력을 나타낼 수 있다는 말입니다. 예수님은 지금 하나님의 일을 하러 오셨기 때문입니다. 예수님의 모든 행동은 하나님의 뜻을 이루는 일입니다. 그러니까 사람의 부탁을 들어줄 때도 하나님의 뜻을 따라 하는 것이지 인간의 부탁을 해결하는 해결사는 아닌 것입니다.

지금도 마찬가집니다. 주님은 우리가 원하는 방식과 때가 아니라 하나님이 원하시는 때와 방법과 결론으로 우리를 인도하실 것입니다. 하나님은 우리의 기도를 통해 마음대로 움직일 수 있는 우상이 아니기 때문입니다. 그러니 기도하고 기도한 모양으로 응답이 되지 않았다고 실망할 필요가 전혀 없는 것입니다. 하나님이 우리의 기도를 하나님의 때에 따라 하나님의 방법으로 하나님의 결론으로 응답하시기 때문입니다. 그러니 우리는 항상 쉬지 말고 기도해야 할 것입니다.

요한복음 11장을 보면 나사로의 이야기가 나옵니다. 나사로가 병에 걸렸다는 소식을 들었고 그 동생들이 병을 고쳐 줄 것을 요구했을 때 예수님은 그 병은 하나님의 영광을 얻기 위함이라고 하면서 그 병을 고쳐 주지 않았고 결국 나사로는 죽었습니다. 그러니까 예수님은 사람의 부탁을 따라 하나님의 뜻을 나타내는 것이 아니라 하나님의 뜻을 따라 하나님의 일을 하시는 분임을 마리아의 부탁을 거절함으로 나타내 보이시는 것입니다.

단순히 마리아의 부탁을 들어주는 능력자가 아닙니다. 예수님은 능력을 행하시러 오신 것이 아닙니다. 단순히 떨어진 포도주를 만들어 주시는 분이 아니라는 것입니다. 그러니까 예수님은 마리아의 부탁을 거절한 것은 하나님의 뜻을 따라서 하는 것이 첫 번째고 두 번째는 마리아가 생각하고 있는 단순한 포도주를 만드는 것이 아니라 하늘의 포도주를 만들고자 합니다. 마리아가 생각하고 있는 그런 포도주가 아니라 하나님의 때와 뜻을 따라 하늘의 포도주를 만들고자 합니다.

그러니까 예수님은 마리아의 부탁을 거절함으로 마리아가 생각하고 있는 그런 포도주를 만드는 자가 아님을 알리신 것입니다. 그리고 곧바로 예수님이 생각하고 있는 포도주를 만들어서 나누어 주셨습니다. 예수님의 거절에 마리아는 예수님을 믿고 그가 하라는 대로 모든 것을 하라고 지시합니다. 예수님이 결례를 행하는 항아리가 여섯이 있었는데 일꾼들에게 그곳에 물을 채우라고 말합니다. 물을 채우자 그것을 손님들에게 도로 가져다주라고 하셨는데 그 포도주를 먹어 본 사람들이 다들 훌륭한 포도주라고 칭찬을 하였습니다.

손님들은 이 포도주가 어떻게 만들어진 것인지 알지 못했지만 일꾼들은 그 포도주가 예수님의 능력으로 된 것을 알았습니다. 이 포도주는 이전의 포도주가 아니라 예수님이 직접 만드신 포도주입니다. 사람들은 다들 한마디씩 합니다. 대개 잔칫집에서는 처음에는 좋은 포도주를 내주고 손님들이 다 취할 때는 나쁜 포도주를 내는데 이 집은 다르구나 하고 다들 놀랐습니다. 1절은 이 포도주의 사건이 예수님이 처음 행한 표적으로 자기의 영광을 드러내기 위해서 하였다고 말씀하십니다.

세 번째로 이 기쁨의 포도주를 만듦으로 곧 표적을 행함으로 나타내고자 하는 것이 무엇인가입니다. 기쁜 날 기쁨을 더해 주는 포도주를 만드는 것이 의미하는 것이 무엇인가? 이스라엘 사람들은 혼인을 7~14일 동안 합니다. 혼인집에 손님을 청했고 나중에 포도주가 떨어져 주님이 난처한 상황에서 혼인집을 기쁘게 하는 포도주를 물로 만드셨습니다. 이 포도주는 이전과는 다릅니다. 그림을 그려 봅시다. 기쁜 혼인잔치가 열리고 기쁜 잔치가 열리는데 갑자가 포도주가 떨어져 기쁨을 상실하게 되었는데 예수님이 하나님의 능력으로 포도주를 만들어 기쁨을 계속 이어 갔습니다.

성경은 이스라엘을 하나님의 신부라고 말합니다. 언약의 혼인한 신부입니다. 곧 하나님만을 섬겨야 할 신부로 언약되었습니다. 그런데 이스라엘은 신부로서 정절을 지킨 것이 아니라 틈만 나면 이방의 신을 섬기는 타락을 하였습니다. 그때마다 하나님은 그들을 음행한 여인으로 묘사를 하였습니다. 그들은 신부 된 길을 버렸기 때문에 망할 것이고 하나님의 집에서 쫓겨날 것입니다. 그런데 하나님이 한 가지 약속을 하셨습니다. 그들이 망하겠지만 나중에 하나님이 다시 그들 중에 오실 것이고 그러면 이스라엘과 기름진 음식으로 음식과 기쁨의 포도주를 마시는 축제가 있을 것이라고 약속을 해 주셨습니다.

예수님의 표적은 자신이 혼인집 신랑으로 말씀하고자 하는 것입니다. 세례요한은 예수님을 신랑으로 말하고 있듯이 예수님이 그 집의 주인이나 신랑은 아니었지만 마치 주인처럼 신랑처럼 온 손님들에게 새로운 포도주를 줌으로써 혼인의 기쁨이 새로워지도록 하였습니다. 예수님은 이제 자기 백성의 신랑으로 오셨고 밭에서 나는 포도주가 아니라 하늘의 포도주를 주었습니다. 하나님이 직접 만든 포도주를 주었습니다. 이런 은혜를 주신 예수님이 이제 부활하여 우리를 하늘 잔치에 참여시키셨습니다.

누구든지 믿으면 주님의 신부가 되고 주님 안에서 썩지 않는 생명으로 살아갑니다. 우리가 먹는 음식은 다 생명의 썩지 않는 양식으로 먹는 것입니다. 주님이 자신의 피를 흘림으로 자신의 살을 찢김으로 우리를 구원하였습니다. 그리고 그 말씀을 기록한 성경을 우리의 생명의 양식으로 주었습니다. 그러니 우리가 말씀을 들음으로 힘을 얻고 영생을 얻는 것은 말씀이 곧 주님의 피와 살이기 때문입니다. 그러니 우리는 항상 주님의 살과 피를 먹고 마시는 축제를 항상 열고 있는 것입니다.

그럴 뿐만 아니라 우주의 모든 것이 그리스도의 몸으로 삼으셨기 때문에 그것들을 먹는 것도 그리스도의 살과 피를 먹는 것과 같이 하였습니다. 그리스도의 살과 피를 먹는다는 것은 주님의 피와 살로 세상을 새롭게 지었고, 그것을 믿는 자에게 생명을 주기 때문에 말씀을 먹고 음식을 먹는 것은 주님의 살과 피를 먹는 축제의 잔치를 하고 있는 것입니다. 물론 먹는 것은 썩고 세상을 변합니다. 그러나 주님이 주신 생명은 변함이 없습니다. 그러니 여러분이 주님의 신부로서 포도주보다 더 큰 은혜 성령을 모시고 생명의 축제로 사는 자들로서 세상을 부러워하거나 두려워하지 말고 표적이 아니라 실제로 천국잔치를 주신 주님의 신부로 정절을 지키는 자들이 되시기를 바랍니다. 아멘.

제29강

| 성경: 야고보서 2장 14~26절 |

제목: 행함이 있는 믿음

예수님의 은혜와 평강이 여러분에게 함께하시기를 기원합니다. 오늘은 야고보서 2장 14~26절을 본문으로 행함이 있는 믿음이라는 제목으로 하나님의 말씀을 듣도록 하겠습니다. 어쩌면 야고보서가 성경 중에 가장 어려운 성경이 될 수도 있습니다. 오늘 말씀은 예수님을 구조로 믿고 구원을 받은 자들이 그 구원으로 살지 않으면, 그 구원으로 동행하지 않으면 그 믿음은 헛것이고 구원이 없다는 것을 말하고 있습니다.

믿음과 행함 그리고 구원, 이 단어들은 서로 연합되어 있습니다. 단어는 구분되나 분리할 수 없는 개념을 가지고 있습니다.

예수 믿는 사람들의 고민은 로마서 3장 28절을 보면 사람이 의롭게 되는 길은 사람이 의로운 것을 행함으로 획득되는 것이 아니라 하나님의 아들을 믿음으로 의가 주어진다고 말하고 있습니다. 의가 주어진다는 말은 구원을 받는다는 말입니다. 의라는 말의 뜻은 한국어의 개념은 옳은 것입니다. 그러나 언약적인 개념으로는 두 가지의 개념이 있습니다. 하나는 하나님의 백성이 되었다는 의미로 의로운 사람입니다. 또 하나는 하나님의 백성에게 요구하시는 언약의 삶으로 동행함으로 믿음을 통해 얻은 의가 이어진다는 것입니다.

그러니까 사람이 의롭다는 것은 하나님의 요구하신 것을 믿음으로 의로워진 것이고 그리고 하나님이 요구하신 말씀을 따라 사는 것이 의로움을 계속 이어 가는 것입니다. 결국은 믿음과 행함은 분리되지 않는 것입니다.

첫째로 이스라엘 나라의 사람들이 하나님 앞에서 어떻게 의롭다 함을 받았는가입니다.

출애굽기 19장을 보면 하나님이 이스라엘 사람들은 애굽에서 건져 내서 광야를 지나게 하고 시내 산 앞에 모이게 하였습니다. 하나님은 시내 산 앞에 모인 그들에게 "내가 너희들을 애굽에서 내가 독수리 날개로 너희를 업어 구원했다. 너희가 이제 내 언약을 잘 지키면 내 소유가 되겠고, 제사장나라와 거룩한 백성이 되리라" 하였습니다.

하나님의 요구에 19장 8절을 보면 이스라엘은 아멘으로 화답을 함으로 하나님과의 언약이 체결되고 있습니다. 정식으로 하나님 나라의 백성이 된 것입니다. 하나님이 그들에게 내 소유화된 백성으로 언약을 지키며 살겠는가 하는 말에 그들이 아멘으로 답했을 때 그들은 하나님 나라의 거룩한 백성으로 된 것입니다. 곧 하나님 나라의 백성으로 출생을 하였습니다. 그러니까 이스라엘 사람들이 하나님의 백성으로 출생하는 전제조건은 언약의 말씀을 지키겠는가 하는 말에 아멘 하는 것입니다.

그러니까 언약의 말씀을 지키는 행위를 요구했을 때 그들은 아멘 함으로 하나님의 백성이 된 것입니다. 20~23장까지가 언약의 말씀을 주고 있는 내용인데 그들이 이제 받은 의로운 백성을 계속 유지하는 길은 시내 산에서 받은 율법을 따라 사는 것입니다. 그들이 한 번 애굽에서 건짐을 받고 시내 산에서 하나님 언약의 요구에 아멘 함으로 의로운 나라의 백성이 됐다고 해서 그들의 행위와 상관없이 그 구원과 의로움이 계속되느냐 그것은 아닙니다. 언약의 조건에 아멘 함으로 하나님의 거룩한 백성이 되었지만 항상 거룩한 백성이 되는 것이 아니라 이제는 그들이 지키겠다고 아멘 한 법으로 살아야만 그들은 계속 거룩을 유지할 수 있을 것입니다.

우리는 한 번 구원을 받으면 그 사람이 어떤 짓을 해도 그 구원은 영원히 보장된다는 생각을 많이 가지고 있기 때문에 구원에 동행이 없으면 구원이 없다는 말을 충격적으로 받는 것입니다. 이스라엘 왕 중에 여호아하스라는 왕이 있습니다. 분명 하나님이 그를 세웠습니다. 분명 그는 하나님 언약의 백성입니다. 그런데 그가 하나님의 언약의 말씀을 떠나 살았을 때 하나님은 그를 버렸습니다. 좀 아이러니한 것을 발견할 수 있습니다. 한 번 구원한 사람은 하나님이 영원토록 보호해 주고 끝까지 지키어서 구원에 이루도록 해야 하는데 구약의 왕들을 보면 하나님이 세웠지만 그들이 언약의 법으로 동행하지 않을 때는 가차 없이 버렸다는 것입니다. 곧 언약의 법으로 동행하지 않고 살지 않는 자들은 하나님의 백성에서 제외시켰다는 것입니다. 이스라엘이 애굽에서 많은 수가 구원을 받았습니다.

그러나 약속의 땅인 가나안까지 들어간 사람은 단 두 사람입니다. 갈렙과 여호수아입니다. 가나안은 이스라엘의 구원 완성의 땅입니다. 마치 성도 구원의 완성이 하나님의 품으로 안기는 것처럼 이스라엘의 구원의 완성은 가나안에 들어가는 것인데, 애굽에서 구원을 받은 이스라엘 사람은 구원받은 백성으로 합당이 살지를 못했습니다. 결국 그들은 구원의 완성에 이르지를 못한 것입니다. 그러니까 구약도 구원은 하나님의 은혜이지만 그 의를 이루는 삶은 행위의 법인 율법을 지킴으로 이루는 것입니다.

율법을 지킴으로 의가 완성이 되는 것입니다.

두 번째로 신약교회는 어떻게 의로움을 받았고 그 의를 이루는 삶이 무엇인가입니다.

이스라엘 나라는 언약을 지키는 백성으로 아멘 했을 때 의로운 백성이 되었고, 의로운 백성으로 계속 사는 방법은 율법을 지키는 것이 었습니다. 그러니까 이스라엘 나라는 율법을 지키는 행위를 통해 의를 이루는 삶을 살았습니다. 그래서 이스라엘은 행위의 법을 따라 살았다고 하는 것입니다. 그런데 신약의 백성이 교회는 하나님이 의롭게 되는 길로 행위의 법인 율법을 지키면 내 백성이 되고 의로운 백성이 되게 해 주겠다는 조건을 요구하신 것이 아니라 하나님이 보내신 육체를 입고 오셔서 자기 백성의 죄를 위해 죽고 부활하신 예수 그리스도를 믿는 것 이것을 하나님의 백성이 되는 조건으로 제시하셨습니다.

구약과는 다르게 하나님의 백성이 되는 언약의 조건을 제시했다고 해서 새로운 언약이라고 말합니다. 새로운 천국의 백성이 되는 길로 하나님이 보내신 아들을 구주로 믿는 것 이것이 새로운 백성이 되는 조건입니다. 그래서 신약백성은 누구든지 예수님을 믿으면 하나님의 새 언약의 조건에 아멘만 하면 천국의 백성, 시민이 되는 것입니다. 이스라엘처럼 가나안의 시민이 아니라 하늘에서 내려오신 아들을 믿으면 하늘의 백성이 되는 길을 주신 것입니다.

그런데 문제는 오늘 야고보서의 기자인 야고보는 예수님의 형제인데 그는 마치 예수만 믿어서는 안 되고 행함도 동시에 있어야 하는 것으로 말하는 것처럼 보인다는 것입니다. 그렇다면 야고보서에서 야고보가 믿음을 지키는 길이 행함이라고 말하는 의도가 무엇인가입니다. 이것은 참으로 중요한 해석입니다. 많은 그리스도인들이 구원을 받았는데 행함이 없음으로 인해 이중적인 그리스도인으로 살고 있기 때문입니다. 힘이 없는 그리스도인, 능력이 없는 그리스도인, 세상을 바꾸지 못하고 무기력하게 자신이 그리스도인인 것도 나타내기를 두려워하는 비겁쟁이 그리스도인 때문에 교회의 빛은 세상을 변화시키지 못하는 것입니다.

예수 믿음 그리고 구원 그리고 천국은 보장 이런 도식이 있기 때문에 삶의 윤리가 없는 것입니다. 이것은 도그마일 뿐이고 야고보서는 믿음과 행위를 일치시키고 있습니다. 그 예의 첫 번째로 15~20절까지를 말하고 있는데 믿음이 있다고 하면서, 사랑이 있다고 하면서 정작 어려움에 처한 사람이 나타나면 전혀 사랑의 행위는 나타내지 않고 말로만 한다는 것은 그것은 믿음이 없다고 말합니다. 그것은 믿음을 빙자한 위선입니다. 그러니까 야고보는 믿음은 반드시 사랑의 행위로 나타나야 그 믿음이 진실이라는 것입니다.

가령 자신은 복음을 사랑하고 믿음이 있고, 원칙주의자고, 성경을 많이 안다고 할지라도 복음을 따라 사고와 행위를 나타내지 않고 세상흐름과 자신의 유익과 편리를 위해 처신한다면 그것은 믿음이 없는 것입니다. 믿음의 행동하는 것은 하기 싫어도 하는 것이고 하고 싶어도 참는 것이고 자신의 모든 사고와 행위를 하나님 나라와 세우신 교회와 복음을 중심으로 움직이는 것이 바른 믿음인 것입니다. 왜냐하면 우리는 하나님의 소유화된 백성들로, 먹든지 마시든지 무엇을 하든지 하나님의 영광을 위하여 하라는 명령을 받은 자로 살고 있기 때문입니다.

성도에게서는 하나님을 떠나서 자신을 생각하고 행동해서는 안 됩니다. 하나님의 생각과 뜻과 일치된 사고와 삶이 믿음을, 의를 지속하는 삶인 것입니다. 하나님과 세우신 교회와 복음을 떠나 자신을 생각하면 그것은 의를 이루는 삶이 아니고 이중적인 그리스도인인 것입니다. 반드시 믿음은 행위로 나타나야 하고 나타난 만큼 믿음입니다. 나타나지 않는 믿음은 없습니다. 자신이 믿음의 행위를 드러낸 만큼이 믿음의 분량입니다. 아무리 사랑을 외쳐도 사랑의 행위가 없으면 그 사랑은 위선입니다.

그래서 저는 늘 사랑은 관심이라고 말씀드립니다. 교회는 하나의 생명의 공동체이고 운명의 공동체입니다. 지금 여기서 나눈 사랑이 천국까지 이어질 것입니다. 우리가 얼굴을 보는 것이 아니라 천국에서는 얼굴을 계속 마주할 것입니다. 우리 교회가 사랑의 관심을 구체적으로 나타내 사랑의 공동체를 온전히 이루었으면 좋겠습니다. 관심과 용납, 배려와 채움 이것이 복음으로 능력 있는 교회입니다. 좋은 교회는 바로 이러한 능력을 발휘하는 교회입니다. 외적으로 크다고 해서 능력 있고 좋은 교회가 아니라 사랑의 공동체를 온전히 이루는 교회가 좋은 교회고, 능력 있는 교회고, 의로 동행하는 교회입니다. 여러분이 이런 교회를 이루어 가시기를 바랍니다.

또 하나의 예를 들고 있는데 아브라함이 이삭을 바친 것을 말하고 있습니다. 분명 아브라함은 하나님의 약속을 믿음으로 의롭다 함을 받았습니다. 그러나 그 의를 유지하는 길은 약속을 따라 행하는 것이었음을 말합니다. 아브라함이 100세에 약속을 따라 이삭을 낳았습니다. 그런데 하나님이 어린아이들을 죽여 제물로 바치라 하였습니다. 아브라함은 이 하나님의 명령에 순종했습니다. 물론 하나님이 이삭 대신 양을 제물로 준비하셨지만 아브라함은 100세에 낳은 아들을 드림으로 믿음으로 동행했습니다. 그 동행은 믿음의 동행입니다.

만약 아브라함이 믿음으로 의롭다 함을 받았는데 하나님이 이삭을 요구했을 때 거절했다면 그는 의로운 백성으로 인정되지 못했을 것이고, 믿음이 없는 자로 여겨졌을 것이고, 하나님께 버림을 받았을 것입니다. 그러니까 믿음과 행함은 하나라는 것입니다. 행위로 믿음을 나타내 보이는 것입니다. 믿음과 행위는 분리될 수 없는 것입니다.

마지막으로 행함이 있는 믿음이 마지막 구원에 이른다는 것입니다. 보통 우리가 예수를 믿고 하나님의 품에 안기는 과정을 이스라엘이 광야를 지나 가나안에 이르러 가는 것으로 비유합니다. 그래서 우리의 삶을 가나안 여정이라고 말합니다. 이스라엘이 애굽에서 비록 구원을 받았지만 광야에서 하나님을 원망하고 하나님을 믿는 믿음을 행위로 나타내지 않음으로 버림을 당하고 구원의 목적지인 가나안에 들어가지 못했습니다. 그러나 믿음의 행위로 동행한 여호수아와 갈렙은 들어갔습니다.

우리도 마찬가지입니다. 우리의 구원을 보장하는 길은 예수님을 믿고 신뢰하는 것과 신뢰의 삶이 구체적으로 행위 가운데 드러나야 한다는 것입니다. 행위로 드러나지 않는 믿음은 거짓이기 때문입니다. 여러분 모두가 믿음을 행위로 드러내는 성실한 그리스도인들이 되어서 광야에서 버림받은 대다수의 이스라엘이 아니라 믿음과 행함을 일치시켜 약속의 땅에 들어간 여호수아와 갈렙 같은 사람이 되어서 모두 다 하나님의 품에 안기는 행함의 그리스도인들이 되시기 바랍니다. 아멘.

제30강

| 성경: 마태복음 16장 24~28절 |

제목: 예수님을 따르는 길

　　　　　예수님의 은혜와 평강이 여러분에게 함
께하시기를 기원합니다. 오늘은 마태복음 16장 24~28절
을 본문으로 예수님을 따르는 길이라는 제목으로 강론하겠습니다.
예수님을 따르는 길이라는 말은 다른 말로 하면 어떻게 하면 어떻게
예수님을 따라가야 믿음의 마지막 승리자가 될 것인가 하는 것입니
다. 예수님을 따라가는 방법, 이것을 말하고 있습니다. 그러면 예수
님이 자신을 따라가는 방법에 대해 갑자기 말씀하고 있는 이유가 무
엇인가입니다.

　21~24절을 보면 예수님이 예루살렘으로 올라가서 장로들과 서기
관들과 대제사장들에게 고난을 받고 삼 일 만에 살아날 것을 제자들
에게 가르치고 있습니다. 이 말을 더 자세하게 말하면 예수님이 자
신이 죽음과 부활을 통해 하나님의 뜻을 이룬다는 것을 말하고 있습
니다. 그러니까 자신이 그리스도로 자기 백성을 위해 할 일이 무엇
인가를 가르쳤습니다. 그것은 자기 백성의 죄를 위해 죽는 것이고

그리고 3일 만에 다시 살아나는 것입니다.

예수님의 이 말에 베드로는 예수님이 그 길을 가지 말 것을 요구하고 있습니다. 베드로의 생각은 예수님은 자기들의 메시아인데 그 메시아가 죽어 버리면 모든 것이 끝난다는 것을 알고 있었기 때문입니다. 이제까지 그 누구도 메시아라고 하면서 죽어서 자기 백성을 구원한 것을 보지 못했고, 그가 생각하고 있는 메시아는 죽어서는 메시아가 될 수 없기 때문입니다. 베드로의 생각으로는 예수님이 죽어 버리면 모든 것이 다 끝나는 것으로 알았기 때문입니다.

그래서 예수님이 메시아의 길을 말하자 베드로는 예수님 그렇게 하지 마십시오, 예수님은 우리의 메시아인데 죽어 버리면 우리를 어떻게 구원할 수 있겠습니까 하고 예수님의 길을 막은 것입니다. 베드로가 생각하고 있는 메시아의 길은 다윗과 같은 모습으로 다윗과 같은 일을 하는 것입니다. 많은 사람들 앞에 큰 능력으로 이스라엘을 구원하는 것이지 비참하게 죽고 그런 것은 아닙니다. 그러자 예수님은 베드로를 가리켜서 사단이라고 말합니다.

사단아 물러나라 네가 하나님의 일을 생각하지 않고 사람의 일을 생각하는도다 하시면서 베드로를 꾸짖었습니다. 베드로를 가리켜서 사단이라고 한 것은 베드로가 실제로 사단이 되었다는 것이 아니라 베드로가 하나님의 뜻을 막는 일을 한다는 것입니다. 사단은 항상 하나님의 뜻을 거역하고 하나님의 일을 방해합니다. 그러니 베드로가 하나님의 뜻을 따라가는 예수님을 막는다면 사단을 이롭게 하는 자가 되는 것입니다. 아마도 이런 충고를 받았기 때문에 베드로는 베드로전서 5장 8절에 보면 고난 속에서도 근신하고 깨어 있으라고 말하고 있습니다. 근신하고 깨어 있지 아니하면 사단이 우는 사자같이 삼킬 자를 찾고 있기 때문에 위험하다는 것입니다.

세상에서 악한 문화의 창출이나 교회의 타락은 단순한 인간의 산물이 아니라 사단의 계략으로 이루어지는 것입니다. 사단은 끝없이 교회와 성도를 유혹하고 교회가 되는 것 성도가 되는 일을 방해하는 것입니다. 성도도 믿음으로 깨어 있지 아니하면 사단의 도구로 금방 사용되는 것입니다. 그러니 자신을 믿음으로 쳐서 복종시키지 않으면 사단은 그 마음을 역사하는 것입니다. 그래서 금방 믿음을 저버리게 하고 두려움을 주고, 탐욕을 주고 돈을 섬기게 하는 것입니다.

돈을 사랑하고 돈의 노예가 되는 순간부터 그 이성은 하나님을 바르게 섬길 수가 없는 것입니다. 성도가 믿음으로 서 있지 못하면 항상 사단은 성도의 문밖에서서 마음의 문을 두드리고, 믿음으로 서 있으면 주님은 항상 우리의 마음의 문 안에서 우리를 지키십니다.

예수님이 베드로에게 하나님의 일을 생각하지 아니하고 사람의 일을 생각한다는 의미로 사단이라고 말씀하셨습니다. 그런 면으로 볼 때 성도가 믿음을 저버린 모든 행위는 모두 사단을 이롭게 하는 행위인 것을 알 수 있습니다. 십자가의 길을 가서 자기 백성을 구원하는 것이 하나님의 뜻인데 그 길을 이해하지 못하고 막는 베드로를 사단이라고 꾸짖고 나서 예수님은 자신을 따르는 그 길이 어떤 길인가를 가르쳐 주고 있습니다. 그러니까 이 말은 자신이 메시아로서 또 그리스도로서 가는 길이 하나님의 뜻에 순종하여 자신을 버리고 부인하고 십자가를 지는 것처럼 예수님을 따르는 자들도 이처럼 하여야만 하나님의 뜻으로 산다는 것을 가르쳐 주고 있습니다.

20장 20절에 보면 제자들이 생각하고 있는 메시아상과 그리고 그들이 그 메시아를 추중함으로 얻어지는 것이 무엇인가를 알 수 있습니다. 이스라엘의 대표적인 메시아가 모세고 다윗입니다. 모세의 약속을 완성한 사람이 다윗입니다. 다윗은 이스라엘의 메시아로 칼의 권세를 가지고 이스라엘을 구원했고 자신을 측근에서 따르는 자들을 다 자신의 영광에 참여하게 하였습니다. 지금 제자들은 예수님을 다윗과 같은 메시아로 생각하고 있습니다. 그리고 자신이 예수님의 제자들이니까 예수님의 예루살렘에 나라를 세우고 왕이 되면 당연히 그 영광에 참여할 거라고 믿고 있습니다.

어쩌면 이 제자들의 기대는 지극히 정상적일 수 있습니다. 그러나 예수님은 자신의 메시아상은 죽음을 통해 하나님의 뜻을 이룰 것이고 이스라엘뿐만 아니라 천하 만민을 죄에서 구원하여 하나님을 섬기게 할 것입니다. 이것이 이제까지 이스라엘에는 감추어진 비밀입니다. 구약에서 하나님은 많은 선지자를 보냈습니다. 그리고 예언을 하였습니다. 종말이 이르면 이스라엘을 구원할 메시를 보내 줄 것이고 그가 다시는 망하지 않는 이스라엘을 세울 것이며 이방 많은 사람들이 예루살렘을 중심으로 해서 참된 제사를 드리게 될 것이다 하는 예언입니다.

그러니까 핵심은 메시아가 오면 이스라엘을 재건한다는 것입니다. 그리고 그 재건된 나라는 다시는 망하지 않는다는 것이고, 그 나라에 이방인도 구원에 포함된다는 것입니다. 그러니까 핵심은 이스라엘 나라의 재건입니다. 그런데 예수님은 메시아로서 하시는 일이 단순히 이스라엘 나라의 재건이 아니라 천하 만민을 자신의 죽음으로 통해 구원하여 하나님 나라의 백성으로 만든다는 것입니다. 죽음을 통해서 하나님이 그렇게 정하신 것입니다. 천국을 열 새로운 메시아는 죽음을 통해 죄가 지배하는 옛 시대를 끝내고 온 천하 만민이 하나님을 섬기는 나라를 만들 것입니다.

제자들은 부활의 영인 성령을 받기 전에는 이 예수님의 말을 이해하지 못했기 때문에 메시아로 죽는다고 하니까 막은 것입니다. 죽어서는 메시아가 될 수 없다고 생각했기 때문입니다. 낮아지고 죽어서는 이제까지 이스라엘의 메시아가 된 자를 보지 못했기 때문입니다. 그런데 예수님은 새로움 메시아의 모습을 말했고 그들은 그것을 거절합니다. 그러자 예수님은 그들을 꾸짖고 나서 이제부터 자신이 세운 나라에서는 자신이 하나님 앞에서 자신을 부인함으로 하나님의 뜻을 이루었듯이 그 나라에 속한 자들도 주님처럼 자신을 부인함으로 이루어진다는 것을 말씀하고 있는 것입니다.

예수님 자신을 부인함으로 하나님의 뜻을 이루듯이 예수님을 따르는 자들도 역시 자신들을 부인함으로써만이 예수님의 제자가 될 것입니다. 높아지려는 그런 영광을 다 버리고 잘못된 메시아 사상을 다 버리고 예수님의 진정한 제자가 된다는 것입니다. 25~26절을 보면 누구든지 제 목숨을 구원코자 하면 잃을 것이고 누구든지 나를 위하여 제 목숨을 잃으면 찾으리라, 사람이 만일 온 천하를 얻고도 제 목숨을 잃으면 무엇이 유익하리요, 사람이 무엇을 주고 제 목숨을 바꾸겠느냐 하셨습니다.

얼마 있으면 주님은 죽음으로 다시 살 것입니다. 죽음의 순종을 통해 다시는 죽지 않는 하늘의 생명을 영원히 얻으실 것입니다. 죽음으로 하늘의 영광을 얻으실 것이고, 영생을 만들어서 자신의 백성들에게 줄 것입니다. 죽음을 이긴 생명을 만들어서 자신을 따르는 자들에게 주실 것입니다. 죽으나 죽지 않는 생명을 만드실 것입니다. 그러므로 주님을 따르는 자들은 주님처럼 자신을 부인하고 자신의 목숨을 주어야 다시 살아날 것입니다.

자신의 육신의 삶을 보존하기 위해 주님을 배반한다면 그 안에 하나님이 없으므로 그는 하나님 앞에서는 죽을 것입니다. 그러나 하나님을 위해 자신을 죽이면 육신은 죽으나 그는 하나님 앞에서는 영원히 살 것입니다. 주님은 그 삶을 지금 말하고 있는 것입니다.

여러분, 우리의 삶도 마찬가지입니다. 우리의 생명은 하나님 안에 있는 것이지 우리의 육신에 있지 아니합니다. 우리의 생명이라는 것이 하나님으로부터 떨어져 나가면 죽음뿐입니다.

이 세상에서 우리가 움직인다는 것이 살아 있다는 증거가 아니라 하나님 안에 있다는 것이 산다는 증거인 것입니다. 우리의 생명은 하나님 안에 있는 것이지 하나님을 떠나서는 존재하지 않습니다. 주님처럼 하나님을 위해 자신을 철저히 죽이는 자만이 살 것입니다. 자신을 주장하는 자는 하나님 나라에 합당치 않고 성령의 능력을 나타내지도 못할 것입니다. 하나님 위해 자신을 죽이는 삶을 통해서만 세상은 변하고 많은 자들에게 생명을 줄 것입니다.

이제 주님이 곧 인자로 자신의 죽음을 통해 세상을 하나님의 것으로 돌린 그 신분으로 심판자로 오시면 그분은 각자가 행한 대로 갚으실 것입니다. 적게 심은 자는 적게 거두고 많이 심은 자는 많이 거둘 것입니다. 비굴한 자는 비굴의 모습으로 나타나고 어리석은 자는 어리석은 모습으로 나타날 것입니다. 모든 거짓이 다 벗겨지고 각자가 뿌린 대로 그 영광을 거두실 것이고, 알곡과 가라지를 가를 것이며 거짓된 자들을 심판하실 것입니다.

여러분 모두가 하나님을 절대적으로 신뢰하고 믿음의 정도를 바르게 가서, 주님을 위해 자신을 부인하는 삶을 살아서 장차 주님의 나라에서 영광스러운 상급을 다 받는 자들이 되기를 바랍니다. 아멘.

제31강

제목: 영광스러운 변모의 의미

　　　　예수 그리스도의 은혜와 평강이 여러분에게 함께하시기를 기원합니다. 오늘 본문은 마태복음 17장 1~13절입니다. 말씀의 제목은 영광스러운 변모의 의미입니다. 영광스럽다는 언어의 뜻은 각 사건을 통해 언약의 주 되심을 나타내는 것입니다. 자녀가 물에 빠졌을 때 부모의 영광스러운 행동은 그 자녀를 물에서 건져내는 것입니다. 한글의 뜻은 빛난 간체인데, 성경의 의미는 언약의 하나님 되심을 나타낼 때 하나님의 영광이라고 말할 수 있습니다.

　그러면 예수님이 높은 산에 올라가 <u>그 모습이 영광스러운 모양으로 변화가 되었는데 왜 그 변화가 우리에게 영광스러운 것인가 하는 것을</u> 강론하겠습니다.

　예수님이 16장에서 자신은 어떤 메시아이고 메시아로서 하실 일을 말씀하셨습니다. 베드로는 예수님이 얼마 있으면 고난을 받고 죽을 것이며 삼 일 만에 살아나리라고 했을 때 그래서는 안 된다고 말렸습니다. 베드로의 생각은 이제까지 메시아가 죽어서 메시아의 역할을 한 적이 없었기 때문에 예수님의 죽음은 그것으로 끝날 것으로 생각했기 때문입니다. 베드로는 보이는 영광스러운 모습의 메시아를 기대했는데 예수님은 십자가를 지는 메시아의 모습을 드러냈던 것입니다. 거기서 갭이 나타났고 베드로는 예수님의 십자가의 길을 막았습니다.

하나님의 뜻은 하나님의 아들이 세상 죄를 지고 죽고 삼 일 만에 살아나는 것입니다. 그것이 하나님이 바라는 새로운 메시아의 길입니다. 곧 구원자의 길입니다. 베드로는 하나님이 바라는 메시아를 거부했기 때문에 예수님께 사단이라는 책망을 받았습니다. 베드로가 사단이라는 말은 그가 사단이 되었다는 말이 아니라 그가 하나님의 뜻을 거역한다는 의미로 사단입니다. 베드로를 사단이라고 하고 나서 예수님은 자신은 자신을 부인하고 십자가의 길을 가서 메시아의 일을 완성할 것을 말하고 나서 자신을 따르는 자들도 자신처럼 자신을 부인해야만 자신이 세운 나라의 백성이 될 수 있다는 것을 말씀하셨습니다.

예수님이 자신을 부인하고 십자가를 짐으로 다시 부활하여 하늘의 영광을 얻으셨습니다. 그리고 하나님 나라의 왕이 되셨습니다. 그러니 예수님을 믿고 천국의 백성이 된 자들도 하나님의 영광을 위하여 자신을 버리는 생활을 할 때 그 나라에 합당한 자들이 되고 능력 있는 자들이 되고 성령의 열매를 맺을 수 있다는 것입니다. 하나님이 그 나라의 법칙을 그렇게 정하셨습니다. 하나님을 위하여 세상의 모든 것을 철저히 포기하는 자들만이 그 나라의 영광스러운 백성이 되게 하셨습니다.

　십자가의 길을 말한 후에 각자가 행한 대로 갚을 것을 말씀하시고 있습니다. 그리고 예수님이 하나님 나라의 왕권을 가지고 다시 올 것이라고 하셨습니다. 17장은 그 왕권의 영광이 무엇인가를 드러내고 있는데 변화를 통해서 드러냅니다. 그리고 그 변화된 왕권이 자기 백성들의 구원과는 어떤 상관이 있는 것인가를 가르쳐 주고 있습니다. 왕권을 나타낸다는 것을 언약백성들에게는 구원이며 은혜이기 때문입니다. 예수님이 높은 산에서 영광스러운 왕의 영광을 나타내셨는데 그것은 자기 백성들에게 새로운 구원을 나타내신 것입니다.

　마태복음은 예수님이 새로운 메시아인 것을 나타냅니다. 이전에 모든 구원을 완성하는 새로운 메시아 새로운 왕으로서의 구원을 주는 분임을 나타내고 있습니다. 엿새 후는 안식일입니다. 안식일 날 왕으로서의 영광을 나타내신 것입니다. 왕은 메시아의 일을 하니까 왕이나 메시아는 같은 의미입니다. 그러면 예수님이 메시아의 영광을 나타내는 때를 안식일이라고 말하는 의도는 무엇인가. 그것은 예수님의 그 행동이 새로운 안식을 주시는 분임을 안식의 일을 하시는 분임을 말하고자 하는 것입니다. 안식이라는 것이 무엇입니까?

　하나님의 생명으로 온전한 교제가 이루어지는 날입니다. 하나님의 생명을 먹는 날입니다. 하나님이 안식이기 때문입니다. 그러니까 예수님은 자기 백성을 죄에서 구원하여 하나님과 완전한 생명의 교제를 하게 하시는 분으로서 자신을 나타내시는 것입니다. 새로운 안식이라는 말은 이전의 안식과는 다른 안식으로 영생의 안식입니다. 예수님이 하시는 모든 일은 천국의 영생을 주시는 일입니다. 우리는 예수님을 믿음으로 영생을 얻습니다. 더 정확히 말하면 예수님이 우리를 위해 죽으시고 부활하시고 성령을 보냈다는 사실을 앎으로 안식을 얻습니다. 곧 하늘의 영생을 얻습니다.

죽지 않는 생명이 우리 안에 있습니다. 그러니까 우리는 죽지 않는 하나님의 생명이 우리 안에 있으므로 안식이 항상 우리 안에 있는 것입니다. 그러나 어떤 날만 거룩한 날이 아니라 다 거룩한 날입니다. 우리가 생각하고 먹고 마시는 모든 날이 다 거룩한 날이므로 하나님의 것으로 돌려 드려야 하는 것입니다.

예수님이 엿새 후에 베드로와 야고보와 그 형제 요한을 데리시고 높은 산으로 올라갔습니다. 세 명의 제자만 데리고 간 것은 그들이 제자들의 대표이기도 하지만 증인의 수입니다. 항상 구약은 그 사건이 옳다고 판명을 받으려면 두세 사람의 증인이 필요한 것입니다. 높은 산이라고 한 것은 하나님의 영광을 나타내는 표현법입니다. 높은 산에 올라갔는데 예수님이 자신의 모습을 변형시키셨는데 그의 얼굴이 해와 같이 빛나며 옷이 빛같이 희어졌습니다.

이 영광은 부활하신 뒤로 나타날 영광인데 얼굴이 해같이 빛나며 옷이 빛같이 희어졌습니다. 9절을 보면 자신들이 본 것을 부활하기 전까지는 아무에게든지 말하지 말라 하십니다. 그러니까 그 영광은 부활의 영광을 말하는 것입니다. 부활의 영광은 무엇입니까? 죄를 이기고 다시 사심으로 다시는 죄가 지배하지 않는 하나님의 나라를 만드신 것입니다. 영생의 나라, 하나님의 보좌 앞에서 사는 나라를 만드신 것입니다. 예수님의 얼굴이 해같이 빛나며 옷이 빛과 같이 희어졌다고 말하고 있습니다.

해와 빛은 동일한 뜻입니다. 그러면 빛과 같이 되었다는 것이 무슨 의미인가? 빛은 하나님의 임재 수단입니다. 구약성경을 보면 하나님이 모세에게 임하실 때 가시떨기불꽃 가운데 임하셨습니다. 불은 하나님의 임재의 수단입니다. 여기서도 예수님의 얼굴과 옷이 빛과 같아졌다는 것은 하나님의 왕의 영광, 하나님의 아들의 영광이 임재를 곧 나타낸 것입니다. 이것은 그리스도의 부활에서 확정될 것입니다. 드디어 부활이라는 사건, 하나님의 뜻을 이루기 위해 죽음까지도 간 이후의 부활이라는 것을 통해 하나님의 뜻이 다 실현됐을 때 예수님이 드디어 하나님의 아들로서의 권세를 행사하실 수 있는 권세를 하나님 아버지로부터 부여받은 것입니다. 하나님 나라의 왕으로서의 권세를 행사할 수 있는 권세를 받으신 것입니다. 그 영광의 권세를 호와 얼굴에 빛으로 잠시 나타난 것입니다. 그러니 부활에서 그 영광이 온전히 나타날 때까지는 말하지 말 것을 말씀하고 있는 것입니다.

그러면 왜 예수님이 장차 부활 때 나타낼 영광을 곧 옷과 얼굴이 빛나는 영광을 나타날 때 거기에 모세와 엘리야가 나타났는가입니다. 예수님이 하나님의 아들로 또는 하나님 나라의 왕국을 부활하심으로 완성하는 것과 높은 산에서 모세와 엘리야를 만나는 것과 무슨 의미가 있는가입니다. 예수님은 부활을 통해 다시는 죄가 지배하지 않는 하나님 나라 다른 말로 하면 하나님의 왕국을 건설하실 것입니다. 구약에서 하나님을 본 사람이 두 사람이 있는데 모세와 엘리야입니다. 왕상 19장 1절과 출애굽기를 보면 하나님이 자신의 영광을 나타내십니다.

그러니까 그 두 사람은 하나님의 영광을 본 사람이고, 언약의 대표자입니다. 모세는 처음 이스라엘을 하나님 나라를 세울 때 언약의 대표로 언약을 했던 언약의 대표이고, 엘리야는 이스라엘이 죄로 망해 버렸을 때 이스라엘을 회개시켜 하나님의 백성으로 다시 살게 하는 갱신의 언약을 맺는 대표입니다. 그러니까 모세와 엘리야는 하나님 나라의 시작이고 그 언약의 갱신자입니다. 예수님은 이제 그 두 언약을 완성하여 다시는 망하지 않는 하나님 나라를 부활에서 세울 새 언약의 대표입니다.

그러니까 모세와 엘리야는 자신들이 시작했던 나라를 이제는 영원히 망하지 않을 나라로 세울 분이 예수님이라는 것을 증거한다고 볼 수 있습니다. 그들은 다시는 망하지 않는 나라를 세울 분을 소망했고, 엘리야는 남은 자들을 구원할 분을 소망했습니다. 바로 그분이 자신 앞에 하나님의 부활의 영광을 입은 분임을 증거하는 것입니다. 어떻게 증거합니까? 예루살렘에 죽음으로 자신들로부터 시작한 영광의 나라를 완성하실 것입니다. 누가복음 9장 30~31절이 그 사실을 증거해 주고 있습니다.

예수님이 죽음으로 모세에게서 시작한 나라 엘리야 때 시작한 나라가 다시는 망하지 않는 나라로 완성될 것입니다. 모세와 엘리야는 예수님의 죽음으로 그 나라를 완성할 것을 증거하려고 나타난 것입니다. 하나님의 영광이 나타나자 베드로는 그곳에 장막 셋을 짓자고 하였습니다. 구약성경을 보면 하나님이 자기 백성 중에 임하시고 장막 속에 임하시면 하나님의 나라가 완성되는 것이고 하나님이 자기들의 왕으로 그들 중에 임하시는 것입니다.

그러니까 하나님이 그것에 임재해서 자기들과 함께하고 새로운 왕국을 세워 달라는 소망을 나타낸다고 볼 수 있습니다. 5절을 보니까 그때 빛난 구름이 홀연히 나타나서 저희를 덮고 구름 속에서 말씀이 있는데 이는 내 사랑하는 아들이요, 내 기뻐하는 자니 너희는 저희 말을 들으라는 것이었습니다. 하나님이 친히 예수님을 하나님의 아들로, 하나님 나라의 왕으로 증거하신 것입니다. 장차 하나님의 아들인 예수님은 죽음과 부활을 통해 하나님 나라의 왕권을 보이실 것입니다.

그때 제자들은 두려워하였고 예수님이 그들에게 두려워 말라고 하셨습니다. 그리고 제자들이 눈을 떠 보니 그들은 사라지고 예수님만 남아 있었습니다. 예수님은 이제 자신의 영광을 제자들에게 보이시고 그 영광에 제자들도 참여하게 하였습니다. 하나님은 이제 두려운 하나님으로 육체 가운데 나타난 것이 아니라 자기 백성의 죄를 사하시고 함께 사시기 위해 오신 분이기 때문에 구약처럼 제자들은 육체를 입은 하나님을 두려워해서는 안 되는 것입니다.

죄 때문에 하나님이 그들 중에 나타나지 못했습니다. 하나님은 늘 죄 때문에 두려운 하나님이셨습니다. 그러나 이제 자기 앞에 있는 육체를 입으신 그 하나님은 죄를 사하시는 하나님이십니다. 그리고 십자가에서 죄의 장막을 걷고 자기 백성을 친히 성전 삼고 사실 분이십니다. 그러니 그들은 두려워하지 말아야 하는 것입니다. 예수님이 죄를 사하시는 사랑의 하나님으로 오셨기 때문입니다. 그리고 모세와 엘리야는 말을 마치고 사라졌습니다.

이제는 그들이 나타나서는 안 되는 것입니다. 그들은 예수님을 증거하는 것으로 그들의 사역이 끝이란 것입니다. 그들은 그것으로 사라져야 하는 것입니다. 사랑하는 여러분, 베드로와 야고보와 요한에게 영광의 빛을 통해 말씀하신 그분이 이제 부활하심으로 우리의 죄를 사하시고 그분이 이제 우리 가운데 성령의 영광으로 계십니다. 그분이 친히 죽으심을 통해 우리를 하나님의 새로운 장막으로 삼으셨습니다. 하나님이 우리와 함께 사시려고 우리에게 생명을 공급하고 우리의 경배를 받으시려고 우리 안에 계셔서 늘 우리에게 성경을 통해서 말씀하십니다.

예수님이 너희들의 왕이니 그 앞에 무릎을 꿇고 살도록 요구하십니다. 그것이 하나님의 영광으로 사는 것이라고 말씀하십니다. 여러분이 이 하나님의 음성을 늘 듣고 그 음성으로 살아서 그리스도처럼 하나님의 영광의 빛을 나타내는 자들이 되기를 바랍니다. 아멘.

제32강

| 성경: 베드로후서 1장 1~11절 |

제목: 보배로운 믿음

　　　　　예수님의 은혜에 평강이 여러분에게 함께하시기를 기원합니다. 오늘은 베드로후서 1장 1~11절을 본문으로 해서 보배로운 믿음이라는 제목으로 하나님의 말씀을 강론하겠습니다. 보배로운 믿음이라는 것은 귀중한 믿음이라는 것입니다. 그러면 어떠한 믿음이 보배로운 믿음인가. 그것을 오늘 본문은 말하고 있습니다.

　믿음이라는 것은 하나님을 신뢰하는 삶입니다. 간략하게 말하면 예수님을 구주로 믿는 것, 지키심을 믿는 것, 재림하여 믿는 자에게 상 주심을 믿는 것 그리고 그분의 말씀대로 사는 것을 말합니다. 믿음과 행위는 하나이지 분리되지 않습니다. 믿음이라는 이 단어의 정의는 중요합니다. 만약 그 정의를 율법주의나 기복적인 사고로 정의하면 믿음이라는 말은 같지만 하나님이 원하시는 믿음은 아니어서 보배로운 믿음이 될 수 없기 때문입니다.

　이슬람교도들은 하루에 5번씩 사우디에 있는 성지 해람에 절을 합니다. 그것이 그들의 믿음에 강한 표현이고 그리고 윤리는 유대인의 율법서와 비슷합니다. 믿음을 통한 복은 유대주의와 비슷합니다. 이슬람사람들은 원래 아브라함의 아내인 하갈의 아들인 이스라엘의 후손들이기 때문에 여호와 하나님이 알라로 대체된 것입니다. 이슬람교의 창시자인 마호메트가 가브리엘 천사로부터 계시를 받아 쓴 경전이 코란인데 그 경전은 사실 구약성경을 정리한 것이라고 보면 될 것입니다.

그러니까 그들은 믿음을 통해 받는 복과 믿음의 윤리는 이스라엘과 거의 같다고 볼 수 있습니다. 이스라엘의 시온이즘과 일면 같습니다. 다윗이 여부스 사람들을 몰아낸 땅이 예수살렘의 시온언덕입니다. 그곳에 다윗은 하나님의 언약궤를 모셨습니다. 하나님이 시온산에 임재해 계시고 이스라엘에 복을 주었습니다. 그리고 이스라엘을 중심으로 해서 모든 이방백성을 다스렸습니다. 모든 세상의 중심이 이스라엘의 시온 산입니다. 그러니까 시오니즘이라는 말은 지금은 이스라엘은 작은 나라고 미국이 강대국이고 그렇지만 결국은 시온 산을 중심으로 해서 세상이 통일되고 이스라엘이 세계를 지배하는 시대가 올 것이라고 믿는 것이 시오니즘의 중심이 된 사상입니다.

그러니까 이슬람이나 이스라엘이나 그들의 믿음의 공통점은 하나님이 자기들을 중심으로 해서 결국은 유토피아를 이룬다는 믿음입니다. 그러므로 그들의 믿음의 행위로 나타나는 복음 그들 민족의 유토피아의 건설이고 그리고 행위의 법은 율법입니다. 그것이 그들이 추구하고 있는 보배로운 믿음입니다. 그렇다면 지금 베드로가 후서에서 말하고자 하는 보배로운 믿음의 복과 그 윤리는 무엇인가입니다. 바울이나 초기의 신약성경을 기록했던 기록자들의 고민은 옛 시대의 믿음과 그 믿음을 통해 드러난 복과 그리고 그 믿음의 행위인 윤리에서 벗어나도록 하는 것이 가장 큰 과제였습니다.

그리고 그 과제 때문에 갈등을 빚고 있는 것이 서신서들의 대부분의 갈등이기도 합니다. 예수 그리스도를 통해서 새롭게 지은 천국의 나라 또 하나님의 나라의 복과 그리고 그 나라의 행위인 윤리와 이전의 이스라엘 나라의 복과 그 행위인 율법과는 대치된다는 것입니다. 다른 말로 하면 하나님이 이제 그 옛 나라를 예수 그리스도 안에서 완성했기 때문에 그리고 하나님의 나라를 가져오셨기 때문에 신약의 모든 백성은 주 예수를 구주로 믿음으로 하늘나라의 백성이 된다는 것입니다.

로마서 3장 21절의 증거대로 하면 율법이 아니라 이제 새로운 의의 시대가 열렸다는 것입니다. 그러니까 베드로는 보배로운 믿음은 이제 하늘에 속한 것이고 그 복도 땅에 있는 것이 아니라 하늘에 있는 것이고 그리고 그 믿음의 행위의 법도 하늘에 속한 것임을 말하고자 하는 것입니다. 이스라엘 사람처럼 사는 것이 보배로운 믿음이 아니라 이제 그리스도와 연합하여 하늘의 백성으로 사는 것이 보배로운 믿음이라는 것을 말하고 있습니다.

베드로전서의 주제는 교회는 하늘의 백성으로 부름을 받았고, 거기가 거처지만 주님이 오시기까지는 여기서 산다는 것입니다. 분명 주님이 부활로 우주의 왕으로 세상을 통치하지만 세상은 아직도 주님을 거부하고 있고 그리고 그들의 삶의 방식과 가치와 세계관은 썩는 것에 거처를 두고 소망을 두고 복으로 생각하고 있기 때문에 하늘에 거처를 두고 소망을 두고 그 하늘을 위해 사는 것이 복이라고 믿는 교회는 많은 핍박이 있다는 것입니다.

하늘의 통치는 사랑과 용서이고, 세상의 통치는 칼의 권세이기 때문에 늘 교회는 세상에서 멸시를 당하게 되어 있습니다. 영적무감각 시대에 살고 있기 때문에 예수 믿음으로 오는 고난이 무엇인가 하는 것을 잘 알지 못할 수도 있습니다. 또한 믿음으로 산다는 것을 이원론으로 생각하고 있기 때문에 고난이 없을 수도 있지만 정말 믿음으로 그리스도의 통치를 나타내면 많은 고난이 있는 것은 사실입니다. 삶의 방식이 맞지가 않기 때문에 일어나는 것들입니다.

예를 들면 세상 사람들은 주일날 다들 모임을 갖고 그러지요. 그런데 주일날 하루를 온전히 하늘의 백성으로 살면 조롱을 많이 받습니다. 다들 주일날 예배를 제대로 드리지 않고 산으로 들로 친구 찾아가고 결혼식을 찾아가고 하니까 조롱과 멸시가 없는 것입니다. 적당한 타협으로 사니까 세상과 별로 갈등이 없는 것입니다. 그러니 정말 믿음으로 정도를 가면 갈등 투성이고 고난 투성이입니다. 특히 공직자들, 그중에서도 입법부 사람들 그리고 사법부 사람들, 비리의 톱니바퀴로 같이 맞물려 돌고 있기 때문에 그곳에서 그리스도의 통치를 나타내면 분명 갈등이 일어날 것입니다.

베드로전서는 성도의 소속이 하늘이고, 주님의 영광이 재림하기 전까지는 다 드러나지 않는 세상에 살고 있기 때문에 믿음으로 살면 고난이 있을 것이라고 말합니다. 그러나 하늘의 속한 자들이기 때문에, 하늘에 속한 자의 믿음으로 살면 하늘의 기업에 복을 줄 것이니까 하늘의 윤리를 따라 믿음의 행위를 굳게 나타내라고 말하고 있습니다. 이것이 베드로전서에서 말하는 보배로운 믿음의 내용이었습니다. 그러나 베드로후서는 유다서와 이면 같은 점을 가지고 있습니다.

하늘의 윤리적인 행위로 믿음을 지키면 하늘의 기업을 장차 받을 것이고 너희를 거절하는 자들을 하나님이 심판하실 것이라고 그러니까 믿음을 지키라는 것이 핵심이었다면 후서는 다르게 이제 성도는 하늘의 백성으로 구원을 받았으니까 이제는 죄의 종으로 살지 말고 하나님을 순종하는 하나님의 새로운 백성으로 능력 있게 하늘의 윤리를 나타내는 자들로 살 것인가 하는 것이 그 중심입니다. 그러니까 핵심이 하늘의 윤리를 나타내는 삶입니다.

3~4절을 보면 그 주제를 좀 더 알 수 있습니다. 항상 성경은 앞부분이 그 주제를 말하고 있고 중간은 그 주제를 강화하면서 설명하는 방식이고 마지막은 주제를 결론 내리는 것으로 되어 있습니다. 그리스도께서 신적 권능으로 생명과 경건에 이르게 하는 모든 것을 주셨으니 우리가 썩을 세상으로 살지 않고 신의 성품에 참여한 자로 살 것을 말하고 있습니다. 성도의 소망은 3장 14절에 나와 있는 것처럼 장차 앞에 섰을 때 흠도 티도 없는 자로 하나님 앞에 나아가는 것입니다. 17절을 보면 이 사실을 미리 알고 무법자들의 유혹에 휩쓸려 이 확신을 잃어버리지 말 것을 말합니다.

그리고 그리스도를 아는 지식에 자라 가라고 말합니다. 그러니까 무법한 자들 곧 하나님을 모르는 자들의 꾐에 빠져 타락하지 말고 우리를 구원하신 주님을 알고 순종함으로 신의 성품에 참여하는 곧 신의 성품의 윤리를 나타내는 새 백성으로 살아서 주님 오시면 의로운 자만 들어가는 그 나라에 들어가라고 말하고 있습니다. 그러니까 핵심은 무법자로 살지 말고 의의 종으로 살라. 그래야 장차 그 나라에 들어간다는 것입니다. 여기서 무법자는 신의 성품에 참여하지 않는 삶입니다. 그 사람들은 의의 나라에 들어가는 복을 받지 못할 것입니다.

그 의의 나라는 계시록에 의하면 새 하늘과 새 땅입니다. 새 하늘과 새 땅은 하나님의 보좌의 나라이지 시오니즘이 아닙니다. 무법한 자들에게 유혹당하지 말고 신의 성품에 참여하여 의의 윤리를 나타내는 것입니다. 그래야 장차 의의 나라에 들어간다는 것입니다. 그러니까 보배로운 믿음은 신의 성품에 참여하여 의의 종으로 사는 것임을 알 수 있습니다. 그리고 신의 성품에 참여하는 행위의 윤리가 무엇인가를 몇 가지 나열하고 있는데 5절부터입니다. 이것은 율법이 아니라 새로운 계명입니다. 하늘의 윤리입니다. 같은 단어를 말하고 있어도 하늘의 법입니다. 이전의 법이 아닙니다. 여러분은 믿음의 덕을 더하고 덕에 지식을 더하고 지식에 절제를 더하고 절제에 인내를 더하고 인내에 경건을 더하고 경건에 상호우애를 더하고 상호우애에 사랑을 더하라고 말합니다.

이런 것들이 갖추어지고 넉넉해지면 여러분은 우리 구주 예수 그리스도를 아는 일에 게으르거나 열매를 맺지 못하는 사람이 되지 않을 것입니다. 그러나 이러한 것들을 갖추지 못한 자들은 앞을 못 보는 사람이며 눈이 근시안인 사람입니다. 이런 사람은 자기의 옛 죄가 깨끗하여진 것을 모르는 사람입니다. 그러니 더욱 힘써 부르심을 받은 것과 택하심을 받은 것에 더욱 굳게 서십시오. 그러면 여러분은 넘어지지 않을 것이라고 말하고 있습니다.

그렇게 되면 우리의 주님이시며 구주이신 예수 그리스도의 영원한 나라에 들어갈 자격을 충분히 얻을 것이라고 말합니다.

보배로운 믿음은 신의 성품에 참여하는 의의 종으로 사는 것인데 그 보배로운 믿음을 주시는 분은 어떤 분이신가? 그것은 1절에 나와 있는 것처럼 예수 그리스도의 새로운 의를 믿는 자들입니다. 그리스도를 믿는 자들이 새로운 의의 백성으로 출생되는데 이 보배로운 믿음을 주신 주님을 앎으로써 평화와 은혜가 더 풍성해지기를 바라고 있습니다. 이 보배로운 믿음을 주신 분인 그리스도께서 신적 권능을 믿는 자들에게 주고 약속을 주어서 썩지 않은 신의 성품으로 살게 하려는 것입니다.

오늘은 서론 부분만 하고 말씀을 마치겠습니다. 여러분, 베드로후서는 성도는 하늘의 백성으로 구원을 받았으니까 이제는 죄의 종으로 살지 말고 하나님을 순종하는 하나님의 새로운 백성으로 능력 있게 하늘의 윤리를 나타내는 자들로 살 것을 말하고 입습니다. 그러니까 핵심이 신의 성품에 참여하여 하늘의 윤리를 나타내는 삶입니다. 그 삶으로 굳게 서서 그리스도의 영원한 나라에 들어갈 것을 말하고 있습니다. 신의 성품에 참여하는 윤리를 나열하고 있는데 이것은 대표적인 것들이고 요약을 하면 하나님을 인격적으로 만나는 삶을 의미합니다.

하나님을 하나님으로 인정하고 대우하는 삶이 바른 신의 성품에 참여하는 윤리적인 삶입니다. 자신을 부정하고 하나님을 하나님으로 인정하는 삶, 그것이 우리를 영원한 나라에 인도할 것입니다. 여러분 모두가 보배로운 믿음을 가진 자로 신의 성품에 참여하는 인격적인 윤리를 나타냄으로 영원한 나라에 넉넉히 들어가는 복된 자들이 되기를 바랍니다. 아멘.

제33강

| 성경: 베드로후서 1장 1~11절 |

제목: 보배로운 믿음

예수님의 은혜와 평강이 여러분과 함께 하시기를 기원합니다. 오늘 본문은 베드로후서 1장 1~11절입니다. 말씀의 제목은 보배로운 믿음입니다. 믿음이 보배롭다는 말은 귀한 믿음이라는 뜻입니다. 사람들도 자기가 소중히 여기는 것들을 가리켜서 보배로운 것이라고 말합니다. 그러나 보배로운 것들이 여러 가지가 있습니다. 고창에 가면 고인돌이 많이 있습니다. 세계적으로 유명한 고인돌집합단지입니다. 보통사람들의 눈에 그 돌들은 어디나 있는 평범한 돌입니다. 그러나 고고학을 연구하는 학자의 눈에는 그 돌은 보배로운 연구 자료입니다.

보배롭다는 것은 일차적으로 상대적입니다. 어떤 사람에게는 별거 아니지만 어떤 사람에게는 아주 중요한 것이 될 수 있습니다. 다음으로는 보배롭다는 말을 했을 때 보편적으로 그 종류가 많이 있다는 것입니다. 그러면 베드로는 오늘 본문에서는 성도가 어떠한 믿음을 가졌을 때 보배로운 믿음이 되는 것인가 하는 것이고, 그 보배로운 믿음을 주신 분이 누구신가 하는 것입니다.

첫째로 보편의 보배로운 믿음이 아니라 오늘 본문에서 말하고 있는 보배로운 믿음이 무엇인가입니다. 1절을 보면 베드로는 자신을 예수 그리스도의 종과 사도인 시몬베드로는 그렇게 하면서 서신을 시작하고 있습니다. 이런 표현법은 구약표현법을 사용하고 있기 때문입니다. 구약성경을 보면 항상 선지자들은 자신들을 가리켜서 여호와의 종이라 말합니다. 그러니까 종이라는 개념은 여호와의 일꾼이라는 개념입니다. 곧 베드로는 예수 그리스도의 종이라고 했으니까 예수 그리스도의 말씀을 전하는 자라는 뜻입니다.

종이라는 하면서 또 종이라는 말을 하는 것이 사도로 보냄을 받은 종이라는 뜻입니다. 종은 일꾼입니다. 목회자도 하나님의 일을 한다는 의미로 종입니다. 그러나 성도의 종은 아닙니다. 종이라는 헬라어 단어는 둘 로스입니다. 이 말은 옛날 우리나라에 양반과 상놈의 계층이 있었는데 종은 항상 종이고 하는 강제적인 종의 의미가 아니라 부름을 받고 자유를 따라 스스로 그리스도에게 얽매인 일꾼을 의미합니다.

종종 우리는 목회자에 대한 호칭을 그리스도의 종이라고 합니다. 그런데 대표기도를 하신 분들을 보면 어떤 분은 하나님의 종님이라고 합니다. 어떤 면에서는 이해가 갑니다. 목회자에게 하대를 할 수 없다는 것입니다. 그러나 하나님 앞에서 기도하는 것이기 때문에 하나님의 종이라고 하는 것이 바람직할 것입니다. 아무리 그 목사님이 싫어도 하나님의 종놈 하는 것도 문제가 되는 것입니다. 그러나 가급적 성도들은 목회자뿐만 아니라 교회의 모든 직분을 맡은 자들을 부를 때 사적이건 공적이건 존칭어인 '님' 자를 부르는 것이 좋습니다. 언어는 자신의 인격을 대변하기 때문입니다.

베드로후서를 받고 있는 교회들의 상황은 지금 교회 안에 거짓 선생들이 들어와 있습니다. 곧 異端(다를 이, 바를 단 - 거짓을 옳은 것이라고 주장하는 학설이나 무리들의 총칭입니다)이 들어와 있습니다. 그들은 복음을 변질시켜 보배로운 믿음을 훼손시키는 자들입니다. 그들은 거짓된 교훈으로 교회를 유혹하고 있습니다. 그런 상황에 처해 있는 그들에게 복음에는 다른 복음이 없고, 구약의 선지자들이 예언했고, 사도들이 보고 증거한 이 복음 외에는 다른 복음이 없다고 말합니다. 그러니까 사도들이 보고 증거한 복음이 보배로운 믿음의 복음입니다.

그런데 이 보배로운 믿음을 사도들만 받은 것이 아니라 신자들도 사도들과 마찬가지로 보배로운 믿음을 받았기 때문에 하나님의 완전한 지식을 가지고 있어서 더 이상의 지식이 필요 없는 것입니다. 그러니까 그들은 이미 사도들처럼 하나님께 받은 지식의 복음에 굳게 서서 하나님을 아는 지식을 받아야지 그 지식 외에 다른 지식을 끌어와서는 안 되는 것입니다. 베드로는 이 서신을 받는 그들에게 거짓 선생들이 어떤 특별한 지식이 또 있는 것처럼 가르치는데, 그것은 거짓이고 사도들이 이미 하나님께 보배로운 믿음을 받아 하나님을 아는 지식이 굳게 선 것처럼 너희들도 동일하게 보배로운 믿음을 받아서 하나님을 아는 완전한 지식을 갖고 있으니까 그 지식 외에 더 다른 지식을 추구하지 말라는 것입니다. 그리고 이미 받은 지식에 굳게 서라는 것입니다. 보배로운 믿음을 통해 하나님을 아는 지식이 완전하다 그것이 중요합니다. 지식이라는 것이 무엇인가? 날리지라는 것은 무엇을 아는 것입니다. 그런데 성경은 하나님을 아는 지식이 참이고 나머지는 거짓이라고 말합니다. 그 이유는 하나님이 세상을 만들었고, 모든 것에 존재의 법칙을 주셨으며 역사의 의미를 만들고, 역사의 완성을 향해 하나님이 세상을 이끌어 가고 있기 때문입니다.

그러니까 하나님이 모든 만물을 정의한 것을 떠나 인간 스스로 연구한 결과를 토대로 그것들을 정의하고 지식이라고 말하는 것이 거짓이라는 것입니다. 하나님이 말한 것만 참이요, 나머지는 거짓입니다. 그러니까 하나님이 말한 정의를 따라 해석하지 않고 살지 않으면 거짓이 되는 것입니다. 우리의 삶을 예로 들면 우리는 하나님의 형상으로 하나님을 영광을 위해 살라고 창조함을 입었습니다. 그런데 그렇게 살지 않고 자기를 위해 살면 거짓된 지식으로 사는 것입니다.

THE 7 헤비츠 오브 하일리 이팩티브 피플이라는 책이 있습니다. 스티븐 코비라는 사람이 쓴 책입니다. 여러분도 읽어 본 사람이 있을 것인데 성공하는 사람들의 일곱 가지 습관이라는 책입니다. 그 책은 습관이 운명을 바꾼다고 주장하고 있습니다. 많은 기독교인들은 그처럼 살아야 성공한다고 믿을 것입니다. 그러나 '노우'입니다. 그것은 거짓지식입니다. 왜 거짓지식인가. 그것은 하나님의 해석을 따라 말하지 않고 있기 때문입니다. 만약 그 책을 하나님의 책으로 읽으려면 성경으로 재해석을 해서 읽어야 할 것입니다.

하나님이 사람을 지으셨고 열심히 일하도록 하셨습니다. 성경은 그렇게 증거하고 있습니다. 그리고 하나님을 믿고 의지하면서 천국 인생을 살아야 합니다. 썩을 것을 추구해서는 안 되는 것입니다. 미래가 분명히 있습니다. 그러니 그리스도인들은 하나님을 위해 자신의 모든 것을 바르게 습관화하고 바르게 행동화해야 하는 것입니다. 하나님의 말씀을 따라 사는 것이 성도들의 바른 습관의 삶입니다. 다른 습관이 있는 것이 아니라 하나님의 말씀을 따라 사는 것이 바른 습관이라는 것입니다.

그리스도인들의 바른 성경적인 습관이 아주 중요합니다. 그 습관 중에 원칙처럼 지켜야 할 습관이 있다면 첫째는 무슨 일이 있어도 아침을 시작할 때 단 1분이라도 기도한다. 둘째는 무슨 일이 있어도 하루에 성경 한 장 이상씩은 읽는다. 셋째는 무슨 일이 있어도 하나님과 교회와 형제들을 사랑하는 구체적인 실천을 한다. 이것이 없으면 능력 있는 그리스도인이 된다는 것은 욕심입니다. 상식 이하의 신앙생활을 하면서 교회를 세우려는 사람이 모이는 교회는 소망이 없는 것입니다.

그러니까 기독인들의 성공이라는 관점하고 세상 사람들이 성공이라는 관점하고 근본적인 차이가 있지만 그리스도인들은 그 책을 읽고 성공하려면 이렇게 살아야 한다고 하나의 참지식처럼 해 버리면 어리석은 사고라는 것입니다. 하나님 안에서의 성공은 하나님의 말씀을 습관화하여 살 때입니다. 하나님의 도움으로 승리할 때입니다.

하나님이 그리스도를 통해서 하나님의 나라를 세웠습니다. 그것이 우리에게 주신 하나님의 완전한 지식입니다. 그러니까 그 이상의 것들을 말하면 거짓이 되는 것입니다. 이단들의 특성은 바로 하나님의 말씀에 자신의 뜻을 더하는 것입니다. 곧 예수 그리스도의 구원 외에 또 다른 것을 첨가시키는 것입니다.

베드로는 이 보배로운 믿음이 하나님과 예수 그리스도의 힘을 입어서 왔다고 말합니다. 곧 하나님과 예수 그리스도를 통해서 왔다고 말합니다. 1절에서 하나님과 예수 그리스도를 같이 언급하고 있는 이유는 구약의 모델을 쓰고 있기 때문입니다. 지금 사도들은 유대인 들이고 구약성경의 특징을 가지고 있습니다. 구약성경을 보면 항상 하나님은 자신이 일을 하실 때 종을 시켜서 하십니다. 모세를 시켜 서 하시고 아브라함을 시켜서 하셨습니다. 종은 하나님의 일을 한다 는 의미로 종입니다.

그러니까 예수님이 성자로 하나님이시고 하나님의 아들이지만 아 버지의 뜻을 한다는 개념으로는 하나님의 종이라고 한 것입니다. 부 모들이 자식을 키울 때 "내가 니 종이다."라는 말을 자주 사용합니 다. 이 뜻은 종처럼 자녀들을 섬기고 사랑한다는 것이지 정말 종의 신분이 아닌 것처럼 예수님이 자신을 하나님의 종이라고 지칭했을 때도 마찬가지입니다.

둘째로 보배로운 믿음이 무엇인가를 다시 한 번 정리하면 베드로 의 서신을 받고 있는 교회가 하나님의 완전한 복음을 훼손하려고 하 자 베드로는 그들에게 사도들처럼 너희들도 하나님과 예수 그리스도 를 통해서 보배로운 믿음을 받았다고 말합니다. 그 보배로운 믿음은 하나님의 완전한 지식이니까 더 다른 지식을 더하지 말라고 말합니 다. 한국사람은 보편적으로 이성보다는 감성을 더 좋아하고 논리보 다는 즉흥적인 것을 더 좋아합니다. 그래서 아무리 교회를 개혁적으 로 세워 놔도 목회자가 바뀌어서 감정에 호소하는 설교를 하면 다 넘어가는 것입니다.

울면 해결되는 것이 한국의 문화입니다. 자식이 울고 아내가 울면 남자는 거의 넘어갑니다. 그런데 남자들은 아무리 자식과 아내가 울 어도 넘어가지 말아야 할 부분은 넘어가지 말아야 하는데 우리나라는 정으로 다 통하는 문화여서 원칙을 세워서 교회를 세운다는 것이 너무 어려운 현실입니다. 그러니 믿음의 원칙으로 선다는 것이 쉽지만은 않습니다. 보배로운 믿음이 무엇인가? 보배롭다는 말은 귀하다는 말인데 어떤 면에서 보면 확실한 믿음, 흔들림이 없는 믿음이라고도 볼 수 있습니다.

그런데 성경은 이것만 말하는 것이 아니라 믿음이 좋다고 했을 때 하나님께 자신과 함께하신다는 것을 항상 신뢰하는 것이 가장 중요하고 그리고 하나님과 교제하는 삶을 의미합니다. 교제한다는 말은 코이노니아인데 하나님의 요구에 부합하는 삶을 의미합니다. 또 다른 말로 하면 하나님이 언약과 생명을 하나님 나라 안에 펼치시면 순종함으로 참여하는 것을 말합니다. 믿음이라는 말은 하나님이 구원역사를 경영한다는 것을 신뢰하는 것과 동시에 하나님이 그 구원역사를 경영하면서 우리에게 요구하신 요구에 순종하는 삶을 의미합니다.

그런데 이런 믿음의 일들은 곧 하나님이 그리스도 안에서 우리를 얼마나 사랑하시는가? 역사를 어떻게 경영하시는가? 구약 때는 선지자의 가르침이나 기록된 문서를 통해 신약은 사도의 가르침이나 기록된 문서를 통해 주신다는 것입니다. 그러니까 보배로운 믿음은 사도들의 증거와 문서를 통해 받은 것입니다. 여러분, 복음의 도라는 말은 사도를 통해 문서로 주어진 것을 말합니다. 이 도를 통해 우리는 보배로운 믿음을 받았습니다. 그 믿음은 그리스도의 의를 통해 주어졌습니다.

이 보배로운 믿음을 하나님과 그리스도의 의를 통해 받았습니다. 곧 하나님과 그리스도를 통해 받았습니다. 그 보배로운 믿음은 하나님이 구원역사를 진행한다는 것을 믿는 것이고 그 나라를 진행하면서 우리에게 요구하시는 그 순종에 기꺼이 순종하는 것을 의미합니다. 하나님의 역사운행에 대한 신뢰 그리고 요구하시는 그 요구에 순종하는 삶을 살아서 그러니까 오직 하나님의 말씀에 아멘 하는 삶을 살아서 흠과 티가 없는 보배로운 믿음의 소유자로 사는 자기를 바랍니다. 아멘.

제34강

| 성경: 베드로후서 1장 1~2절 |

제목: 보배로운 믿음

예수님의 은혜와 평강이 여러분에게 함
께하시기를 기원합니다. 오늘 본문은 베드로후서 1장 3절
부터입니다. 제목은 보배로운 믿음으로 3번째 강론입니다. 보배로운
믿음이라는 것을 귀한 믿음입니다. 지금 이 서신을 받고 있는 교회
들은 이단들의 유혹에 빠져 있는데 그들은 거짓 선생들입니다. 그들
의 거짓 가르침은 하나님이 아들 예수 그리스도를 통해 주신 구원의
지식이 완전하지 않고 자신들이 가르치는 것을 더해야 하나님을 아
는 자식이 완전하다는 것입니다.

거기에 대해 베드로는 하나님이 아들 예수 그리스도를 통해 주신
의의 믿음은 하나님의 완전한 지식으로 하나님께 순종하는 삶이 보
배로운 지식이라고 말합니다. 하나님이 예수 그리스도와 사도들을
통해 기록하여 준 그 복음이 완전한 지식이고 그 사도들과 함께 받
은 복음에 참여하여 그 믿음으로 순종하고 동행하는 삶이 보배로운
믿음이라는 것입니다.

오늘은 3절부터 강론하겠습니다. 여러분이 늘 하나님의 말씀을 듣고 그 말씀을 먹고 그 말씀대로 사는 데 힘 있는 그리스도인들이 되기를 바랍니다. 3절을 보면 그리스도께서 그의 신적으로 능력으로 우리에게 생명과 경건에 이르게 하는 모든 것을 주었습니다. 그것은 우리가 자기의 영광과 덕으로 우리를 불러 주신 분을 알았기 때문이라고 말합니다. 하나님이 자신의 영광과 덕으로 우리를 불렀다는 것을 강조합니다. 이 말은 그리스도의 의를 통해 우리를 불렀다는 말입니다. 그러니까 하나님이 그리스도의 의를 통해 우리를 부르신 것은 하나님의 영광과 덕이 되는 것입니다.

그리스도에게서 우리를 위해 자신의 영광과 덕을 나타내셨습니다. 하나님이 이아들의 영광과 덕을 통해 우리를 부르셨습니다. 그리스도의 영광과 덕을 통해 우리에게 하나님이 믿음의 도리를 주셨는데 그것이 우리에게는 보배로운 믿음이 된다는 것입니다. 그러니까 3절은 우리가 그리스도의 영광과 덕에 속한 믿음이 보배로운 믿음이라는 것입니다. 그것이 우리의 능력이라는 것입니다. 그것이 생명과 그리스도의 능력이라는 것입니다. 그것이 하나님의 완전한 지식이라는 것입니다.

그리스도가 주신 그 영광과 덕에 속한 믿음은 그리스도께서 신적인 권능으로 우리에게 생명과 경건에 이르게 하시려고 주신 것입니다. 그러니까 그리스도가 영광과 덕을 통해 보배로운 믿음을 주셨고 그것이 우리의 바른 도리인데 그 믿음의 도리 안에 그리스도의 생명과 경건에 이르는 모든 능력이 다 들어 있다는 것입니다.

능력이라는 말이 나왔는데 영어로는 파워입니다. 이 영어의 뜻으로 하면 모든 것을 할 수 있는 능력이라고 볼 수 있습니다. 여성으로 말하면 커리우먼일 것이고, 남자로 말하면 인텔리전트적인 사람일 것입니다. 그런데 성경은 모든 것을 할 수 있는 사람이라는 뜻의 의미가 아닙니다. 빌립보서 4장 13절을 보면 내게 능력 주시는 자 안에서 모든 것을 할 수 있다고 말합니다. 그리스도가 힘만 주면 '아이 캔 두잇'입니다. 그러면 빌립보서에 바울이 편지를 쓸 때 그리스도가 '힘을 줄 테니 불가능은 없다 모든 것을 도전해 봐라' 도전의식을 주려고 이 구절을 기록하여 주었는가. 그것은 아닙니다.

그러니까 그리스도인들이 어떤 일을 할 때 이 말을 인용해서 나는 만사형통할 것이다. 그런 생각을 가져서는 안 되는 것입니다. 바울은 지금 복음을 증거하다가 로마 감옥에 갇혀 있습니다. 그는 복음 때문에 아주 고민이 큽니다. 그러면 보통 사람 같으면 실망할 것입니다. 내가 이렇게 주님을 위해 수고했는데 주님이 나에게 주시는 것은 감옥이라니 그렇게 말할 수 있습니다. 그러나 바울은 그런 상황 속에서도 그는 자족하는 것을 배웠습니다. 그는 어떤 상황에 있든지 그 상황과 상관이 없이 복음을 즐거워하고 주님 한 분만으로 만족하기를 원했습니다.

그가 배가 고프든 아프든 감옥에 있든 그가 부자든 그것과는 조금도 상관없이 그는 주님의 교회가 세워지는 그것 그리고 주님이 자기 안에 있는 그것 때문에 기뻐했습니다. 이 바울의 믿음이 바로 능력 있는 믿음이지 주 안에서 모든 것을 시작하면 다 잘될 것이다 하는 것이 능력 있는 믿음이 아니라는 것입니다. 자신이 어떠한 상황에 있든 주님을 사랑할 수 있는 믿음 그리고 자신의 희생으로 교회가 세워지면 감사하는 믿음 이것이 그리스도가 주신 믿음의 능력인 것입니다.

그러니까 주님이 믿음을 주시면 그 믿음의 능력으로 그가 감옥에 있어도 주님을 신뢰하고 주님을 사랑하고 자신이 감옥에 갇혀 있는 그것이 교회에 유익하면 감옥에 있는 그것을 감사하고, 자신이 망하는 것이 하나님의 영광에 유익하면 그것 때문에 감사하고, 자신이 병이 드는 것이 하나님께 유익하면 그것으로 감사하고 이것이 그리스도가 주신 믿음으로 능력인 것입니다. 그러한 것이지 자기 믿음의 이기주의로 자신의 안녕을 추구하는 것이 그리스도의 능력이 아니라는 것입니다.

주님의 나라와, 세우신 교회와 하나님의 뜻과 형제의 유익이 아니라 자기행복, 자기만족, 자기미래의 보장을 만족시켜 주고 확신시켜 주고 하는 것은 자기의 욕심으로 그리스도의 이름을 빙자한 자기 종교적인 만족이지 그리스도의 능력은 아닙니다. 자기 뜻을 이루려는 자기 종교적인 만족을 위하는 것이 가증한 일일 뿐입니다. 가증을 벗지 않고서는 그리스도인의 능력을 진정으로 발휘할 수가 없는 것입니다. 복음 자체로 사는 깨끗한 믿음의 소유자가 진정한 그리스도의 능력의 소유자인 것입니다.

자신의 처지와 상관없이 주님의 뜻이 이루어지기를 바라는 사람이 바로 그리스도가 주신 능력 안에서 모든 것을 할 수 있는 사람입니다. 찬송가 217장의 고백이 바로 능력 있는 자의 고백일 것입니다. (한 번 부르기)

그러니까 여기서도 <u>그리스가 영광과 덕을 통해 보배로운 믿음을 주셨고, 그것이 우리의 바른 도리인데 그 믿음의 도리 안에 그리스도의 생명과 경건에 이르는 모든 능력이 다 들어 있다는 것입니다.</u> 그것은 바로 그리스도의 신적 권능으로 주어진 생명과 경건에 이르게 하는 능력이라고 했을 때도 자신이 믿음만 있으면 주님이 도와주어서 하나님의 뜻과는 상관이 없이 자기의 소망을 이룰 수 있다는 것이 믿음의 능력이 아니라는 것입니다.

로마서 5장을 보면 새로운 순종의 능력을 말하고 있습니다. 최초의 인간이 아담의 범죄로 모든 인류는 죄 가운데 태어났습니다. 아담의 죄 때문에 죄의 질서가 이 세상을 지배했기 때문입니다. 죄의 질서에 태어나서 다 죄인으로 태어나는 것입니다. 아담의 불순종은 인류에게 사망과 죄를 가져다주었습니다. 그런 의미로 구약 사람들은 죄를 이기는 능력이 없습니다. 죄를 이기는 능력이 없는 자들에게 주어진 것이 율법입니다.

그러나 우리의 믿음의 조상인 예수님은 죽기까지 하나님께 순종했습니다. 그 결과로 이 세상에서 영생의 생명이 왕 노릇 하게 하였습니다. 그러니까 누구든지 예수를 믿으면 영생을 얻고 예수 믿는 자들 안에서 생명이 왕 노릇 하는 것입니다. 생명이 왕 노릇 한다는 것은 영생이 그 사람을 다스린다는 것입니다. 우리 안에 성령이 계시고 우리 안에 영원한 생명이 있습니다. 하나님이 우리 안에 계시니 곧 하나님과 영원히 함께 사는 것이 영생입니다. 하나님이 우리 안에 영원히 산다는 의미로 우리의 영생이 왕 노릇 한다는 것입니다.

사실 예수를 안 믿어도 죽지 않습니다. 이 말이 무슨 말입니까? 하나님과 영원히 함께 살지 않는 것입니다. 살되 하나님과 같이 살지 않기 때문에 그런 의미로 사망이 왕 노릇 하는 것입니다. 하나님과 같이 살지 않는다는 것은 마귀가 사는 지옥 불에서 영원히 괴로워하며 사는 것입니다. 사람이 죽음보다 더 괴로운 것이 있는데 그것은 고통스러운 삶입니다. 문둥병에 걸려서 살점이 매일 떼어 나가는 아픔을 당하는 사람들은 죽음이 더 안식일 것입니다. 살아 있다는 것이 아픔일 것입니다.

그러니까 하나님을 떠난 지옥의 삶이 그런 것입니다. 그런 의미로 영원히 사망이 왕 노릇 하는 것입니다. 예수님의 죽음에 이르는 순종을 통해 순종의 능력이 우리에게 있습니다. 죽음과 죄를 이기신 그리스도의 생명이 성령으로 우리 안에 있습니다. 그러니까 복음을 따라 하나님을 정말 사랑하면 성령의 능력이 우리를 역사하여 우리가 죄를 이기고 사망을 이기게 하는 것입니다. 사람도 마찬가지입니다. 정말 남편이 아내를 사랑하면 생일은 잊어먹을 수 있지만 정말 아내를 배려하고 사는 것입니다. 강한 남자의 입장이 아니라 약한 아내의 입장에서 항상 생각하게 되는 것입니다. 방법이 서투를 수는 있지만 정말 아내를 사랑하면 배려와 관심이 항상 있는 것입니다.

그러니까 아내들은 남편에게 당신이 나를 사랑하고 있는가를 물어야 할 것입니다. 또한 아내도 정말 사랑하면 남편의 부족을 탓하지 않고 돕는 배필로 서는 것입니다. 그러니까 믿는 자들은 서로에게 기능적인 면이 아니라 근본적인 면을 물어야 할 것입니다. 교회에서도 마찬가지입니다. 사랑의 생명으로 있는 자는 자기의 편리와 유익을 따라 형제를 대하지 않습니다. 말과 행위가 늘 상대방을 배려하게 되는 것입니다. 자기를 조절하지 못하고 말하는 것은 솔직한 것이 아니라 사랑의 힘이 없는 자입니다.

그처럼 우리가 그리스도의 죽음에 이르는 순종을 통해 생명과 순종이 우리 안에 왕 노릇 하고 있습니다. 우리가 정말 주님을 사랑하기만 하면 그분을 신뢰하는 믿음으로 굳게 서기만 하면 하나님은 우리를 도와 능히 세상에서 승리하는 믿음의 삶을 살도록 할 것입니다.

우리가 예수를 믿는 순간 우리를 나를 위해 사는 자들이 아니라 하나님의 소유로 하나님을 위해 살 자들로 새롭게 출생하였습니다. 하나님과 형제를 위해 자신들을 헌신하는 자들로 새롭게 거듭난 것입니다.

하나님을 순종하는 능력이 있는 자들로 새롭게 태어난 것입니다. 순종의 영을 우리 안에 주셨으니까 우리가 하나님을 사랑하는 마음만으로 서면 성령은 능히 우리를 순종으로 나아가서 승리하게 한다는 것입니다. 이러한 설명처럼 베드로는 이제 그리스도의 신적 권능으로 생명과 경건에 속한 모든 것을 우리에게 주셨다고 말합니다. 그리스도가 영광과 덕으로 우리를 부르셨는데 그 부르심에 응한 자들에게 생명과 경건을 주셨다는 것입니다. 그것이 보배로운 믿음의 내용입니다.

성도의 보배로운 삶은 이 믿음으로 서는 것입니다. 사랑하는 여러분, 그리스도의 영광과 덕으로 구원하여 생명에 속한 모든 것을 주신 그것이 오늘 본문이 말한 보배로운 믿음의 내용입니다. 우리는 이것을 주신 주님을 믿음으로 생명과 경건을 선물로 받는 것입니다. 이 보배로운 믿음을 주신 주님을 믿음으로 생명과 경건을 선물로 받았습니다. 우리는 이 믿음을 따라야 합니다. 거짓된 가르침과 이단의 서설에 유혹당하지 말고 오직 그리스도의 영광과 덕으로 우리를 불러 생명과 경건을 주신 하나님을 신뢰하는 자들이 되고 그에게 늘 순종하여 생명을 얻은 자로 경건을 받은 자로 보배로운 이 믿음의 내용을 고백하고 그 고백으로 승리하는 자들이 되어야 할 것입니다.

여러분, 자신이 고백하고 있는 그 믿음의 내용으로 늘 행동하는, 그렇게 해서 항상 보배로운 믿음으로 하나님과 항상 동행하는 자들이 되어야 할 것입니다. 생명과 경건은 하나님과 동행하는 삶을 말합니다. 하나님과 동행하는 삶을 살아서 보배로운 믿음으로 승리하는 자들이 되기를 바랍니다. 아멘.

제35강

| 성경: 베드로전서 1장 3~4절 |

제목: 보배로운 믿음

예수님의 은혜와 평강이 여러분에게 함께하시기를 기원합니다. 보배로운 믿음이라는 것은 귀한 믿음입니다. 그 믿음을 주님이 우리에게 주셨고, 우리는 주님이 주신 믿음에 굳건히 서서 사는 것이 보배로운 믿음으로 사는 것입니다. 지난주에 그리스도의 신적인 능력으로 영광과 덕으로 우리를 불러 생명과 경건을 주셨다고 말씀을 드렸습니다. 그러니까 주님이 주신 보배로운 믿음은 영광과 덕으로 우리를 불러 생명과 경건을 주셨는데 그것이 주님이 주신 보배로운 믿음의 내용입니다. 그리고 성도는 그 말씀에 동행하며 사는 것이 보배로운 믿음을 지켜 내는 것입니다.

첫째로 그리스도가 우리를 영광과 덕으로 불렀다고 하는데 그 내용이 무엇입니까?

그것은 주님이 우리를 위해 하신 일들입니다. 주님의 영광과 덕은 무엇입니까? 그것은 주님이 하시고자 하는 뜻을 이루어 내는 것입니다. 구체적으로 하면 주님이 세상을 구원하시려는 하나님의 뜻에 죽기까지 순종하는 것이 그리스도의 영광과 덕입니다. 사람도 일면 같습니다. 자신이 하고 싶은 일을 하는 것이 그 사람의 영광이고 덕이 되는 것입니다.

그처럼 주님이 자신의 백성들을 위해 십자가의 길을 가신 것 그것이 주님의 영광과 덕입니다. 주님이 십자가 위에서 죽으시고 삼 일 만에 부활하셨습니다. 고린도전서의 증거로 하면 부활의 첫 열매가 되셨습니다. 부활의 첫 열매가 되셨다는 의미가 무엇인가? 주님의 부활을 통해 죄와 사망의 세계를 끝내셨다는 것을 의미합니다. 이제까지는 죄의 질서가 세상을 지배했습니다. 죄가 왕 노릇 했습니다. 사망이 왕 노릇 했습니다. 하나님이 세상을 죄 가운데 가두고 다 죄인취급 하셨습니다. 사람이 다 죽어 갔습니다. 그러나 이제 주님의 부활은 죄의 시대를 끝내고 하나님이 이제 하나님의 자녀를 하나님 앞에서 살 수 있도록 만드신 것입니다.

구약은 죄인취급을 받았기 때문에 누구도 하나님이 임재해 계신 그 지성소 안을 마음대로 들어갈 수가 없었습니다. 하나님은 죄지은 인간을 분노로 대하고 있기 때문입니다. 그러나 이제 아들의 죽음을 통해 그 진노를 거두시고 이제 죄의 담을 허시고 하나님의 자녀를 하나님 보좌 앞에서 살게 하신 것입니다. 그것이 의가 왕 노릇 한다는 것입니다. 이제 하나님의 자녀가 하나님 앞에서 거리낌이 없이 살게 된 것입니다. 주님의 부활이 첫 열매라는 것은 주님이 하나님 앞에서 죄인취급을 받고 죽었지만 처음으로 그 죽음을 이기고 다시 사셨다는 것을 말합니다.

죽음에서 다시 사심을 통해 하나님 나라의 영광을 취하신 것처럼 이제 그를 믿는 자들도 다 죽음에서 벗어나야 하나님의 영광을 취한다는 것을 말합니다. 어려운 말이지만 요약하면 하나님의 자녀가 하나님 앞에서 더 이상 거리낌이 없이 사는 것이 영생이고, 영광이고, 부활의 생명으로 사는 것입니다. 하나님이 주님의 죽음에서 죄의 값을 치르시고 하나님과 우리 사이를 가로막았던 죄의 담을 허신 것입니다. 우리가 가끔씩 사극을 보면 왕자가 잘못을 하면 왕은 왕자가 노해서 자신 앞에 나오는 것을 금하는 것을 볼 수 있습니다. 죄인취급을 하는 것입니다.

왕자는 왕자인데 죄인이니까 그 얼굴을 보지 않겠다는 것입니다. 그러면 왕자는 왕자이지만 여러 가지 제약점이 따르는 것입니다. 왕자가 그 권위를 계속 이어 가는 길은 왕 앞에 나아가고 그 앞에서 사는 것입니다. 그러면 왕자는 석고대죄를 하고 용서함을 받고 다시 왕업에서 왕자의 영광을 갖게 되는 것입니다. 왕자의 영광은 왕 앞에 설 때입니다. 그런 것처럼 우리의 영생은 영광은 하나님 앞에서 하나님의 얼굴을 바라보고 우리가 사는 것입니다.

둘째로 생명과 경건을 주신 것이 무엇인가입니다.

생명과 경건은 같은 말입니다. 이 생명은 부활의 생명입니다. 이제 영생이 우리를 다스립니다. 그런 의미로 생명이 우리 안에서 왕 노릇 합니다. 영생이라는 말은 하나님이 항상 우리와 같이 산다는 것을 말합니다. 그러니까 누구든지 예수 믿으면 이제 더 이상 하나님의 집 밖에서 사는 것이 아니라 하나님의 집에서 하나님을 모시고 사는 것입니다. 하나님이 이제 성령으로 우리 안에 있습니다. 그러니 우리가 영생으로 사는 것입니다. 생명의 주인 되신 성령이 우리를 하나님의 집으로 삼으셨으니 우리가 영생으로 사는 것입니다. 이제 우리는 하나님 보좌 앞에 날마다 담대히 나아갈 수 있는 것입니다.

주님이 영광과 덕으로 우리를 위해 십자가에 죽으셨지만 신적인 능력으로 그를 살리셔서 이제 그를 믿는 자에게 생명과 경건을 주신 것입니다. 주님이 죽기까지 하나님의 말씀에 순종하셨는데 그것이 주님의 영광과 덕입니다. 그리고 우리도 그 주님처럼 죽기까지 하나님의 말씀에 순종하는 삶이 생명과 경건을 받은 자로 사는 것입니다. 이것이 보배로운 믿음이 되는 것입니다. 이러한 삶이 우리 안에서 생명이 왕 노릇 하게 사는 것입니다.

죽음을 각오하고 믿음을 지켜 내는 삶, 이것이 능력이고 생명과 경건으로 사는 것이며 능력 있는 삶이 되는 것입니다. 단호한 결단의 삶이 바로 생명과 경건의 삶입니다. 순간순간 믿음의 결단, 이것이 참으로 중요합니다. 이러한 결단은 주님을 사모하는 마음에서 나오는 것입니다. 믿음이 없고 결단이 없다는 것은 주님을 사모하는 마음이 적다는 것이고 그 안에서는 주님의 역사가 나타나지 않는 것입니다. 철저하게 모든 일의 시작과 진행을 주님의 영광과 비례를 따져서 하는 것입니다.

그것을 생각하면 나에게 이로운 것인가 아니면 주님이 이롭게 교회가 이로운 것인가. 그것을 따라 해야 믿음이 좋은 사람이고 하나님의 도우심으로 승리할 수 있는 사람인 것입니다. 저는 기도할 때 늘 평안을 여러분에게 주시기를 기도하는데 사실 그것이 다 좋은 것만은 아닙니다. 고난이 있어서 기도도 하고 깨기도 하고 그럽니다. 아무 일 없으면 잠자다가 주님이 오시는 것입니다. 믿음의 자각, 믿음의 결단으로 오직 주님과 교회의 유익을 위해 모든 것을 결단하는 자들이 되어 하나님의 복을 풍성히 누리는 자들이 되기를 바랍니다.

셋째로 주님의 신적인 능력으로 주님의 영광과 덕으로 생명과 경건을 주셨는데 곧 부활의 생명을 주셨습니다. 그러므로 우리가 이제 신의 성품에 참여한 자가 되었다는 것입니다.

우리가 예수님을 믿음으로 우리는 신의 성품에 참여한 자들이 되었습니다. 신의 성품에 참여했다는 말은 현재의 일입니다. 이미 우리가 예수님을 믿음으로 하나님의 성품에 참여한 자들이 되었습니다. 이미 신의 성품에 참여한 자가 되었으니까 더욱 썩을 세상을 위해 살지 않고 신의 성품에 참여하는 삶을 살면 그 하나님의 보좌에 나라에 이르면 더욱 넉넉히 하늘의 생명을 풍성히 받을 것이라고 말합니다. 신의 성품에 참여하였다는 것이 무엇인가요. 그것은 주님처럼 자신을 철저히 포기하고 하나님 앞에 순종하는 삶입니다.

자신을 철저히 포기하는 삶입니다. 어느 정도의 자기의 편리와 유익을 구하는 공간을 남겨 두고 하나님을 섬기겠다는 정도의 믿음이 아니라 전적으로 하나님께 모든 것을 맡기는 것을 의미합니다. 이것이 예수님이 영광과 덕으로 부르신 보배로운 믿음의 내용입니다. 주님이 자신을 철저히 하나님 앞에 드림으로 다시는 죄와 사망이 지배하지 못하는 나라를 만드셨습니다. 그러므로 그 나라에 속한 자들의 성품은 자신을 철저히 포기하고 사는 것뿐입니다.

자신을 포기해야 하늘의 것을 얻습니다. 하늘의 것으로 풍성해지는 것입니다. 시간을 하나님께 드려야 시간이 보배로운 시간이 되는 것입니다. 하나님 앞에서의 복은 공짜가 없습니다. 자신이 심은 대로 하나님이 복을 주십니다. 믿음대로 되는 것이지요. 하나님 앞에서 자신을 철저하게 내어놓음으로 하나님의 도우심으로 사는 자들이 바로 신의 성품에 참여하는 자들인 것입니다. 이것이 바른 이성입니다. 적당히 자신의 시간을 누리고 적당히 교회예배도 참석하고 어떻게 하면 성경공부를 하지 않을까 하면 그 사람들은 평생 믿음의 진보는 없는 것입니다.

철저한 순종을 통해서만 하나님의 헌신된 사람으로 나아갈 수 있는 것입니다.

결론을 맺겠습니다.

하나님이 우리를 그리스도의 영광과 덕으로 부르셔서 생명과 경건을 주셨습니다. 그리고 우리가 그 영광과 덕으로 살게 하셨는데 그것은 신의 성품에 참여하는 삶입니다. 그 신의 성품에 참여하는 삶은 자신을 철저하게 포기하는 삶입니다. 하나님의 말씀에 모든 것을 걸고 순종하는 사람이 영광과 덕으로 부름을 받은 자로 보배로운 믿음을 소유한 자입니다. 바로 신의 성품에 참여한 자입니다. 이런 사람을 통해 믿음의 역사는 일어날 것이고 새힘교회도 성정할 것입니다.

여러분 모두가 신의 성품에 참여한 자로 하나님을 위해 모든 것을 포기하여 하늘의 것을 풍성히 가지며 하나님의 도우심으로 진정 승리하는 자들이 되기를 바랍니다. 아멘.

제36강

제목: 더욱 힘써 부르심과
택하심을 받은 것에 굳게 서라

예수님의 은혜와 평강이 여러분에게 함께하시기를 기원합니다. 베드로전서는 고난 속에서도 교회가 장차 나타날 영광의 나라를 바라보고 그리스도처럼 선으로 악을 이기라고 말씀하고 있습니다. 하늘의 기업이 준비하다 그 나라를 바라보고 믿음으로 악을 이기라는 것이었고, 베드로후서는 고난도 있지만 고난이 중심이 아니라 세상을 불법합니다. 늘 유혹이 있습니다.

미혹자들은 예수님의 재림과 그의 심판을 부인합니다. 이러한 미혹자들 가운데서도 생명과 경건의 보배로운 믿음으로 신의 성품에 참여하는 믿음, 곧 자신을 철저하게 포기하는 믿음으로 계속 살아서 새 하늘과 새 땅을 상속할 것인가를 말하고 있습니다. 오늘은 더욱 힘써 부르심과 택하심을 받은 것에 굳게 서라는 제목으로 강론을 하겠습니다. 그러니까 중요한 것은 더욱 힘써야 할 것이 무엇이고 부르심이 무엇인가 하는 것이고, 택한 것이 무엇인가입니다.

첫째로 더욱 힘쓰라는 것은 무엇입니까? 4절에 "이로써 그 보배롭고 지극히 큰 약속을 우리에게 주사 이 약속으로 말미암아 너희로 정욕을 인하여 세상에서 썩어질 것을 피하여 신의 성품에 참여하는 자가 되게 하려 하셨으니 이러므로 더욱 힘써” 하고 있습니다. 그러니까 신의 성품에 참여한 자로 사는 일에 힘쓰라는 것입니다. 그것이 보배로운 믿음입니다. 보배로운 믿음은 영광과 덕으로 주어진 것인데 보배로운 믿음으로 사는 길은 생명과 경건으로 사는 것입니다.

그렇게 보배로운 믿음으로 살면 신의 성품에 참여하는 복을 얻을 것입니다. 신의 성품에 참여하는 것이 소망이고 약속인데 그 약속을 이미 성도가 알고 있다는 것입니다. 우리는 하나님이 누구시며 예수님이 누구신가를 압니다. 그리고 우리가 어떠한 모습으로 살아야 할 것인가를 알고 있습니다. 그리고 믿음으로 산 자들에게 주실 하나님의 위로와 칭찬과 하늘의 기업을 알고 있습니다. 우리가 이성적인 능력으로 아는 것이 아니라 이미 하나님이 우리에게 그 모든 것을 말씀해 주셨습니다.

하나님이 누구신가, 예수님이 누구신가?, 세상의 끝은 무엇인가?, 하나님의 심판은 무엇인가?

우리가 사는 삶의 목적은 우리가 무엇을 하든지 하나님의 영광을 위해서 하는 것이라는 것을 알고 있습니다. 오늘 본문은 ‘정욕을 인하여 세상에 썩어질 것을 피하고 신의 성품으로 사는 일에 더욱 힘쓰라’는 것입니다. 썩을 정욕이라는 것은 일종의 바벨탑입니다. 하나님과 상관이 없이 자기의 성을 쌓는 삶입니다.

더 쉽게 말하면 하나님의 도우심을 따라 사는 것을 인정하지 않는다는 것이고, 하나님의 뜻과는 상관이 없이 자기욕심, 자기만족, 자기가족의 만족과 영광을 위해 모든 것을 투자한다는 것입니다. 먹든지 마시든지 무엇을 하든지 하나님의 영광을 위해 사는 것에서 조금만 벗어나면 그것은 정욕을 위해 사는 삶이 되는 것입니다. 정욕이라는 말은 하나님이 배제된 자기만을 위한 삶을 의미합니다.

하나님이 이미 신의 성품에 참여하는 삶은 생명과 경건으로 사는 것이라고 말씀하셨습니다. 그것을 교회는 알고 있습니다. 그 삶, 생명과 경건의 삶을 사는 데 더욱 힘쓰라는 것입니다. 이 생명과 경건은 주님의 영광과 덕으로 주신 것입니다. 주님의 영광과 덕은 자기 백성을 위해 하나님의 뜻에 순종하여 자기의 몸을 아낌없이 십자가에 내어놓은 것입니다. 그 영광과 덕으로 영생을 우리에게 주셨습니다. 그 영생은 그리스도의 생명입니다. 그러니까 우리가 경건과 덕으로 사는 길은 우리도 주님처럼 하나님의 뜻을 위해서는 언제든지 우리의 모든 것을 헌신하는 삶을 의미하고 있습니다.

그러한 삶에 더욱 힘쓰라는 것입니다. 자신을 하나님의 영광을 위해 철저하게 내어놓는 삶을 살라는 것입니다. 그것이 승리의 길입니다. 그 삶이 주님이 주시는 은혜와 평강으로 사는 삶입니다. 그렇게 힘을 쓰면 비웃음과 고난이 있지만 그렇게 사는 것이 영광의 삶이고 아직은 나타나 있지는 않지만 장차 하늘의 기업을 받는 삶이 되는 것입니다. 사람이 알고 있는 세상지식이라는 것이 어떤 면에서도 더욱 사람의 마음의 풍성하게 하기도 하지만 믿음으로 그 지식들을 바르게 볼 수 있는 힘이 부족하면 그 지식이 노예가 되어 믿음을 저버리는 경우가 많은 것이 오늘의 현실입니다. 우리의 믿음의 선조들을 보면 우리처럼 많은 학식과 세상의 지식을 가지고 있지 않았습니다. 그런데 주님을 사랑하는 마음은 우리보다 더 정열적이었고 순수했습니다. 사실 그것이 최고의 지식이고 최고의 믿음입니다. 아무리 우리가 세상의 학식과 지식을 많이 알고 있다고 할지라도 하나님을 모르고 사는 것이 당연한 것으로 알고, 실제로 헌신하지 않으면 그 사람은 거짓 지식을 알고 있는 것입니다.

참지식은 하나님을 아는 것이고 그리고 하나님을 위해 자신을 헌신하는 것입니다. 그러니까 하나님을 지식으로 안다고 할지라도 하나님 앞에서의 헌신, 자신을 철저하게 내어놓는 헌신이 없으면 하나님을 바르게 아는 것이 아닌 것입니다. 이성으로 하나님을 아는 것이 아니라 믿음으로 하나님을 아는 자들이 되기를 바랍니다. 그래서 우리 믿음의 위대함을 교회를 통해 드러내기를 바랍니다. 경건과 생명으로 사는 일에 더욱 힘쓰는 곧 자신을 늘 하나님의 산 제물로 헌신하는 자들이 되기를 바랍니다.

하루의 삶을 시작할 때 오늘은 하나님께 어떤 삶으로 영광을 돌릴 것인가를 항상 생각하라는 것입니다. 종교인이 아니라 그리스도인으로 살라는 것입니다. 그렇게 해서 장차 썩지 않는 하늘의 기업을 받는 소망의 달음질을 계속해야 할 것입니다. 그러면 마지막 날에 신의 성품에 온전히 참여할 것입니다. 그것이 보배로운 믿음의 마지막 열매입니다. 생명과 경건으로 사는 것은 썩을 것을 위해 사는 것이 아닙니다. 그것이 우리의 보배로운 믿음이고 그 보배로운 믿음으로 우리가 열심히 달음질하면 결국은 하늘의 썩지 않는 기업을 받고 하나님의 신의 성품에 온전히 참여하는 것입니다. 신의 성품에 참여한다는 것이 하나님 보좌 앞에서 산다는 것을 의미합니다.

지금도 우리는 신의 성품에 참여한 자로 살고 있습니다. 우리의 머리가 그리스도인데 그분이 하늘보좌에 있기 때문입니다. 그러나 그것은 완전한 참여가 아닙니다. 그것은 언약적인 것이고 우리의 몸이 직접적으로 하나님의 보좌에 이르렀을 때 신의 성품에 완전히 참여를 하는 것입니다.

그러니까 더욱 힘쓸 것은 생명과 경건의 믿음, 하늘의 소망을 두는 믿음, 그리스도처럼 늘 하나님을 위해 헌신하는 믿음을 나타내는 것입니다. 저는 말보다 믿음 있는 실천이 더 중요하다고 생각합니다. 여러분이 그런 믿음의 소유자가 다 되시기를 바랍니다.

둘째로 더욱 힘쓸 믿음은 생명과 경건의 믿음인데 믿음의 구체적인 내용이 무엇인가입니다.

그러니까 생명과 경건의 믿음의 구체적인 실천이 무엇인가입니다. 5~7절이 이것을 말하고 있습니다. 믿음에 덕을 더하고 덕에 지식을 더하고 지식에 절제를 더하고 절제에 인내를 더하고 인내에 경건을 더하고 경건에 상호우애를 더하고 상호우애에 사랑을 더하는 것입니다. 이것이 보배로운 믿음의 구체적인 삶입니다. 베드로후서에서 말하는 불법한 세계에서 하나님의 법으로 사는 길입니다.

이렇게 사는 것이 부르신 자의 그 부르심에 확고하게 서는 것입니다. 이러한 백성으로 살도록 하기 위해 우리에게 그리스도의 영광과 덕으로 영생과 생명을 주시고 신의 성품에 참여하는 복을 주셨기 때문입니다. 믿음의 지식이라는 것은 삶이 없으면 종교적인 삶에 불과한 것입니다. 아무리 아내를 사랑한다고 고백해도 구체적인 남편의 역할을 못 하면 그 사랑한다는 말은 위선이고 가증한 고백이 되는 것입니다.

사랑한다고 할 때는 그 단어 안에 구체적인 사랑의 행동이 담겨 있는 것입니다. 주님을 사랑하는 것도 마찬가지입니다. 사랑의 구체적인 고백 곧 신앙고백적인 구체적인 삶이 있어야 바른 믿음인 것입니다. 기독교는 언약의 종교입니다. 언약의 종교라는 것은 언약의 법이 시행되는 것을 말합니다.

구약성경 말라기를 보면 이스라엘 백성은 참으로 하나님을 사랑한다는 말을 잘하고 하나님을 위해서 산다는 말을 아주 잘했습니다. 그런데 그들의 사랑의 행위는 다 가증스러운 것이었습니다. 하나님을 사랑한다고 하면서도 제사를 드릴 때는 가장 못생기고 값어치가 나가지 않는 소나 양을 하나님께 드리고, 하나님께 제사를 드린다는 명분으로 부모를 섬기지 아니했습니다. 그리고 약한 자들도 돌아보지 아니했습니다.

하나님은 그러한 그들의 행위를 가증스러운 행위라고 말씀하셨습니다.

사랑하는 여러분, 우리는 그리스도의 신적인 능력으로 그의 영광과 덕으로 구원을 받아 생명과 경건을 가진 자들이 되었습니다. 하나님이 이 보배로운 믿음을 주시고 이제 우리가 그 보배로운 믿음으로 동행하기를 원하십니다. 구체적인 삶의 행동, 자신을 철저하게 하나님께 헌신하는 그 보배로운 믿음의 행동을 통해 온전한 신의 성품에 참여하고 장차 나타날 하늘의 기업에 참여하기를 바라십니다.

우리를 부르심과 택하심은 바로 이 보배로운 믿음으로 동행하기를 원해서입니다. 부르심은 바로 우리를 신의 성품으로 부르셨습니다. 그 부르심으로 사는 것은 바로 생명과 경건으로 사는 것인데 그리스도처럼 하나님을 위해 자신을 철저히 헌신하는 것입니다. 그것을 애써 지킬 때 하나님은 신의 성품에 온전히 참여함과 하늘의 기업을 주실 것입니다. 그 애써 지킬 구체적인 내용은 믿음에 덕을 더하고 덕에 지식을 더하고 지식에 절제를 더하고 절제에 인내를 더하고 인내에 경건을 더하고 경건에 상호우애를 더하고 상호우애에 사랑을 더하는 것입니다.

여러분이 이 믿음으로 구체적인 삶을 더욱 힘써 살아 하나님의 역사로 항상 믿음으로 승리하고 장차 나타날 영광의 나라에 넉넉히 들어가서 신의 성품에 참여하고 하늘의 기업을 풍성히 얻는 자들이 되기를 바랍니다. 아멘.

제37강

| 성경: 베드로후서 1장 5~11절 |

제목: 더욱 힘써 부르심과 택하심을 받은 것에 굳게 서라

예수님의 은혜와 평강이 여러분에게 함께하시기를 기원합니다. 오늘 본문은 베드로후서 1장 5~11절로 더욱 힘써 부르심과 택하심을 받은 것에 굳게 서라는 제목으로 두 번째 강론을 하겠습니다. 그리스도가 영광과 덕으로 우리를 구원하여 생명과 경건을 주셔서 신의 성품에 참여하도록 하라고 말하고 있습니다. 그리스도의 영광과 덕은 우리를 위해 아버지 앞에 죽기까지 순종하신 그리스도의 모습입니다. 그 순종을 통해 주신 생명과 경건은 거의 같은 의미로 주님이 주신 영원한 생명입니다.

그 생명으로 신의 성품에 참여하도록 힘쓰라고 말하고 있습니다. 이미 우리는 예수님을 구주로 믿음으로 그리스도의 영을 받아 신의 성품에 참여한 자가 되었습니다. 신의 성품에 참여한다는 것은 우리가 신이 된다는 말이 아니라 하나님과 함께 산다는 것을 의미합니다. 그럼 이미 우리가 성령을 모심으로 신의 성품에 참여한 자가 되었는데 또 신의 성품에 참여한 자가 되라는 의미는 무엇인가입니다.

그것은 이미 우리가 성령을 모시고 있지만 주의 완성된 나라에 들어간 것은 아닙니다. 주님이 재림하셔야 역사가 완성이 되고 죽음이 끝이 날 것입니다. 그러니까 주의 품에 안길 때까지 생명과 경건의 삶을 사는 것이 신의 성품에 참여한 자로 사는 것입니다. 그 삶을 통해 신의 성품에 온전히 참여할 것입니다. 생명과 경건의 삶은 주님처럼 하나님을 위해 우리의 에고를 철저하게 버리고 오직 주님만을 위하고 주님만을 신뢰하는 삶을 의미합니다.

신의 성품에 참여하는 삶을 살도록 더욱 힘쓰라고 하는데 그것이 부르심에 합당한 삶입니다. 언약의 백성으로 부르신 것은 언약의 백성으로 살도록 하기 위함입니다. 신의 성품으로 더욱 힘써야 할 내용은 믿음에 덕을 더하고 덕에 지식을 더하고 지식에 절제를 더하고 절제에 인내를 더하고 인내에 경건을 더하고 경건에 상호우애를 더하고 상호우애에 사랑을 더하는 것입니다. 이러한 내용으로 힘써 동행을 하면 넘어지지 않을 것이고 이러한 것들을 힘써 지키지 않으면 넘어질 것입니다.

우리는 예수 믿는 순간 하늘의 생명을 받았고 그러므로 이미 우리는 이러한 것들을 지킬 능력이 우리 안에 있는 것입니다. 예수 믿는 자들이 무엇인가 부족해서 지키라는 것이 아니라 이미 이러한 것들을 지킬 능력이 그 안에 있음을 지키라는 것입니다. 이미 이러한 성품을 예수를 믿음으로 받았습니다. 이미 받은 그 보배로운 믿음을 힘써 지키라는 것입니다. 우리나라가 세계에서 이혼율이 제2위라고 합니다.

그런데 그들이 이혼을 하는 것이 무엇인가 부족한 관계는 아닙니다. 결혼을 함으로 완전한 부부가 되었습니다. 부부의 사랑으로만 있으면 그 안에 그 관계를 누릴 능력이 다 있습니다. 문제는 부부의 온전한 관계의 능력으로 서지 않기 때문에 불만이 있고 이혼을 하는 것입니다. 부부관계가 좋은 사람과 나쁜 사람의 차이는 아주 간단합니다. 좋은 부부는 관점을 항상 내 중심이 아니라 상대편에 두고 삽니다.

외국에는 백화점에 남편놀이방이 생겼다고 합니다. 그 안에 여러 가지 성인남자가 놀 수 있는 시설이 되어 있습니다. 남자들은 이성적인 것이 강해서 아이쇼핑을 무익한 것으로 알기 때문에 여성들의 아이쇼핑을 잘 이해하지 못합니다. 그러니까 아내가 물건을 사러 가서 살 물건 외에도 눈을 돌려 그것을 감상하고 시간을 보내는 것을 힘들어합니다. 그래서 남편놀이방을 만든 것입니다. 그러니까 남편은 아내가 아이쇼핑을 하면 아내의 입장에서 생각을 하라는 것입니다. '내 아내는 참으로 센티멘털한 부분이 많구나' 하고 매력을 느끼는 훈련을 해야지 '참 저 늦는구나' 하면 바른 관계로 사는 것이 아니라는 것입니다. 사랑은 무례한 모습이 나타나지 않기 때문입니다.

생각과 말과 행동을 무례히 하는 것은 사랑의 능력이 아닙니다.

남편이 되면 아내를 사랑하는 능력이 있습니다. 부부로 관계가 형성되는 순간 부부의 능력이 그 안에 있습니다. 자기 목숨을 다 바쳐서 아내를 보호하고 연약한 아내를 이해하고 사랑하는 능력이 그 안에 있습니다. 정상적인 관계라면 항상 그 안에 그 능력이 있는 것입니다. 부부의 관계가 맺어지는 순간 그 능력을 남자는 받은 것입니다. 이것이 사랑의 능력입니다. 관계가 성립이 되면 부부의 사랑을 나타내는 모양은 달라도 사랑의 능력을 발휘한다는 관계는 다 같습니다.

이처럼 내가 예수를 믿는 순간 하나님과 우리는 온전한 관계고 죄를 이긴 그리스도의 생명이 성령으로 우리 안에 있으므로 죄인들을 아낌없이 사랑하는 사랑의 능력이 우리 안에 있는 것입니다. 그 신의 성품을 드러내라는 것입니다. 그것이 부르심에 굳게 서는 것입니다. 굳게 서서 이러한 말씀을 지키면 넘어지지 않을 것이고, 지키지 않으면 능력이 상실되어 그리스도의 나라에 넉넉히 들어간다고 말씀하십니다.

말씀을 행함 그것이 성령이 역사하는 통로이기 때문에 행하지 않는 믿음은 야고보서의 말대로 죽은 믿음이고 그 믿음으로는 그 나라에 들어가지 못한다는 것입니다. 신앙고백적인 삶이라는 것은 입으로 시인함과 더불어 행하는 것입니다. 행할 때 믿음의 능력은 드러나는 것입니다. 선택이라는 말은 한 번 그 사람이 예수를 믿으면 그 사람이 무슨 짓을 해도 천국에는 간다는 보증의 의미로서 선택이 아니라 언약의 말씀으로 하나님의 백성으로 사는 자들로 선택을 받은 것입니다. 그러니까 삶이 없으면 그 사람은 하나님의 백성으로 선택함을 받은 것이 아닙니다.

부르심과 언약의 삶은 하나입니다. 이스라엘 백성을 하나님이 애굽에서 건지셨습니다. 분명 구원하였습니다. 그러나 그 구원의 완성은 가나안에 들어가는 것입니다. 하나님이 그들을 구원하신 것은 하나님의 언약의 말씀으로 하나님을 섬기도록 하기 위합니다. 그런데 그들은 광야를 지나면서 대부분이 언약을 저버리고 언약의 말씀으로 살지를 못했습니다. 그 결과 그들은 거의 광야에서 죽고 최종적인 구원을 받지 못한 것입니다.

구원과 그 구원에서의 삶은 하나이지 분리되지 않습니다. 구원에서의 삶이 없는 자들은 종교인이지 기독교인이 아닙니다. 그 삶은 율법이 아니라 새로운 계명입니다. 베드로후서에서는 신의 성품에 속한 것을 여기에 나와 있는 몇 가지로 나열하고 있습니다. 믿음에 덕을, 덕에 지식을, 지식에 절제를, 절제에 인내를, 인내에 경건을, 경건에 형제우애를, 형제우애에 형제사랑을 공급하라고 말합니다.

여기서는 신의 성품에 참여하는 윤리의 덕목으로 이 내용이 필요하기 때문에 이러한 윤리만 필요하기 때문에 이러한 윤리만 기록하고 있습니다.

베드로후서는 이 세상과 오는 세상을 대비하는 구조입니다. 주님이 분명 성도를 하늘의 시민권을 가진 자들로 불렀지만 아직 눈에 보이는 것들은 죽고 썩습니다. 하늘의 기업은 경건과 생명입니다. 영원한 생명입니다. 이것이 신의 성품에 참여한 것입니다. 그런데 아직은 죽음이 없는 그런 생명은 아닙니다. 여전히 죽어 갑니다. 썩습니다. 분명 영생을 가졌고, 썩지 않는 하늘의 기업을 받았지만 우리 자신이 가지고 있는 육체는 썩고 죽어 갑니다. 그러나 우리는 이미 썩지 않는 하늘의 생명과 기업을 받았기 때문에 땅에 썩음과 죽음으로 끝이 나는 것은 아닙니다. 우리 육체가 썩으나 우리 안에 있는 영원한 생명은 하나님의 품에 안길 것이고, 썩을 육체는 마지막 날에 다시 부활할 것입니다.

그런데 아직은 아닙니다. 그 완전한 생명과 기업은 역사의 마지막 날 받을 것입니다. 그러나 이미 그 생명을 받았기 때문에 그 언약의 생명으로 동행하라는 것입니다. 그러니 성도는 변해 버린 세상을 위해 소망을 두고 가치를 두고 살아서는 안 됩니다. 그것은 썩을 것들이요, 영원한 것들이 아닙니다. 그러니 우리는 5, 6, 7절의 덕목을 지키는 데 힘써서 신의 성품을 나타내고 그리고 완전히 신의 성품에 썩음이 없는 몸과 생명으로 참여해야 할 것입니다.

성도는 세상에 속하지 않았습니다. 우리는 보배로운 믿음을 받았습니다. 그러나 세상은 이 보배로운 믿음을 거절합니다. 세상은 썩을 것에 생명과 가치를 두고 살아가고 있습니다. 그런 세상에 보배로운 믿음을 나타내면 탁월하게 그 덕이 드러날 것입니다. 믿음을 지키면 덕이 세상에 나타납니다. 덕에 지식을 더하여야 합니다. 하나님의 구원의 역사를 구별하고 하나님이 우리에게 원하시는 것이 무엇인지를 알아야 한다는 것입니다.

그냥 우리의 소망은 하늘에 있으니까 썩을 것에 소망을 두지 않고 사랑을 베풀면 사람들은 믿는 자의 덕을 칭송할 것입니다. 그런데 그 칭송을 받는 삶이 무엇인가를 알아야 한다는 것입니다. 무엇 때문에 덕을 쌓는 삶을 살아야 하는데 그 지식을 알아야 한다는 것입니다. 예수 믿는 사람들 중에서 덕이 있는 자들이 많이 있습니다. 그러나 복음의 지식이 없어서 하나님 나라의 봉사자로 충성을 못 하고 그냥 자기 이름을 내는 것으로 만족하는 자들도 있습니다. 덕을 베푸는 것이 하나님 나라를 봉사하는 행위라는 것을 모르기 때문입니다.

지식에 절제를 더하라고 말합니다. 성도가 자신의 무엇을 위해 살고 있는지 자신이 가는 그 목표가 무엇인지 어떻게 사는 것이 옳은 것인지를 바르게 알면 절제되는 삶이 나올 것입니다. 말은 독과 같아서 잘못하면 여러 사람의 영혼을 죽일 수도 있는 것입니다. 보배로운 믿음을 가진 자들은 자기의 말이 형제를 기쁘게 하고 용기를 주고 형제의 영혼을 아름답게 하는 것인가를 먼저 생각하고 해야 할 것입니다. 이것이 말의 절제입니다.

아무리 자기의 주장이 정당하고 옳아도 형제에게 아픔을 주는 말이라면 그것은 삼가야 합니다. 내 경험으로는 충고를 안 해도 믿음으로 서 있으면 자기가 자신을 압니다. 그러니 충고한답시고 형제의 영혼을 아프게 해서는 안 되는 것입니다. 조용한 기도 그것이 형제를 가장 사랑하는 길입니다. 여러분, 우리는 보배로운 믿음을 가진 자들입니다. 이 보배로운 믿음을 가진 자들로 그 믿음을 지키는 데 더욱 힘쓰기 바랍니다.

복음을 따라 믿음에 덕을 더하고 덕에 지식을 더하고 지식에 절제를 더하는 삶을 사는 데 더욱 힘써 부르심에 합당한 자로 동행해서 결국은 마지막 날 신의 성품에 온전히 참여하는 자들이 되기를 바랍니다. 아멘.

제38강

| 성경: 베드로후서 1장 15~21절 |

제목: 더욱 힘써 부르심과 택하심을 받은 것에 굳게 서라

예수님의 은혜와 평강이 여러분에게 함께하시기를 기원합니다. 오늘 본문은 베드로후서 1장 5~21절입니다. 말씀의 제목은 '더욱 힘써 부르심과 택하심을 받은 것에 굳게 서라'입니다. 베드로후서는 예수님의 제자인 베드로가 쓴 편지입니다. 이 편지를 받고 있는 교회들은 갈라디아, 본도, 갑바도기아 지방에 있는 교회들입니다. 베드로가 순교하기 약 4년 전인 에이디 64년경에 쓴 편지인데 이 편지를 받고 있는 교회들은 거기 선생의 가르침에 영향을 받아서 도덕적으로 타락되어 있는 형편입니다.

그 거짓된 가르침의 내용은 그리스도의 복음의 완전성을 훼손하는 가르침으로 복음에 자기들의 가르침들을 더했습니다. 베드로는 그런 교회들에 보배로운 믿음이 무엇인가를 말하고 거짓된 믿음에서 벗어나서 사도들과 함께 받는 보배로운 믿음으로 굳게 서라고 말하고 있습니다. 그 보배로운 믿음의 내용은 예수님이 영광과 덕으로 우리를 구원하여서 생명과 경건을 주셨고, 결국 이미 신의 성품에 참여하여 있지만 생명과 경건으로 열심히 힘써 살아서 마지막 날 신의 성품에 넉넉히 들어갈 것을 말합니다.

이 영광과 덕의 복음은 자신을 아낌없이 아버지 앞에 헌신하신 주님의 순종의 내용입니다. 그 순종을 통해 우리에게 신의 성품에 참여한 복을 주셨습니다. 누구든지 예수님을 믿으면 다 성령을 받습니다. 이 성령이 우리 안에 있는 것이 신의 성품으로 사는 것입니다. 그런데 아직은 완전한 것이 아닙니다. 우리가 하늘에 계신 하나님의 품에 안길 때까지 신의 성품으로 게으르지 말고 더 많이 연구하고 어떻게 하면 더 믿음으로 살 것인가 고심하고 자신을 복음으로 쳐서 복종시키고 그렇게 해서 세상에 복음을 드러내야 할 것입니다.

주님이 여전히 세상의 왕이시지만 세상은 주님을 비웃고 열심히 주님을 섬기는 자들의 미래를 비웃습니다. 그리고 보이는 것으로 가치를 주고 유혹합니다. 주님이 재림하시고 심판한다고 해서 재림을 믿지 않고 심판을 믿지도 않습니다. 그러나 그 거짓된 자들은 주님이 오시면 심판을 받을 것입니다.

예수님을 믿는 자들은 이미 이 보배로운 믿음을 받았습니다. 그러니 타락한 세상을 부러워하거나 세상에 휩쓸려서는 안 되는 것입니다. 오직 보배로운 믿음에 굳게 서서 그 복음을 더욱 깊게 알아 가고 그 믿음에 더욱 굳게 서서 신의 성품을 나나내야 하는데 구체적으로는 믿음에 덕을 적에 지식을 지식에 절제를 절제에 인내를 인내에 경건을 경건에 형제우애를 형제우애에 사랑을 공급하라고 말합니다.

믿음이 있다고 하면서 덕이 없으면 그 믿음은 헛것입니다. 열심히 주님을 섬긴다고 하면서 이웃의 아픔을 전혀 모르는 사람은 덕이 없는 것입니다. 덕이 없는 믿음은 거짓입니다. 그러니 더욱 힘써 믿음에 덕을 더하라고 합니다. 영광과 덕으로 사는 것이 생명과 경건으로 사는 것이요, 신의 성품으로 사는 것인데 그 삶을 힘써 살라고 하면서 구체적으로 영광과 덕으로 사는 삶을 제시하고 있습니다.

그리고 덕에 지식을 더하라고 합니다. 믿음도 좋고 남도 잘 돌아보아 주는 사람이 우리 주위에 많이 있습니다. 그러나 그가 행하는 일의 목표점이 무엇인가를 모르고 스스로 영광을 취하는 경우가 종종 있습니다. 믿음의 행위와 덕이 하나님의 영광을 드러내는 행위인 것을 잊어버리고 스스로의 명예를 쌓을 수 있습니다. 그러니까 그 덕에 지식을 더해야 합니다. 왜 덕을 나타내야 하는지를 알아야 한다는 것입니다. 다음은 지식에 절제를 하는 것입니다. 자신이 누구인지를 알면 자신이 자신의 삶에 절제할 줄을 압니다. 자신의 믿음이 정당하고 덕이 정당하고 지식이 정당해도 거기에 절제를 더하지 않으면 바른 믿음으로 살 수가 없는 것입니다.

자기사고와 행위에 대한 바른 절제만이 신의 성품에 참여하는 삶을 살게 하는 것입니다. 절제라는 말은 자기를 컨트롤하는 것입니다. 조절하라는 것입니다. 아무리 좋은 것도 조절되지 않으면, 절제되지 않으면 나쁜 결과를 초래하고 마는 것입니다. 좋은 친절도 과잉친절은 결례이고 아무리 좋은 양념도 조절되지 않으면 좋은 음식 맛을 낼 수가 없는 것입니다. 물론 무관심도 문제입니다. 무관심도 절제되지 않는 행동입니다.

자신이 누구인가를 알면 자신의 인생이 조절되는 것입니다. 고린도전서를 보면 세상의 행적은 지나가고 오는 세상이 가깝다고 말합니다. 그러니 썩을 것에 마음을 메이지 말라고 말합니다. 이 말은 세상을 등지라는 말이 아니라 거기에 가치와 목표를 두지 말라는 것입

니다. 돈을 벌어야 합니다. 그런데 그 돈에 가치와 생명을 두어서는
안 됩니다. 물질의 목표는 하나님 나라의 봉사 수단이지 물질 자체
가 목적이 되어서는 안 되는 것입니다.

이 세상 행적은 금방 지나가니까 아내가 있는 사람은 없는 자처럼
남편이 있는 자도 없는 자처럼 살라 하고 있습니다. 그러니까 영원한
것처럼 메이지 말라는 것입니다. 부부의 관계도 하나님의 뜻을 실현하
는 관계로 살지 않으면 썩음으로 사는 것입니다. 물론 아내를 사랑하
고 남편을 사랑하는 것은 당연한 것입니다. 한 몸으로 힘써 사랑하는
것은 성경에서 가르치는 내용입니다. 그러나 하나님의 말씀을 떠나서
아내를 사랑하고 남편을 사랑하면 그것은 육으로 사는 것입니다.

그러니까 아내를 사랑하는 것도 하나님을 기쁘시게 하기 위해 사
랑을 해야지 하나님을 떠나 아내를 사랑하면 바른 것이 아니라는 것
입니다.

바울을 또 말하기를 처녀들이 시집을 가지 않았으니까 어떻게 하
면 하나님을 기쁘시게 할 것인가 하겠지만 결혼을 하면 어떻게 남편
을 기쁘게 하고 시댁을 기쁘게 할 것인가 마음이 나뉘지 않느냐? 그
렇게 하지 마라. 세상행적은 금방 지나간다.

그러니까 현 세상이 아니라 오는 세상에 입각해서 자신의 삶을 사
는 것이 조절하는 삶입니다.

이것이 고린도전서에서 말하는 절제의 내용입니다. 절제라는 것은
참아내는 것도 죄겠지만 조절한다는 의미가 더 강할 것입니다. 장사
를 하는 사람들을 보면 계절이 바뀔 때쯤 되면 아무리 손해를 봐도
이전 계절의 상품은 헐값에라도 처분해야 지혜로운 사람이고 조절할
줄 아는 사람입니다. 손해 볼 것이 아까워서 싸게라도 처분을 하지 않

으면 계절이 완전히 바뀌고 나면 그 옷을 이제 다 버리는 것입니다.

겨울인데 지난 여름옷을 가게에 걸어 놓고 여름에 팔던 가격으로 팔려고 하면 사람들이 비웃을 것입니다. 우리는 이미 하늘에 속한 자들이고 그 하늘나라를 위해 사는 자들이며 세상을 위해 사는 자들이 아닙니다. 우리는 세상의 아무리 좋은 것도 영원하지 않으며 결국은 썩고 모든 관계도 영원한 것이 아니라는 것을 알고 있습니다. 이 복음의 지식을 알기 때문에 우리의 세상 삶을 조절하는 것입니다.

아무리 좋아도 주님을 하늘의 삶을 추구하기 위해 조절하고 자유가 있어도 하늘의 삶을 위해 조절하는 것입니다. 잠자는 것도, 일하는 것도, 내 개인적인 성공이 아니라 하늘의 삶을 위해 조절하는 것입니다. 우리는 하늘의 쇠하지 않는 기업을 받았습니다. 우리 안에 숨 쉬고 있는 생명은 하늘의 생명이지 세상의 생명은 아닙니다. 우리는 우리의 육체가 영원하지 않다는 것을 압니다. 이 말은 염세주의를 말하는 것이 아니라 우리의 삶의 궁극적인 목적이 무엇인가를 알아야 한다는 것입니다.

우리는 노인의 모습에서 우리의 삶의 자세를 배워야 합니다. 영원한 기업과 부활의 생명과 성령이 우리 안에 있습니다. 우리는 하늘에 속한 자입니다. 우리는 주님의 부활을 믿습니다. 그리고 마지막 날 우리가 다시 부활할 것을 믿습니다. 지식은 바른 복음의 내용입니다. 복음의 지식이 없으면 바른 절제적인 삶을 살 수가 없는 것입니다. 사람은 사고한 대로 행동을 낳습니다.

생각이 행동의 원인자입니다. 그러니까 바른 복음의 지식은 참으로 중요합니다. 신의 성품에 참여하는 바른 삶만이 우리가 하나님의 나라의 영광에 참여한다는 것을 알 때 바른 지식의 믿음의 동행은 우리의 미래의 모든 것을 결정하는 것입니다. 나는 교회 다니는 사람들 중에 많은 사람이 마지막 부활에 참여하지 못할 것이라고 생각합니다. 왜냐하면 바른 복음의 지식을 갖지 않았고 그리고 그 복음으로 동행하지 않는 종교인들이 많이 있기 때문입니다.

축복의 대상은 우상에서 하나님으로 바꾸어 좋고 하나님을 섬기는 사람 그리고 자기가 알고 있는 믿음으로 동행하지 않는 거짓 그리스도인들은 그 나라에 들어가지 못할 것입니다. 하나님의 나라는 미래의 것이기도 하지만 현재의 우리 속에 임한 나라이기도 합니다. 현재 우리 속에 임한 하나님 나라의 백성으로 동행하지 않으면 완성될 그 나라에도 들어가지 못합니다. 예수 믿음 그리고 천국은 보장이라는 등식을 성립되지 않습니다.

예수 믿음 그리고 그 믿음으로 동행함 이것이 믿음의 바른 등식입니다. 여기서 강조하는 믿음의 동행은 자신을 하나님을 위해 조절하는 것입니다. 많은 경우 신자들은 아직도 기복에 얽매여 있습니다. 물론 나는 여러분이 물질도 좀 더 풍성해지기를 기도하고 있습니다. 사람들은 땅에서도 부자로 살고 천국도 가고 그러면 일석이조라고 말합니다. 그리고 내 영혼이 잘됨과 같이 범사에 잘되기를 바라노라는 성경구절을 그대로 인용합니다.

그래서 예수 믿고도 아프고 가난하면 예수를 잘못 믿어서 그런다고 합니다. 그런데 사실 그렇게 보면 목사님들이 가장 부자로 살고 가장 건강해야 하는데 부자는 믿음 없는 성도입니다. 말씀을 정리하겠습니다. 성도는 미래의 나라를 위해 현재의 삶을 사는 자들입니다. 우리의 생명은 하늘나라에 속했습니다. 그러므로 여러분 모두가 하늘의 영광과 덕을 가진 자들로 무엇을 먹어야 할지 무엇을 추구해야

할지 무엇을 가장 소중하게 해야 할지 하는 것들을 잘 조절해서 더
욱 힘써서 부르심에 합당한 자들로 복음을 위해 사시기를 바랍니다.
아멘.

제39강

| 성경: 베드로후서 1장 5~11절 |

제목: 신의 성품에 참여하는 생활

　　　예수님의 은혜와 평강이 여러분에게 함께하시기를 기원합니다. 오늘 본문은 베드로후서 1장 5~11절로 제목은 신의 성품에 참여하는 생활입니다. 신의 성품에 참여하는 생활인데 광의적인 의미를 말하는 것이 아니라 오늘 본문에서 말하는 신의 성품에 참여하는 생활이 무엇인가를 강론하겠습니다. 신의 성품에 참여한다는 것이 우리의 존재가 신과 같이 된다는 말이 아니라 하나님의 마음을 갖는다고 볼 수 있습니다.

　하나님의 마음은 그리스도의 영광과 덕으로 우리를 불러 그의 생명과 경건을 주신 것입니다. 그리스도의 영광과 덕은 우리를 위해 십자가의 고난을 받고 부활하십니다. 그 일을 통해 우리에게 영생을 주신 것입니다. 그러니 누구든지 예수님을 믿으면 그 안에 영원한 생명이 있습니다. 주님은 영광과 덕으로 우리에게 생명을 주셨을 뿐만 아니라 그것을 주심으로 또 하나의 약속을 주셨습니다.

　그것은 주님의 생명을 가진 자로 살아감에 있어 정욕으로 살아가는 것이 아니라 신의 성품에 참여하는 자들이 되게 하는 것입니다. 신의 성품에 참여하는 것, 그것이 주님이 베푸신 영광과 덕으로 완전함입니다. 우리를 구원하여 마지막 신의 성품에 참여시키고자 하는 것입니다. 그러니까 처음 우리가 주님의 영광과 덕으로 부름을 받고 생명을 얻었습니다. 그리고 신의 성품에 참여했습니다.

그러나 그것이 시작이고 그것을 주심으로 또 하나의 약속이 주어진 것입니다. 그것은 마지막 날 주님의 품에 안기는 것입니다. 하나님 앞에서 영원히 사는 것입니다. 고난과 아픔과 죽음이 없는 하나님 앞에서의 삶입니다. 그 삶으로 인도하시려고 우리를 구원하신 것입니다. 예수님을 믿고 구원받은 것은 또 하나의 시작인데 그것은 하나님의 마음으로 우리가 이 세상을 동행해 가서 마지막 날에 하나님의 품에 온전히 안기는 것입니다.

존 번연의 천로역정이라는 책이 있습니다. 한 신앙인이 현재의 삶 속에서 많은 역경과 고난과 유혹을 물리치고 결국은 시온성에 들어간다는 믿음의 순례를 말하는 책입니다. 예수님을 처음 믿고 마지막 신의 성품에 참여하기 위해 믿음으로 인생길을 걸어가는 순례자의 노래를 기록한 책입니다. 이 책을 보면 마지막 날 주의 품에 안기기까지는 말할 수 없는 고난이 있습니다. 역경이 있습니다. 유혹이 있습니다. 낙담이 있습니다.

그 모든 것을 이기고 마지막 승리자의 노래를 부르는 것을 믿음의 삶, 동행의 삶이라고 하는데 하나님이 우리에게 베푸신 마음을 따라 동행하라는 것입니다. 그것이 신의 성품에 참여한 삶이고 그것이 마지막 신의 성품에 참여하는 길입니다. 오늘 본문에서는 신의 성품에 참여하는 동행의 삶을 구체적으로 말하고 있습니다. 그것은 썩을 육체의 정욕을 피하는 삶인데 그것은 신의 성품에 반대되는 삶입니다. 곧 하나님의 마음을 거스른 삶인데 곧 자신을 주장하는 모든 삶입니다.

그리스도의 영광과 덕은 자신의 뜻을 주장하는 것이 아니라 하나님의 뜻에 자신을 복종시키는 것입니다. 그러니까 육체의 정욕은 자신을 주장하는 삶입니다. 더 구체적으로 말하면 자신의 에고와 자신의 이익을 추구하는 삶입니다. 5절부터는 더욱 구체적으로 썩을 육체의 정욕으로 살지 않고 신의 성품에 참여한 자로 살 것인가를 말합니다. '믿음에 덕을, 덕에 지식을, 지식에 절제를'에 대해서 지난 시간까지 강론하였습니다. 오늘은 절제에 인내를 더하라고 하는 부분부터 강론하겠습니다. 절제라는 말은 보배로운 믿음을 가진 자들로서 썩을 세상에 대해 절제하라는 것입니다. 세상방식으로 살지 말라는 것입니다. 성도들이 믿음으로 서지 못하면 참으로 비겁하게 살 때가 많이 있습니다.

세상에 대해서 절제되지 않는 삶을 살면 자신이 누구인가를 모르고 산다는 것입니다. 세상에 대해서 절제하고 하늘의 기업을 위해 살라고 말하면 듣는 자리에서는 그래야겠다고 생각을 합니다. 그리고 성경의 지식이 최고의 지식이라고 말하면 그렇다고 하는데 세상에 나가면 그것이 아닙니다. 성경은 안 읽어도 신문은 읽어야 지식이 있는 것 같고, 성경은 안 읽어도 유명한 소설은 읽어야 유식한 것처럼 보일 것 같고 어지간히 믿음으로 깨어 있지 않으면 세상에서 말씀으로 절제하고 산다는 것이 여간 어려운 것이 아닙니다.

그러니까 절제를 말하고 있는 것입니다. 참으로 중요한 것에 생명을 걸고 영원한 것을 붙들고 살아야 하는데 그리스도인들이 너무 필요 없는 곳에 시간을 많이 허비합니다. 꼭 주님을 위해 이것은 필요하다고 하는 것을 배워야 하는데 자기 즐거움을 따라 배웁니다. 그것을 해서 주님을 위해 어떠한 일을 해야겠다는 사고가 분명히 없으면 안 하는 것이 정상적인 사고입니다. 그것이 절제의 생활입니다.

주님을 위해 시간과 물질과 건강을 조절하는 삶 이것이 바른 절제의 삶입니다. 저는 낚시를 별로 좋아하지 않습니다. 낚시를 좋아하는 사람을 뭐라고 하는 것이 아니라 물론 할 수 있습니다. 나도 옛날에는 가끔씩 낚시를 가곤 했습니다. 그런데 그 낚시를 교회 오는 것보다, 가족을 돌보는 것보다, 기도하는 것보다 더 열심히 하고 더 열정을 쏟아서는 안 된다는 것입니다. 그것은 절제하지 못하는 삶입니다.

여가생활이라는 것은 하나님을 위해 열심히 모든 것을 하고 난 뒤에 시간을 쪼개서 가는 하는 것이지 여가 자체가 주체가 돼서는 안 되는 것입니다. 제가 언젠가 예를 든 적이 있습니다. 어떤 집사님이 계셨는데 찬송도 아주 잘하고, 기도도 아주 잘하고 교회도 잘 다닙니다. 연보도 잘하고 그래요. 그런데 집에서 고성방가로 남편하고 싸우고 집 청소도 잘 안 합니다. 그러니까 사람들은 저 사람처럼 예수를 믿으려면 안 믿겠다고 할 정도입니다.

절제되지 못한 생활입니다. 믿음을 핑계로 가정을 세우지 못하고 덕을 세우지 못하는 그 믿음은 정상적인 믿음이 아닙니다. 믿음은 모든 관계의 회복이지 무너뜨림이 아닙니다. 하나님을 아는 지식으로 모든 관계를 회복하는 것입니다. 그것이 예수님이 말씀하시는 빛과 소금의 삶입니다. 하나님 나라를 비추는 삶입니다. 반대로 어떤 사람은 가족 때문에 교회에 나오지 못합니다. 이 사람도 절제되지 못한 삶입니다.

모든 관계 중에 하나님과의 관계가 우선입니다. 왜냐하면 그분에게서 생명이 나오기 때문입니다. 복음이 항상 먼저고, 그 복음의 빛으로 모든 관계를 회복하는 것이 그 다음입니다. 하나님보다 가족을 더 우선시하는 것은 우상입니다. 저는 어떤 때 하나님은 무서운 하나님이라는 생각이 들 때도 있습니다. 하나님은 질투의 하나님이셔서 하나님 자신보다 그 어떤 것을 더 사랑하면 그것을 빼앗아 간다는 것입니다.

특히 하나님보다 돈을 더 사랑하면 그 사람은 이미 망할 길을 걷는 것입니다. 자식을 하나님보다 더 사랑하면 그것도 마찬가지입니다. 성도는 하나님의 도성을 향해 가는 순례자입니다. 이 세상에서는 나그네입니다. 이 세상이 정착지가 아니라 이 세상은 하나님을 드러내서 순종하다가 지나가야 할 순례자의 환경입니다. 그러니까 가장 큰 절제는 세상의 썩는 것들, 세상의 모든 관계들, 세상의 지식들, 명예와 에고에 얽매이지 말고 그것들이 아무리 유혹할지라도 메이지 말고 부활하신 주님처럼 하나님 아버지의 영광을 위해 모든 것을 조절하는 삶이 바로 절제의 삶이 되는 것입니다.

절제의 씨를 뿌리는 자들은 그 뿌린 대로 거둡니다. 많이 뿌린 자는 많이 거두고 적게 뿌린 자는 적게 거둡니다. 예수 믿음은 공짜지만 하늘의 상급은 뿌린 대로입니다. 눈물을 흘리며 씨를 뿌린 자하고 대충 구원의 반열에 들어온 자들하고 달라야 하나님의 평등입니다. 특히 교회 일은 절제해야 합니다. 하기 싫을 때도 있겠지요. 그러나 그 순간을 항상 이기고 늘 자신을 헌신하려는 마음이 있어야 성장을 하는 것이지 자기절제와 자기노력이 없고서는 하늘의 상급도 없는 것입니다.

교회 일에 있어 가장 절제되어야 할 부분이 부지런해야 한다는 것입니다. 주일을 하루 예배하기 위해 모든 것을 조절해서 그날을 온전히 하나님께 드려야 한다는 것입니다. 어떤 때는 내가 아주 마음이 아플 때가 있는데 오후 되면 다 가 버립니다. 하루를 온전히 드려야 할 것인데 갈 핑계만 찾고 있어요. 주일도 하루 온전한 헌신이 없는데 평상시에 주님을 왕으로 인정하는 삶을 살 것인가 하는 질문을 던져 보면 아니라는 생각이 많이 드는 것은 어쩔 수 없습니다.

주님을 위해서 자신을 조절하는 것이 바로 절제의 가장 큰 덕목입니다. 절제에 인내를 더하라고 말합니다. 그것은 절제하고 살아도 인내하지 않으면 금방 실족할 수가 있기 때문입니다. 주님이 당장 오시지 않습니다. 기다려야 돼요. 그러니 인내가 필요합니다. 인내라는 것은 준비된 삶에 항상 있습니다. 오실 것을 믿으니까 인내할 것이고, 그러니까 항상 신랑을 맞이할 신부처럼 깨어 있는 것입니다.

기름을 준비한 다섯 처녀가 되는 삶이 바로 인내의 삶입니다. 항상 깨어 있어야 합니다. 항상 믿음으로 동행해야 합니다. 그래야 갑자기 주님이 오시더라도 주님이 갑자기 나를 부르실지라도 부끄러움이 없는 거지요. 오늘 내가 눈을 감더라도 부끄러운 모습이 항상 사람들에게 드러나지 않도록 하는 삶이 바로 인내의 삶입니다. 항상 정리라는 삶을 살라는 것입니다. 그래야 하나님 앞에서나 세상 사람 앞에서도 떳떳할 것입니다.

썩는 세상에서 우리가 하나님의 마음으로 신의 성품에 참여한다는 것은 탁월한 도덕성을 발휘하는 삶이 되어야 합니다. 하나님을 위해 항상 깨어 씨를 뿌리는 삶 이것을 위해 항상 모든 것을 조절하는 삶, 세상에 얽매이지 않고 항상 하나님의 말씀에 순종하는 삶이 바로 절제하는 삶입니다. 그리고 신의 성품에 참여할 날을 기다리는 항상 준비하는 삶이 인내의 삶입니다.

여러분 모두가 이렇게 신의 성품에 참여하는 자들로 살아 하늘의 소망을 두고 세상을 절제하고 인내해서 순례자의 길에서 마지막 날 하늘의 시온성에 넉넉히 다 들어가는 자들이 되시기를 바랍니다. 또 하늘의 상급을 풍성히 받는 자들이 되기를 바랍니다. 아멘.

제40강

| 성경: 베드로후서 1장 5~11절 |

제목: 신의 성품에 참여하는 생활

　　　　　예수님의 은혜와 평강이 여러분에게 함께하시기를 기원합니다. 오늘 성경은 베드로후서 1장 5~11절입니다. 말씀의 제목은 신의 성품에 참여하는 생활입니다. 신의 성품에 참여한다는 말은 예수 믿는 사람들이 신이 된다는 말이 아니라 두 가지 의미에서 신의 성품에 참여합니다. 하나는 그리스도의 마음을 갖는 것입니다. 또 하나는 하나님 앞에서 영원히 사는 것을 말합니다.

　신의 성품에 참여한다는 것은 현재적인 것과 동시에 미래적입니다. 그리스도의 영광과 덕으로 구원을 받고 생명과 경건을 얻었습니다. 생명과 경건을 얻은 것 자체가 이미 하나님 앞에서 사는 것이요, 그리스도의 마음으로 사는 것입니다. 자신을 철저히 하나님 앞에 순종하신 그리스도의 순종으로, 덕으로 우리는 예수 믿고 성령을 받은 사람들이 되었습니다. 성령이 우리 안에 있으니 우리는 하나님과 함께 사는 자들이요, 그리스도의 마음을 갖는 자들입니다.

　첫째로 신의 성품에 참여한 자는 그리스도의 영광과 덕으로 사는 자들인데 영광과 덕으로 사는 자들은 썩을 세상을 위해 살지 않는 자들입니다.

　베드로전서의 기록대로 하면 하늘의 기업을 위해 사는 것입니다. 세상이라는 말은 하나님을 인정하지 않는 또는 하나님을 위해 살지 않는 모든 사람이나 질서들을 말하고 있습니다. 그리스도인들은 그리스도로 더불어 생각하고 그리스도의 인식으로 사는 자들입니다. 이 말은 아주 중요한 말입니다. 신의 성품에 참여한다고 했을 때 그냥 좋은 사람을 말하고 있지 아니합니다. 아주 분명한 선을 그어서 신의 성품에 참여한 삶이 무엇인가를 말하고 있습니다.

　하나는 그리스도의 마음을 갖는 것입니다. 또 하나는 하나님 앞에서 영원히 사는 것을 말합니다.

　켄 블랜차드가 쓴 '칭찬은 고래도 춤추게 한다'는 책이 있습니다. 이 책의 내용은 칭찬 좋은 줄은 누구나 알지만, 칭찬을 잘하는 방법을 아는 사람은 드물다는 것입니다. 식인 범고래를 칭찬으로 춤추게 하는 비결에서 발전한 칭찬의 새로운 방법 '고래반응'을 배우자고 말합니다.

　잘못된 행동을 했을 때 야단치는 뒤통수치기 반응 대신 긍정적인 쪽으로 방향을 전환하는 재전환 방법 등 고래반응의 구체적인 방법과 실천을 위한 지침을 알려 주는 책입니다. 끝이 없는 칭찬의 매력을 말하고 있습니다. 우리나라 어른들은 아이들에게 공부하라는 말을 자주 하고 어른들은 일상생활 속에서 '미안합니다, 죄송합니다'라는 말을 많이 사용한다고 합니다. 그런데 미국사람들은 가정 내에서 '베리 굿, 엑설런트, 쌩큐'라는 말을 가장 많이 사용한다고 합니다.

그러니까 미국사람들은 일상적인 대화 속에서 아이들의 용기를 북돋아 주고 창의력을 키워 주는 데 반해 한국사람은 무의식적으로 칭찬보다는 야단에 익숙해져서 용기보다는 비판의식과 좌절의식을 키운다는 것입니다. 책의 요지는 과정을 칭찬하고 잘못된 일이 생겼을 때는 에너지를 재전환시키라는 것입니다. 그렇게 함으로써 아이를 진취적인 아이로 만들 수 있다는 것입니다. 다 긍정할 수 있는 내용입니다.

교회에서도 칭찬하면 좋으니까요. 같은 일도 다 잘하는데 이 부분을 조금만 잘하면 고칠 수 있겠다 그러면 힘이 나는데 한 가지 조금 못하는 것을 가지고 다 못하는 것처럼 말함으로 자기우월성을 나타내려는 것은 어리석은 행동입니다. 자기의 잘못을 항상 남의 탓으로 돌리려고 상대방을 헐뜯는 것도 잘못된 것입니다. 물론 다 맞는 말입니다. 그러면 교회는 무조건 칭찬하면 좋은 사람이고 진취적인 사고를 갖고, 성공한 사람으로 만들 수 있는 것인가? 성경은 무조건적인 칭찬을 말하는 것이 아니라 하나님을 아는 지식으로의 칭찬을 말합니다.

하나님의 말씀으로 칭찬하고 하나님을 위해 사는 것이 바르다는 것을 말하고, 성령의 역사로 그 사람이 하나님의 사랑으로 성공한 사람을 만들어야 하는 것입니다. 하나님의 말씀과 상관이 없이 칭찬하는 것은 바람직한 것이 아닙니다. 교회는 빠졌는데 학교에서 일들을 했어요. 그것은 단순히 칭찬할 것이 아니지요. 칭찬해서 용기를 얻는 것이 아니라 말씀을 듣고 성령의 역사를 얻어 하나님 앞에 필요한 사람으로 성장하도록 해야 하는 것입니다. 그러니까 성도의 칭찬은 공부를 잘하면 하나님이 너에게 은혜를 주셨구나, 하나님께 감사하자, 하나님의 백성답게 생각하고 행동했구나, 그렇게 칭찬을 하라는 것입니다.

하나님의 이름으로 칭찬하는 것입니다. 실수를 해도 하나님도 이해해 주실 거야, 하나님을 위해 더욱 노력하자 하는 것입니다. 이것이 하나님 중심적인 사고요 행동인 것입니다.

그러니까 신의 성품에 참여하라는 것은 단순히 도덕적인 사람으로 성공하라는 것이 아닙니다. 윤리적인 사람이나, 칭찬하는 마음이나, 좋은 사람이나, 성공하는 사람 등을 말하는 것이 아니라 그리스도의 마음을 품고 그리스도처럼 하늘의 것을 추구하는 삶을 말하고 있습니다. 썩는 세상을 추구하는 것이 아니라 신의 성품을 추구하는 삶을 5절부터는 아주 구체적으로 말하고 있습니다.

하나님의 백성답게 하는 것이 신의 성품에 참여하는 삶인데 많은 경우 세상에서 좋은 사람으로 사는 것이 하나님의 백성답게 사는 것이라는 오해가 있고, 세상의 좋은 방식으로 사는 것이 하나님의 백성답게 사는 것이라는 오해가 있어서 이 책을 소개했습니다. 세상의 좋은 사람과 하나님의 백성으로 좋은 사람을 구분하지 못합니다. 세상적인 성공과 하나님 안에서의 성공을 구분하지 못합니다. 세상적인 좋은 삶의 방식과 하나님이 원하는 삶의 방식을 구분하지 못합니다.

하나님의 사고로 모든 것을 생각하고 살지 않으면 모든 것은 위선이고 허상입니다. 하나님을 생각하지 않고 하나님을 위한 성공이 아니면 그것은 하나님 앞에서 인정되지 않는 것입니다.

둘째로 신의 성품에 참여하는 구체적인 삶은 믿음에 덕을, 덕에 지식을, 지식에 절제를, 절제에 인내를 하라고 말합니다. 믿음이 있어도 덕이 없으면 그리스도인들이 이중적인 생활을 하고 있는 것입니다. 덕이 있어도 지식이 없으면 자신의 덕을 자신의 영광을 돌립니다. 지식이 있어도 절제를 하지 못하면, 곧 조절하지 못하면 자신의 삶을 하나님께 온전히 헌신하지 못하는 것입니다.

절제가 있어도 인내가 없으면 고난과 시험이 있을 때 쉽게 넘어지게 되는 것입니다. 기다림, 주님이 오실 것을 기다림, 상 주실 때를 기다림, 기도가 응답될 때까지를 기다림, 하나님이 손길과 하나님의 뜻이 이루어지기를 기다림, 이 기다림의 인내가 없으면 쉽게 실족하고 넘어지는 것입니다. 그리고 그 인내에 경건을 더하라고 말합니다. 악한 세상에서 주님을 기다리고 주님의 때를 기다리고 주님의 응답을 기다리는 데에 있어 인내와 함께 경건이 필수적입니다. 인내를 해도 경건을 잃어버릴 수가 있습니다.

경건이라는 말은 그리스도를 생각으로 바르게 생각하고 행동하는 것을 의미합니다. 믿음에서 흔들림이 없이 그리스도의 말씀으로 항상 바르게 사는 것을 말합니다. 경건에 형제우애를 더하라고 말합니다. 자신이 혼자는 경건하게 할 수 있는데 그 경건의 목적이 형제를 사랑하고 형제를 돌보는 사랑으로 나타나지 않으면 안 되는 것입니다. 항상 경건한 생활의 목적인 형제사랑으로 나타나기 때문입니다.

믿음이 아주 좋다는 말은 형제를 사랑한다는 것입니다. 교회를 사랑한다는 것입니다. 하나님을 사랑한다는 것입니다. 갈수록 세상은 악해지고 이기주의로 변합니다. 편리주의로 나아가고 조건적인 사랑이 유행합니다. 세상이 그럴지라도 신의 성품으로 사는 자들은 주님의 손으로 사랑의 수고를 하고 형제와 우애하고 심판받을 세상까지라도 사랑으로 품어야 하는 것입니다. 우리는 악한 세대에서 살고 있습니다.

불법이 성행합니다. 사람들은 주님의 강림을 비웃습니다. 예수 믿는 사람으로 성실히 말씀으로 산다는 것이 어려운 시대입니다. 각체에 믿음의 적이 있습니다. 악한 내 마음과 나태함이 적이기도 하지만 가족과 이웃이 믿음의 적이 될 수도 있습니다. 그런 시대에서 믿음으로 인내하고 하나님의 뜻을 기다리고 하나님의 기도응답을 기다리고 경건의 모양을 잃지 않고 사랑으로 몸을 이루어 낼 것인가 하는 것입니다.

끝까지 인내하면서 사랑을 나타낼 것인가 하는 것입니다. 악한 세상을 하나님이 심판하실 것이고 우리는 사랑으로 항상 감싸 안아야 합니다. 사랑으로 감싸 안는 것이 악한 세상과 싸우는 것이요, 부르심에 굳게 서는 것입니다. 이것이 결국은 신의 성품에 참여하는 삶의 결론입니다. 이러한 삶의 실천이 없으면 그 실천으로 항상 깨어서 달음질하지 않으면 항상 소경이 되어 나태해져서 결국은 신의 성품에 넉넉히 참여하지 못한다는 것입니다.

자신을 늘 이 실천의 믿음의 채찍으로 때리지 않으면 늘 나태함과 세상의 방식으로 넘어가는 것입니다. 살을 도려내는 아픔의 경각심으로 동행하지 않으면 금방 나태하고 세상 사람과 같이 되는 것입니다. 그러니 여러분이 신의 성품으로 동행해서 곧 깨어서 믿음에 덕을, 덕에 지식을, 지식에 절제를, 절제에 인내를, 인내에 경건을, 경건에 형제우애와 사랑을 하는 일에 항상 깨어서 실천함으로 신의 성품에 넉넉히 들어가는 복된 자들이 되기를 바랍니다. 아멘.

제41강

| 성경: 베드로후서 1장 12~18절 |

제목: 항상 진리를 생각하라

예수님의 은혜와 평강이 여러분에게 함께하시기를 기원합니다. 오늘 본문은 베드로후서 1장 12~21절에 있는 말씀입니다. 말씀의 제목은 '항상 진리를 생각하라' 입니다. 앞부분에서 신의 성품에 참여하는 최종적인 결론은 악한 자들을 사랑으로 용납하고 품는 것이었습니다. 자신을 대적하는 자들을 용납하고 사랑으로 품는 윤리가 신의 성품에 참여하는 윤리이었습니다.

믿는 신자들이 항상 사랑의 믿음으로 깨어 있지 못한 대적자를 쉽게 징계하기 쉽습니다. 거의 대부분 이성적으로 살고 있기 때문에 자기의 원칙에서 조금만 벗어나면 쉽게 비판하고 선을 긋는 것입니다. 술로 교제하는 사람들은 알코올이 사람의 이성을 풀어지게 해서 술을 먹으면 자신을 대적하는 자들을 쉽게 용서할 수가 있지만 믿는 신자들은 항상 이성이 풀어지고 있지 않기 때문에 늘 그리스도의 사랑으로 깨어 있지 않으면 악한 세대에서 신의 성품으로 산다는 것은 어려운 것입니다.

늘 그리스도의 사랑으로 깨어 있는 것, 이것이 악한 자들 속에서 신의 성품을 나타내는 힘입니다. 사도행전에서 스데반이 사랑의 믿음, 사랑의 윤리를 잘 나타낸 경우입니다. 대적자들 앞에서 그는 신의 성품을 나타내었는데 자신을 돌로 치는 자들을 용서하는 기도를 하였습니다. 늘 그리스도의 사랑의 깨어 있음 이것이 여러분을 악한 세대에서 신의 성품으로 살게 해서 넉넉하게 그리스도의 나라에 들어가게 하는 원동력이 되는 것입니다.

오늘 주제는 '항상 진리를 생각하라'입니다. 진리라는 말은 변하지 않는 원칙을 말할 수 있습니다. 어떠한 상황 가운데서도 변하지 않는 것입니다. 베드로는 여기서 진리를 보배로운 믿음으로 정의하고 있습니다. 세상은 주님을 인정하지 않는 어두움의 세력입니다. 그런 세상에서 어떻게 보배로운 믿음으로 살 것인가 하는 것을 말하는데 그것은 신의 성품에 참여하는 삶입니다. 신의 성품에 참여하는 삶은 믿음에 덕을, 덕에 지식을, 지식에 절제를, 절제에 인내를, 인내에 경건을, 경건에 형제우애를, 형제우애에 사랑을 더하라고 말합니다.

보배로운 믿음은 그리스도의 영광과 덕으로 우리를 구원하여 영생을 주신 것입니다. 그 믿음을 보전하고 사는 길이 바로 신의 성품에 참여하는 것입니다. 그러니까 진리에 굳게 서라는 것은 보배로운 믿음으로 굳게 서라는 것입니다.

바울은 이미 그들이 믿음에 굳게 서 있으나 다시 한 번 그 진리를 일깨우기 위해 진리에 굳게 서라고 말하고 있습니다. 이미 보배로운 믿음이 무엇인가를 알고 있지만 그것을 꾸준히 생각하라는 것입니다. 생각하라는 것은 인식의 문제가 아닙니다. 관심의 문제입니다. 생각한다는 것은 관심을 갖는 것입니다. 인식한다는 것은 사물의 성질을 아는 것입니다. 그러나 여기서 베드로가 생각하라는 것은 진리에 대해 관심을 가지라는 것입니다.

관심을 갖는다는 것은 상대방을 늘 기분 좋게 하려고 애쓰는 마음입니다. 자식을 군대에 보낸 분이 있다면 쉽게 이해가 갈 것입니다. 보통 때도 부모가 자식에게 관심을 갖는 것이 아주 크지만 아들을 군대에 보내 놓고는 더 큽니다. 눈만 와도 자식을 걱정하고 비만 와도 자식을 걱정하고 어쩌다 휴가 나온다고 하면 며칠 전부터 자식을 위해 무엇을 해 줄 것인가를 생각하는 것입니다. 그것이 베드로가 사용하고 있는 진리를 생각하라에서 생각의 의미입니다. 관심으로 나아가라는 것입니다. 진리를 지키는 데로 항상 나아가라는 것입니다. 그리고 생각하라는 것은 관심에 믿음에 조절을 더하는 것입니다. 조절한다는 것은 일의 경중에 따라 처신하는 것은 말합니다. 주님을 위해 사는 것이 절말 중요하면 나머지는 모두 뒤로하는 것입니다. 그러니까 보배로운 믿음을 나타내는 일을 가장 소중히 하라는 것입니다.

자신의 인생을 하나님을 위해 조절하면서 사는 것을 의미합니다. 빅토르위고가 쓴 '레미제라블'이라는 소설이 있습니다. 장발장이라는 사람이 주인공으로 나오는데 그가 아주 큰 위험에 빠졌을 때 그는 신부님의 사랑으로 새로운 삶을 살게 되었고 신부님의 사랑을 더욱 증폭시키는 삶을 살다가 나중에 시장이 되었습니다. 그런데 실수로 장발장은 소년의 돈을 훔쳤다는 오해를 사게 되었고 그 시의 경감은 시장이 소년의 돈을 훔친 사람이라고 의심하고 있었습니다.

하루는 한 사람이 마차에 깔렸고 땅은 진흙이어서 바로 구하지 않으면 안 되는 위기에 처해 있었습니다. 경감은 그 마차를 들어서 옮길 수 있는 사람은 장발장밖에 없다고 하였습니다. 만약 장발장이 경감 앞에서 그 마차를 들어 사람을 구하면 경감의 의심을 받아 다시 체포되어 소년의 돈을 훔친 죄로 종신형을 받게 될 위기에 처하게 되었습니다. 그러나 그 위기 속에서도 장발장은 경감의 의심은 아랑곳하지 않고 그 마차를 들어 그 사람을 살려 주었습니다.

이것이 바로 자신의 삶은 가장 소중한 가치의 것으로 조절하는 모습입니다. 그러니까 생각하라는 것은 첫째는 관심을 갖는 것이고, 둘째는 가장 소중한 일에 자신의 삶을 조절하라는 것입니다. 장발장은 자신의 삶을 가장 소중한 것에 가치를 두고 자기의 삶을 조절한 것입니다. 이 조절이라는 것은 옳고 그름과 가치를 따라 행동을 하는 것을 의미합니다. 주님을 위해, 그러니까 신의 성품을 나타내는 일에 항상 자신을 조절하며 사는 것을 의미합니다.

믿음이 좋다는 것은 자기의 삶을 주님을 위해 잘 조절하느냐에 달려 있습니다. 믿음이 안 좋은 사람은 주님이 자기의 편리와 유익을 위해 자신을 조절하는 것입니다. 진리를 생각하는 사람은 신의 성품을 나타내는 일에 관심을 가지고 그리고 그 삶을 나타내는 일에 자신의 삶을 조절하는 것입니다. 신의 성품에 관심을 가지고 조절해야 할 구체적인 내용은 믿음에 덕을 덕에 지식을 지식에 절제를 절제에 인내를 경건에 형제우애를 형제우애에 사랑을 공급하는 것입니다.

이 일을 행하는 것을 항상 생각하고 관심을 갖고 자기의 삶을 조절하라는 것입니다.

베드로는 이미 이 서신을 받은 성도들이 이 진리를 알고 성실하게 동행하고 있는데도 다시 한 번 생각하라고 한 것은 자신의 삶이 얼마 남지 않았기 때문입니다. 그러니 다시 한 번 그 사실을 강조하고자 한 것입니다. 사랑의 마음입니다. 이미 잘하고 있는데 그들이 굳게 서 있는데도 이제 자신이 육신의 삶이 얼마 남지 않았기 때문에 다시 한 번 부탁함으로 그들이 그 진리를 저버릴 상황 속에서 바울의 부덕을 다시 생각하도록 하기 위해서입니다.

아주 간절한 마음입니다. 전해오는 말에 의하면 베드로는 십자가에 거꾸로 못 박혀 순교했다고 합니다. 주님과 같은 십자가에 매달리는 것이 죄송스러워서 자신의 거꾸로 매달려 죽는 순교를 하였다고 역사학자들은 전하고 있습니다. 그러니까 베드로는 자신의 삶의 끝을 이미 알고 있습니다. 요한복음을 보면 예수님이 이미 베드로의 삶을 예언하였습니다. 네가 젊어서는 마음대로 다녔어도 나이가 먹으면 다른 사람이 네게 띠 띠고 원하지 않는 장소로 데리고 갈 것이다 하셨습니다.

그러니까 베드로는 자신의 이 같은 순교의 죽음을 앞두고 유언과 같은 말을 하고 있는 것입니다. "내가 이미 너희들이 내가 전한 진리에 서 있는 줄은 알고 있다. 그러나 내가 죽으면 혹시 모르기 때문에 다시 한 번 이 진리에 굳게 서라고 말하는 것이라 이미 내가 보배로운 믿음을 너희에게 간증했고, 너희들은 그 믿음으로 지금 잘 살고 있다. 그러나 그 아는 일에 더욱 힘써라. 그러면 주님의 영광과 복이 더욱 풍성해질 것이고, 시험 앞에서 다시 한 번 내가 한 말이 생각나서 승리하게 될 것이다." 그렇게 부탁하고 있습니다.

두 번째로 영광스러운 보배로운 믿음을 주신 분이 누구인가를 알라는 것입니다. 첫 번째로 영광과 덕으로 신의 성품에 참여하는 삶을 살도록 하신 후에 그러면 영광과 덕으로 보배로운 믿음을 주신 그 주님이 누구신가를 알라는 것입니다. 그렇게 함으로 더욱 신의 성품에 참여시키고자 하는 것입니다. 항상 히브리문학의 특징은 강조점이 앞에 나와 있고, 나중에 그 처음의 강조점을 다시 한 번 강조하는 문맥으로 되어 있습니다.

그처럼 여기서도 그와 같은 방법을 취하고 있습니다. 먼저 그분은 영광과 덕으로 우리를 구원하신 분입니다. 또 주님의 영광은 땅에서도 하나님의 일을 하셨을 뿐만 아니라 죽으시고 부활하셔서도 그분은 하나님 앞에서 영광과 존귀를 받으신 분이십니다. 곧 하늘의 영광을 취하신 분이십니다. 그러니까 그분이 하늘의 영광을 취한 것은 그를 믿는 자들이 하늘의 영광을 취했다는 것과 동일합니다.

성경은 항상 대표 원리입니다. 그리스도가 우리의 대표이기 때문에 그분이 갖는 모든 영광을 그를 믿는 모든 백성들이 갖는 것입니다. 주님을 아는 것이 바른 복음의 능력입니다. 베드로는 주님의 능력과 강림을 말하면서 그것이 꾸며 낸 이야기가 아니라 사실이라고 말합니다. 사도들은 주님의 능력을 본 사람이라고 말하고 주님이 하나님의 아들이라는 소리를 들은 자들이라고 말합니다.

그러니까 베드로는 사도들이 이미 주님의 권능을 보았다고 말하고 병 고침과 부활과 죽은 자를 살림과 하늘의 음성을 들었고 또 예수님이 하나님의 아들로 분명히 다시 온다는 것을 알고 있다는 것입니다. 이 말은 주님을 그들이 의심한다는 말이 아니라 이처럼 우리가 증거하는 주님이 확실하기 때문에 결코 의심하지 말고 신의 성품에 굳게 서라는 것을 강조하고자 합니다. 강조법입니다. 분명한 사실이다. 그러니 더욱 굳게 진리 가운데 서서 신의 성품으로 사는 일에 관심을 갖고 모든 것을 조절하라는 것입니다.

결론적으로 말씀을 드리면 사도들의 증거대로 주님은 영광과 덕으로 우리에게 영생과 경건을 주신 분이십니다. 사도들은 이 주님이 땅에서는 많은 주님으로서의 권능을 행하신 것을 보았다고 말합니다. 그리고 하나님의 아들이라는 것을 들었다고 하였습니다. 그분은 틀림이 없는 하나님의 아들이요, 주님이시오, 강림하실 분이시요, 심판자이시요, 하늘의 기업을 주실 분임이 틀림이 없기 때문에 악한 세대에서 흔들리지 말고 그들이 받은 진리에 관심을 보이고 항상 삶을 조절하라고 말합니다.

여러분, 여러분은 이 주님의 말씀을 다 알고 있는 자들입니다. 진리로 산다는 것이 무엇인가를 알고 있습니다. 그 진리로 산다는 것은 신의 성품에 참여하는 삶에 관심을 가지고 그리고 자신의 삶을 조절하는 것입니다. 이 앎을 항상 기억하고 늘 깨어 그 앎에 관심을 가지고 자신의 삶을 조절하는 자들이 되어 복 있는 자들이 되기를 바랍니다. 아멘.

제42강

| 성경: 베드로후서 1장 19~21절 |

제목: 항상 진리를 생각하라

오늘은 베드로후서 1장 19~21절에 있는 본문으로 항상 진리를 생각하라는 제목으로 하나님의 말씀을 듣겠습니다. 진리를 생각하라고 하고 있는데 여기서 진리는 보통 말하는 옳은 것을 말하는 것이 아니라 보배로운 믿음을 항상 생각하라는 것입니다. 그 보배로운 믿음은 그들의 영광과 덕으로 그를 믿는 자들에게 영생을 주신 것입니다. 곧 신의 성품에 참여하도록 한 것입니다. 이것이 진리의 내용인데 그럼 진리를 생각하라고 했는데 이 내용만 기억하고 있으라는 것인가?

그것이 아니라 생각하라는 것은 단순한 인식의 문제가 아닙니다. 알고 있는 진리에 대해 관심을 가지라는 것이고 그리고 그 진리대로 사는 일에 대해 자신의 삶을 조절하라는 것입니다. 그 진리를 따라 사는 구체적인 삶은 믿음에 덕을, 덕에 지식을, 지식에 인내를, 인내에 경건을, 경건에 형제우애를, 형제우애에 형제사랑을 더하는 것입니다. 이 삶을 사는 일에 관심을 가지고, 그 삶을 사는 데 있어 자신의 삶을 조절하는 것이 항상 진리를 생각하는 삶입니다.

베드로는 이 사실을 이 서신을 받고 있는 자들이 이미 알고 그대로 동행하고 있음에도 다시 한 번 강조하는 것은 그 자신이 이제 얼마 있으면 육신의 장막을 벗고 하나님의 품으로 안긴다는 사실을 알았기 때문입니다. "이미 내가 너희들이 신의 성품으로 동행하고 있다는 것을 알고 있다. 이미 너희들이 믿음과 사랑으로 동행하고 있는 것을 알고 있지만 내가 얼마 있으면 너희를 떠나갈 것 같으니 다시 한 번 보배로운 믿음의 동행, 곧 신의 성품으로서의 동행을 강조하는 것이다."라고 말하고 있습니다.

그러니까 유언과 같은 것입니다. 꼭 지키라는 것입니다. 사람도 죽을 때면 자식에게 유언을 합니다. 그런데 자식이 못해서기보다는 이미 자식들이 잘하고 있지만 잘하고 있는 것을 다시 한 번 유언으로 남김으로 더 잘하도록 하기 위해 그것을 강조한다고 합니다. 베드로도 그와 같은 마음에서 신의 성품으로 동행하라고 다시 한 번 독려하고 있습니다. 그러면서 자신이 전하고 있는 주님은 자신이 몸소 본 분이라는 것을 말함으로 그들이 알고 있는 복음의 내용에 더욱 굳게 서라고 하고 있습니다.

그리고 오늘 본문 19절을 보면 여러분의 마음속에서 날이 새고 샛별이 떠오를 때까지 여러분은 어둠 속에서 등불을 대하듯이 이 예언의 말씀에 귀를 기울이는 것이 좋은 일이라고 말합니다. 이 예언의 말씀은 신의 성품에 참여하는 생활을 하라는 것입니다. 신의 성품에 참여한다는 것은 두 가지의 의미를 가지고 있습니다. 첫째는 하늘의 기업을 받는다는 것입니다. 하나님 앞에서 영원히 살 뿐만 아니라 하늘의 기업을 받습니다.

둘째는 믿음의 동행을 말하고 있습니다. 그리스도처럼 하나님 앞에서 순종하던 그 모습으로서의 동행을 말합니다. 더 구체적으로 말하면 믿음과 사랑에로의 동행입니다. 주님이 자신의 모든 것을 우리에게 주셔서 우리에게 영생을 주셨습니다. 그것을 아는 것이 그분을 아는 것이요, 그분을 소유하는 것이요, 그분과 교제하는 것입니다.

베드로가 말하는 이 예언의 말씀, 곧 그리스도가 영광과 덕으로 우리를 구원하여 생명을 주고 신의 성품에 참여하는 복을 주셨다는 것입니다. 그리고 신의 성품에 참여하는 생활을 해서 결국은 온전히 신의 성품에 안기는 것을 말하는 것입니다. 이미 신의 성품이 주어졌지만 그것은 완성된 것이 아닙니다. 이미 주어진 신의 성품으로 동행해야만 완성된 신의 성품에 참여한다는 것입니다. 그러니까 구원은 진행형입니다. 아이엔지입니다. 한국에 기독교가 처음 전해질 때 우리나라는 아주 가난하였습니다. 그때는 모든 사람이 가난에서 벗어나는 것이 유일한 꿈이었습니다. 제 기억으로는 저도 60~70년대에 살면서 간식은 오직 고구마와 감자였습니다.

가을에 고구마를 캐서 방에 대나무 발을 엮어서 그 안에 가마니로 한 20가마니 정도 저장을 하였습니다. 그리고 겨울 내내 온 식구가 간식으로 그것을 먹었습니다. 요즘은 고구마가 변비에도 좋고 다이어트에도 좋은 건강식품이어서 다들 좋아합니다. 그러나 저는 싫어합니다. 그 이유는 어릴 때 하도 건강식이 아닌 간식으로 많이 먹었기 때문입니다. 그러니까 우리나라가 복음으로 한창 부흥이 일어날 시기에는 이렇게 모든 사람이 가난하였습니다.

그래서 유일한 꿈은 가난탈출이었습니다. 원래 복음은 하나님의 백성으로 어떻게 살 것인가 하는 것이 그 중심이고 그리고 하나님으로 성실히 동행하여 마지막 승리자로 하나님 앞에서 상 받는 것이 그 중심입니다. 그런데 우리나라가 워낙 가난하니 전도의 방식이 예수 믿고 복 받읍시다 하는 것이었습니다. 그 복도 하늘나라의 복이 아니라 현재의 복이었습니다. 전도의 접촉점을 찾는다고 찾았는데 복음을 변질시켜 전도를 한 것입니다.

그러니까 복음으로 동행해서 하나님의 품에 안긴다는 청지기적인 삶의 의미를 교회가 모르게 된 것입니다. 예수 믿고 가난을 탈출하고 그리고 내세에는 영생을 얻는 것이었습니다. 결국 현재의 하나님 나라의 건설은 없게 된 것입니다. 다음으로 복음이 변질된 역사적인 상황은 일제시대와 6·25입니다. 미래에 대한 소망이 없습니다. 특히 6·25 때는 예수 믿으면 다 죽어 갑니다. 다른 이유가 필요 없습니다. 예수 믿음이 바로 순교입니다.

많은 순교자가 있는데 특히 기억에 남은 순교자의 말이 있습니다. 6·25 때 전남 신안군 증도면 증동리에서 복음을 증거하다가 순교한 문준경 전도사의 말이 늘 잊히지 않습니다. 그는 1950년대 예수 믿음 하나 때문에 공산군에 의해 교인들과 함께 백사장에 끌려가서 죽음 앞에 섰을 때 그는 말하기를 나는 죽어도 좋으니 내 자식들을 살려 달라고 하였습니다. 교인들이죠. 그러자 공산군은 반동의 새끼를 낳는 수탁이라고 하여 대나무 창으로 죽였습니다.

그때는 이렇게 예수 믿음이 바로 순교였기 때문에 현재의 복보다는 미래의 복을 더 중요시했습니다. 현재 하나님의 백성으로 얼마나 충성스러운 종으로 살 것인가 하는 것보다는 미래의 천국을 더 중요시한 것입니다. 한국교회가 역사적인 어려움이 있었기 때문에 복음으로 동행한다는 것은 그래서 신의 성품으로 참여해서 넉넉히 주님의 품에 안긴다는 현재의 청지기적인 삶을 등한시한 것입니다.

그런데 베드로는 악한 세대에서 보이는 복만 강조하는 것도 아니고 장차 올 천국의 복만 강조한 것이 아니라 현재 신의 성품으로 동행하는 삶을 강조하고 있습니다. 신의 성품으로 동행하는 윤리적인 삶을 강조하고 있습니다. 그분을 붙드는 삶을 통해서만이 넉넉히 그분의 나라에 들어간다는 것입니다. 베드로는 자기가 이제 죽게 되었으니 자신의 믿음의 자녀들이 자신이 전한 복음에 더욱 굳게 서서 동행해 주기를 바라고 있는 것입니다.

그 길이 살길이기 때문입니다. 그분을 붙든다는 것은 그분의 예언의 말씀을 그 믿음으로 동행하는 삶을 말하고 있습니다. 신의 성품으로 동행해야만 하나님의 참백성이고 그렇게 하는 자들만이 넉넉히 그 나라에 들어간다는 것을 아는 것이 그분을 붙들고 사는 것입니다. 사실학적으로 보면 모든 학문에 정신과 이념을 주는 학문은 철학입니다. 아무리 강한 힘이 있는 독재자가 들어서더라도 백성을 다스리는 시대이념이 없으면 백성을 다스리기 힘이 드는 것입니다. 그 이념을 철학가들이 만드는 것입니다. 박정희 때는 통치이념이 멸공이고 잘사는 것이었습니다. 전두환 때는 안 보였습니다. 그리고 두 김씨 때는 민주주의였습니다.

그런데 철학에 정신을 주는 것이 신학입니다. 그런 면에서 볼 때 신학이 가장 위대한 지식의 학문입니다. 모든 철학의 출발점이 처음 자연철학에서는 자연의 생성원인자를 찾는 것이었고, 나중에는 인간이란 누구인가 하는 것이었습니다. 그런데 성경은 철학에서 고심하고 있는 그것을 이미 답으로 전제하고 기록합니다. 그러니까 신학이 철학의 결론이 되는 것입니다. 그렇기 때문에 성경을 많이 알면 참으로 유식해 보입니다.

그러나 많이 아는 것보다 조금 알고 앎으로 성실히 동행하는 것이 바로 하나님과 동행하는 자들이 되는 것입니다. 많이 알고 있는데 모든 것을 하나님을 모르는 자들과 동일하게 살고 있다는 것입니다. 자식의 미래도 마찬가지입니다. 사실 모든 것을 하나님께 맡기고 하나님을 위해 어떤 사람이 될 것인가를 가르치는 것이 아니라 밥벌이를 가르치고 세상적인 성공을 먼저 가르칩니다.

하나님 앞에서의 성공이 아니라 세상에서의 인정과 성공을 가르친다는 것입니다. 그것이 우리들의 자화상들입니다. 이것이 우리의 부끄러움입니다. 우리에게 있어 가장 소중한 것이 무엇인가를 잘 모르고 삽니다. 그 이유는 신의 성품으로 항상 깨어 있지 못해서입니다. 저는 여호와증인을 믿는 가르침을 싫어하지만 그들의 신념의 정신을 기독교인들이 좀 본받았으면 하는 마음이 종종 들 때가 있습니다. 그들은 항상 거침없이 자신이 믿는 도리를 언제 어디서든지 서슴없이 당당하게 말한다는 것입니다.

그리고 항상 자신이 증거하고자 하는 것들을 위해 준비하고 그렇게 산다는 것입니다. 물론 틀림으로 동행이지만 기독교인들이 그런 일념으로 복음으로 동행하는 것이 정상적이고 그리고 악한 세대에서 신의 성품을 나타내야 한다는 것입니다. 말씀을 결론짓겠습니다.

여러분, 우리는 이 예언의 말씀을 알고 있습니다. 이 악한 세대에서 베드로가 요구하는 신의 성품에 참여하는 삶의 방법을 구체적으로 알고 있습니다.

그 예언의 말씀이 항상 우리 안에서 샛별처럼 빛나고 있습니다. 우리는 이 진리가 변하지 않는다는 사실을 알고 있습니다. 이 말씀이 성령의 감동으로 된 하나님의 계시인 것을 알고 있습니다. 그러므로 여러분 각자가 잠에서 깨어서 굴하지 말고 타협하지 말고 신앙의 정조를 더럽히지 말고 세상이 뭐라 하든지 주님만을 붙들고 주님의 도우심을 받아 예언의 말씀으로, 이 진리의 말씀을 항상 기억하고(곧 주님의 영광과 덕으로 구원해서 신의 성품에 참여시키고, 그리고 신의 성품으로 참여하는 하는 삶을 살아 마지막 날 넉넉히 주님의 품에 안긴다는 그 진리를 항상 생각하고 동행해서) 마지막 날 승리자의 모습으로 주님 앞에서 서는 복된 자들이 다 되시기를 바랍니다. 아멘.

제43강

| 성경: 출애굽기 12장 1~36절 |

제목: 유월절 구원사건

예수님의 은혜와 평강이 여러분에게 함께하시기를 기원합니다. 오늘 성경은 출애굽기 12장 1~36절입니다. 말씀의 제목은 '유월절 구원사건'입니다. 유월절이라는 말의 뜻은 히브리어로 파싸흐입니다. 곧 '넘어가다, 지나가다'입니다. 하나님이 이스라엘을 구원하시려고 애굽의 사람과 동물의 장자를 죽이셨지만 양의 피가 문설주와 인방에 발라져 있는 이스라엘의 장자는 죽이지 않고 죽음의 사자가 그냥 지나갔다는 뜻으로 유월절입니다.

창세기 12장을 보면 하나님이 갈대아 우르에서 살고 있는, 지금으로 말하면 쿠웨이트 땅 정조될 것입니다. 그 지역에서 아브라함이라는 사람을 불렀습니다. 그리고 그곳을 떠나 하나님이 지시하신 곳, 곧 가나안으로 들어가서 살도록 하셨습니다. 아브라함이 하나님의 명령을 따르면 그의 자손이 하늘의 별처럼 바다의 모래처럼 아주 많이 창대할 것을 약속하셨습니다. 아브라함은 하나님의 약속을 따라 자기가 살던 땅을 떠나 자기의 가족을 데리고 가나안에 들어가 살게 되었습니다.

자기가 살던 터전을 떠나 산다는 것은 아주 어려운 일이었지만 처음에는 하나님이 명령한 곳이 어디인지 몰랐지만 그는 하나님의 명령을 따랐고 가나안에 정착하게 되었습니다. 그런데 가나안에 흉년이 들어 살 수 없게 되었습니다. 하나님이 약속한 대로 많은 민족을 이루기에는 그 땅이 너무 마른 땅이었습니다. 하나님은 스스로의 언약을 지키고 아브라함의 후손들이 하나님만 따르는 백성으로 창대케 하기 위해 당시에 비옥한 땅인 이집트로 아브라함의 후손들을 이주시키셨습니다.

아브라함이 이집트로 이주해 갈 당시 후손은 야곱과 그의 아들 요셉의 시대입니다. 하나님의 뜻을 따라 요셉은 이집트왕조의 총리가 되었고 요셉은 일정 부분의 땅을 하사받아 가나안에 살고 있던 가기의 가족을 이주시켜 살게 되었습니다. 요셉이 총리로 있던 시대에는 하나님이 특히 복을 주어서 아브라함의 후손들이 아주 번창하였습니다. 요셉의 가족이 이집트로 이주한 지 70년이 될 때 요셉은 죽었고 요셉을 모르는 왕이 이집트를 다스리게 되었습니다.

이집트 왕은 요셉의 후손들이 이집트인들보다 더 창대해지는 것이 두려워 창대함을 막기 위해 많은 고역을 시켰고 그리고 나중에는 요셉의 후손들이 사내아이를 나으면 다 죽이게 하였습니다. 그런 핍박 가운데 하나님은 요셉의 자손들이 하나님께 울부짖는 소리를 들으셨고 하나님이 아브라함에게 약속한 것을 기억하사 구원자 한 사람을 택하셨습니다. 바로 그 사람이 물에서 건져 올림을 받은 모세입니다. 왕은 사내아이를 죽이려고 했지만 모세의 부모는 하나님의 뜻을 따라 그를 죽이지 않고 3개월 동안 숨겨 키우다가 더 키울 수 없게 되자 상자를 만들어 그 안에 모세를 넣고 강에 띄웠습니다.

모세는 강을 따라가다가 이집트 왕의 누이에게 발견되어 양자로 들여졌고 바로의 왕궁에서 자라게 되었습니다. 그가 청년이 되었을 때 그는 하나님의 부르심을 받았고 그는 이집트 왕궁의 모든 권세를 마다하고 기꺼이 하나님의 종이 될 것을 다짐하였습니다. 하나님이 모세를 요셉의 후손을 구원하는 자로 세웠고 바로에게로 보내서 하나님의 백성을 해방시킬 것을 알렸습니다. 그러자 바로 왕은 하나님의 명령을 거절하고 더욱 사악해져 하나님의 백성을 핍박하였습니다.

그래서 하나님이 하나님의 영광을 나타내어서 요셉의 후손들을 구원하시기 위해 열 가지 재앙을 나타내기 시작하였는데 그중에 마지막 재앙이 이집트의 모든 장자가 죽는 재앙입니다. 첫째는 물이 피가 되는 재앙이고, 둘째는 개구리재앙, 셋째는 이의 재앙, 넷째는 피리의 재앙, 다섯째는 가축이 병들어 죽는 재앙이고, 여섯째는 티끌의 재앙, 일곱째는 우박의 재앙, 여덟째는 메뚜기의 재앙, 아홉째는 흑암의 재앙입니다.

그러나 바로는 더욱 악해져서 하나님을 거역하였고 하나님은 마지막 재앙을 준비하였는데 그것이 바로 이집트의 모든 동물과 사람의 장자를 죽이는 것이었습니다. 그 재앙을 통해 하나님은 자신의 능력을 나타낼 것이고 그리고 요셉의 백성을 구원하실 것입니다. 하나님의 능력은 이집트의 장자들은 죽이지만 요셉의 후손들은 살릴 것입니다. 그리고 아브라함에게 약속한 대로 약속의 땅을 갖게 하실 것이고 그곳에 많은 민족을 이루는 나라를 세울 것입니다.

하나님은 약속을 이루기 위해 모세를 택하셨고 이제 그 약속을 이루기 위해 모세를 이집트 왕인 바로에게 보내신 것입니다. 요셉의 후손들이 이집트에 내려가서 산 지가 약 430년 되었는데 그들이 애 굽에서 나올 때는 37절을 보면 남자 장정만 약 60만이 된다고 말하 고 있습니다. 그러니까 여자와 아들을 합치면 300만이 훨씬 넘는 인 구로 번창한 것입니다. 하나님이 아브라함에게 약속했던 대로 그 후 손이 많아진 것입니다.

바로가 이스라엘의 번창을 막으려고 사내아이를 죽이고 온갖 고역 을 시켰지만 하나님은 더욱 그들을 번성시켜 많은 민족을 이루게 된 것입니다.

첫째로 하나님이 이스라엘을 구원하는 방법으로 이집트의 장자들 을 다 죽임으로 바로의 항복을 받아 내고 이스라엘을 출애굽시키기 로 하셨습니다. 하나님은 아홉 가지의 재앙을 이집트에 내렸지만 바 로 왕은 더욱 악해졌습니다. 그런데 바로가 9가지의 재앙에도 굴복 하지 않는 이유는 10장 1절에서 보면 모세를 시켜서 바로 왕에게 하 나님의 백성을 해방시키라고 했을 때 바로 왕이 거절한 이유는 그들 앞에서 하나님이 여러 가지 이적으로 능력을 나타내려고 한 것이다 말씀하십니다.

곧 하나님이 누구신가를 그들에게 보여 주고 이스라엘을 구원하기 위해서 그들의 마음을 완악하게 하셨다는 것입니다. 둘째로 하나님 이 이스라엘을 구원하시려고 하신 능력을 이스라엘이 보아서 하나님 만이 그들의 주라는 것을 가르치려고 한 것이라 말씀하십니다. 인간 은 항상 은혜를 잊어 먹는 버릇이 있어서 하나님이 이스라엘에 하나 님이 그들을 구원하셨다는 것을 각인시키기 위함이었다고 말합니다.

모세를 약력으로 하면 삼월 중순쯤 부르셔서 마지막 10번째의 재앙을 통해 그들을 구원하시겠다고 하십니다. 그리고 하나님이 그들을 구원하신 그 삼월을 첫해 첫 달로 삼을 것을 말씀하시고 첫해로 삼고 첫 달로 삼은 10일째 되는 날에 각 가문대로 흠 없는 일 년 된 숫염소나 양을 잡아서 먹을 준비를 하되 한 가족이 양 한 마리를 다 먹을 수 없으면 양 한 마리를 먹을 수 있는 가족이 모여서 양이 영소를 준비하라고 하셨습니다.

열흘째는 양이나 염소를 준비하고 열 나흘째는 해질 무렵에 이스라엘이 다 같이 양을 잡고 그 피는 이스라엘 사람들의 집 인방과 좌우 문설주에 바르도록 하셨습니다. 그리고 그날 밤에 고기는 다리와 내장까지라도 전부 구워서 먹고 빵은 누룩을 넣지 말고 만들어서 쓴 나물과 곁들어서 먹도록 하셨습니다. 모든 음식은 밤에 다 먹고 남기지 말아야 하며 남은 음식은 아침에 다 태우도록 하셨습니다.

그리고 밤에 음식을 먹을 때 허리에 띠를 띠고 지팡이를 들고 신을 신고 급히 먹도록 하셨습니다. 이렇게 이스라엘이 하나님의 구원의 방법을 따라 하는 모든 행위를 통해 이집트의 장자는 죽고 이스라엘은 죽음을 통과해서 약속의 땅으로 구원을 받을 것입니다. 이렇게 하나님이 지시하신 대로 하는 모든 것이 바로 유월절을 지키는 것입니다. 이집트의 처음 것을 죽이지만 양의 피가 발라져 있는 이스라엘의 집은 죽음이 지나가고 구원을 받은 것, 이날을 하나님이 유월절이라고 정하셨습니다.

그날을 유월절이라고 하신 것은 이스라엘에는 죽음이 넘어가서 구원한 날이기 때문입니다.

첫째로 하나님이 유월절로 정하신 날에 애굽의 장자를 죽이고 이스라엘의 장자를 살리셨습니다. 장자는 항상 상속자입니다. 그런 의미로 보면 장자의 죽음은 그 집안이 망하는 것입니다. 곧 이집트의 집은 망하고 이스라엘은 흥하게 될 것입니다. 이집트는 그 당시 모든 민족의 대표 같은 민족인데 그 민족을 치시고 이스라엘의 장자를 살리실 것입니다. 그러므로 이제 이스라엘이 모든 민족의 장자가 될 것이고 모든 민족의 장자로 하나님을 섬기게 될 것입니다.

이것이 하나님의 유월절의 목적입니다. 이스라엘을 모든 민족의 대표로 삼고 이스라엘이 모든 민족의 대표로 언약의 백성으로 하나님을 섬기게 하는 것이 유월절의 목표입니다. 둘째로 장자를 살리신 조건으로 양을 잡아 고기는 먹고 그 피를 문설주와 인방에 바르게 하셨습니다. 피를 바른다는 것은 양의 생명이 거기에 있다는 것입니다. 양은 죽고 대신 이스라엘의 장자를 살리어 구원하신다는 것입니다. 그리고 자기를 구원한 양의 고기를 양식으로 먹게 하심으로 그 고기가 언약의 양식이 되게 하셨습니다.

셋째로 3월을 그들의 첫해 첫 달로 정하셨습니다. 이제까지는 이집트의 약식을 먹고 이집트의 백성으로 살았지만 이제 하나님의 말씀에 순종함을 통해 하나님의 백성으로 새롭게 태어난 것입니다. 그러니 이제 하나님의 백성으로 새로운 날과 새로운 해가 시작된 것입니다.

결론을 말씀드리겠습니다. 하나님은 아브라함에게 약속했던 대로 모세를 통해 이스라엘을 구원하셨는데 양의 피로 그들을 구원하였습니다. 그들을 구원한 양의 고기를 그들의 새로운 양식으로 먹었습니다. 그러나 그 나라도 죄 때문에 결국은 망했습니다. 아브라함에게 했던 그 약속이 이스라엘에서 온전히 이루어지지 못한 것입니다. 비록 아브라함의 약속이 이루어지지 못했지만 그 약속은 아브라함 후손에게 있어서 그의 후손을 통해 하나님의 아들이 이 땅에 오셨습니다.

예수님은 친히 그의 살과 피를 통해 죄에서부터 자기 백성을 구원해서 다시는 망하지 않는 하나님 나라의 백성으로 삼으셨습니다. 이제 그의 피가 묻어 있는 자들이 하나님의 백성이고 그의 살을 새로운 언약의 양식으로 먹는 자가 하나님 나라의 백성입니다. 예수님을 통해 세워진 나라는 다시는 망하지 않는 천국의 나라입니다. 왜냐하면 예수님의 부활을 통해 죄의 시대가 정복이 되었기 때문입니다.

이제 아들을 통해 구원된, 다시는 망하지 않는 하늘의 백성이 진정한 아브라함의 후손입니다. 그 백성이 하늘의 별처럼 바다의 모래처럼 그렇게 많아졌습니다. 그 백성이 바로 교회입니다. 하나님이 이제 마지막에는 양의 피가 아니라 아들의 피로 우리를 구원하시고 양의 고기가 아니라 아들의 살을 하나님 나라의 양식으로 주셨습니다. 그렇게 하심으로 첫 번째 애굽에서의 죽음을 이긴 유월절을 아들의 부활로 새로운 유월절로 완성하셨습니다.

이제 우리는 모든 날을 유월절로 지킵니다. 모든 날 그리스도의 피와 살을 먹고 마시기 때문입니다. 모든 날을 그리스도의 구원을 축하하고 예배하기 때문입니다. 이 큰 유월절의 구원을 주신 하나님을 우리가 목숨을 다해 날마다 찬송하고 유월절의 생명으로 늘 세상을 이기어 그리스인으로 빛과 소금의 역할을 감당하는 유월절의 백성들이 되시기를 바랍니다. 아멘.

제44강

| 성경: 마태복음 16장 21~28절 |

제목: 자기를 부정하는 믿음

예수님의 은혜와 평강이 여러분에게 함께하시기를 기원합니다. 오늘은 마태복음 16장 21~28절을 본문으로 해서 자기를 부정하는 믿음이라는 제목으로 강론을 하겠습니다. 자기를 부정한다는 것은 자기를 내세우지 않는 것, 자기를 희생하는 것을 말한다고 볼 수 있습니다. 예수님은 자기를 부정하고 자신의 십자가를 지고 자신을 따르는 자가 하나님의 나라에 합당한 자라고 말씀하십니다.

첫 번째, 예수님으로부터 세워진 나라는 자기를 부정함으로 세워진 나라입니다.

곧 자신이 죽어서 세운 나라입니다. 그러니 그 나라의 특성을 자신의 부정, 자기의 죽임이 삶의 법칙이 되는 것입니다. 역사적인 인물 중에 한때 몽골로 시작해서 세계적인 인물로 부상했던 테무친 나중에는 칭기즈칸이라는 사람의 일대기는 참으로 웅장한 부분을 가지고 있습니다. 그는 1162년에 태어나서 고아가 된 뒤 나중에는 몽골의 족장이 되고 유라시아에 이르는 거대한 제국을 일으켰습니다.

그가 그렇게 되었던 것은 불굴의 의지와 신념이었습니다. 적을 죽이고 반대파를 숙청하고 약한 자를 정복해서 이루어 낸 쾌거입니다. 이것이 칭기즈칸이 나라를 세우는 방식이었습니다. 그러니 그 나라의 종속도 강한 힘을 가지고 다스리는 것입니다. 강하지 못하면 살아남지 못합니다. 만약 칭기즈칸이 족장이 되고 죽었다면 또는 그가 겸손해서 왕위를 물려주었다면 거대한 나라는 만들어지지 못했을 것입니다.

이것이 세상나라의 특징입니다. 요즘은 이태백이라는 단어가 유행합니다. 이십 대에 절반이 백수라는 뜻입니다. 어려운 시대입니다. 우리나라 자체가 절대적인 평가로 세상을 인정받는 구조가 아니라 항상 상대적인 평가로 인정받아 왔고, 그런 인식이 많은 사회구조 안에 각인되어 있습니다. 이런 사회구조 속에서 승진을 양보하고, 피할 의 시대의 겸손하며 어려운 말들입니다. 문제는 그리스도인들의 조절의 지혜가 필요한 것입니다.

다음으로 이렇게 세상나라만 힘의 논리로 세워진 것이 아니라 구약에서 이스라엘 나라도 보이는 힘의 논리로 세워졌습니다. 세상나라와 다른 점이 있다면 이스라엘 나라는 하나님의 힘으로 그 나라가 세워졌다는 것입니다. 이스라엘이 처음 가나안에 나라를 설립할 때 모세를 시켜 이스라엘을 애굽에서 구원하였습니다. 10가지 재앙을 통해 힘의 우위를 과시했고, 홍해를 통해서도 보이는 하나님의 능력을 드러냈고, 여리고성의 정복, 아이성의 정복 그리고 가나안 땅의 평정에 이르기까지 적들을 죽이고 그 나라를 세웠습니다.

그런 의미로 그 나라는 비록 하나님의 나라이지만 보이는 나라요,

힘의 나라입니다. 모세가 죽고 여호수아가 적에게 죽으면 그 나라는 세워지지 않는 나라입니다. 이스라엘이 가나안 땅에 맨 처음 들어가서 하나님으로부터 명령을 받은 일은 가나안에 살고 있는 모든 족속을 씨도 남기지 말고 다 죽이라는 것이었습니다. 하나님의 힘의 우위로 세워진 나라가 가나안에 세워진 하나님의 나라입니다.

그러니 그 나라는 앞장서서 하나님의 일을 하는 자가 자기를 죽여서는 할 수 없는 일이고 하나님의 능력을 힘입어 힘을 밖으로 나타냄으로 그 나라를 세우고 존속하는 것입니다. 그런데 하나님은 이전에 세웠던 힘의 방식이 아니라 또는 세상적인 방식이 아니라 아들을 세상방식과는 정반대의 길을 가게 해서 하나님의 나라를 세우셨습니다. 예수님은 그 길을 가고 계셨고 그리고 때가 되자 그 길에 대해 제자들에게 가르치셨습니다. 그 길은 자신의 힘의 과시가 아니라 자신을 죽이는 것입니다. 이것은 세상방식으로 보면 어리석은 일이고 끝나는 일입니다. 사람들이 죽음을 두려워하는 것은 죽음 이후의 시대를 모르기 때문입니다. 다 죽으면 끝나는 것으로 알고 있습니다. 그런데 주님은 세상으로는 끝이 나는 방식으로 하나님의 나라를 세우겠다고 하시는 것입니다.

어떤 사람들은 마태복음을 크게 두 부분으로 나누기도 하는데 1장부터 16장 20절까지이고 21절부터 28장까지입니다. 이유는 예수님이 자신이 세울 하나님의 나라의 세움의 방식을 처음 가르쳤기 때문입니다. 16장 이전에는 하나님 나라에 대해 말을 했지만 자신이 죽어서 그 나라를 세운다는 것을 말하지 않았는데 16장부터는 비로소 자신의 죽음을 통해 그리고 다시 삶을 통해 천국이 세워질 것이라는 것을 말하고 있기 때문입니다.

예수님이 죽는다고 하자 제자들은 하나같이 반대했고, 특히 베드로가 앞장서서 반대를 하였습니다. 그들이 믿음이 없는 것이 아니라, 이제까지 그들은 메시아가 죽어서 자기 백성을 구원하는 것을 보지 못했기 때문입니다. 메시아는 구원자입니다. 이스라엘 백성이 언약을 떠났을 때 하나님은 그들을 심판하겠다고 하시면서도 한 가지 약속을 해 주셨는데 너희들을 구원할 새로운 메시아가 오면 너희들을 구원할 것이고 그때부터는 너희가 나를 배신하지 않고 진정한 내 백성이 될 것이라는 약속이었습니다.

제자들은 그 약속을 알고 있기 때문에 자신을 하나님의 아들이라고 하고 메시아의 일을 하고, 능력을 행하는 예수님이 그들을 로마로부터 구원해서 이스라엘의 옛 영광을 되찾을 것을 믿었습니다. 그러려면 예수님이 앞장서서 모세와 같이 여호수아와 같이 로마를 정복하고 또 세계를 정복하고 다시는 망하지 않는 나라를 시온 산에 세우는 것입니다. 시온 산은 예루살렘에 있는 산으로 성전이 있던 곳입니다. 그러니까 시온 산을 중심으로 한 나라를 세운다는 것입니다.

이런 소망을 그들이 가지고 있는데 예수님이 죽고 삼 일 만에 다시 살아나리라 하는 말을 들었는데 살아나리라 하는 것에는 관심이 없고 죽는다는 말에만 온통 정신이 가서 급기야는 베드로가 예수님이 가시고자 하는 길을 막게 된 것입니다. 그러자 예수님은 베드로를 사탄이라고 칭하시고 자신의 죽음의 길을 막는 것은 사탄의 일로 하나님의 뜻이 아니라고 하셨습니다. 그러면 베드로의 마음속에 사탄이 들어간 것인가 생각해 볼 수 있습니다.

귀신론을 주장하는 자들은 하나님의 일을 반대하는 자들의 마음속에는 항상 사탄이 들어가 있다고 합니다. 아파도 병의 사탄이 들어가 있고 모든 것을 사탄의 일로 치부합니다. 반지의 제왕이라는 영화처럼 악마가 직접 자기의 모습을 드러내서 사람을 움직이고 그런 것이 아니라 사탄은 거의 마음속을 역사합니다. 또한 사탄적이다, 사탄이 들었다 하는 것은 큰 차이가 있는데 사탄적이라고 했을 때는 그 사람의 생각과 하는 행동이 사탄을 이롭게 하면 그것이 사탄적이라고 하는 것입니다.

그러니까 주일을 나오지 않는 것도 사탄적이라 할 수 있을 것입니다. 그리고 사탄에 붙잡혔다는 것은 사탄이 그 마음속에 직접 들어가 있는 것을 말합니다. 여기서는 베드로의 마음속에 사탄이 들어갔다기보다는 사탄을 돕는 일을 한다는 의미로 예수님이 사탄아 그렇게 불렀습니다. 그렇게 보면 우리도 사탄이라고 불릴 수 있는 환경이 많다고 볼 수 있을 것입니다. 예수님은 자기를 부정함으로 하나님 나라를 세우는 길을 가고 있고 베드로는 그 길을 반대하고 있기 때문에 베드로는 사탄의 편에 선 자로 행동을 하고 있는 것입니다.

그러나 정말로 사탄에게 사로잡히는 경우도 있습니다. 그러니 믿음으로 깨어 있는 것이 중요합니다.

두 번째, 예수님을 따른 자들은 자기를 부인하고 자기의 십자가를 지고 따르는 것입니다.

베드로를 사탄이라고 한 다음에 예수님은 자신을 따르는 길 곧 예수님이 장차 세우실 그 나라의 삶의 법칙을 가르쳐 주셨습니다. 그 법칙은 자기를 부인하고 자기의 십자가를 지고 주님을 따르는 것입니다. 자기를 부인한다는 것은 이 문맥에서는 자기의 뜻과 자기의 욕심을 버리고 하나님의 뜻에 순종하는 삶을 의미합니다. 그들의 소망은 예수님이 모세와 같은 메시아가 되는 것입니다. 죽지 않고 살아서 로마정권을 무너뜨리는 이스라엘을 중심으로 하는 나라를 세우는 것입니다.

그러나 하나님의 뜻은 아들을 죄의 값으로 죽임으로 죄의 세계를 끝내고 죄로부터의 구원을 하시는 것입니다. 베드로는 예수님이 바로 모세와 같은 메시아가 되기를 바랐습니다. 그런데 하나님은 아들이 모세와 같은 메시아가 아니라 자신의 몸을 주어 십자가를 지고 하나님의 뜻의 길을 가게 하였습니다. 그러니 제자들은 자기의 욕심을 버리고 하나님의 뜻에 순종하는 것이 자기를 부인하는 삶이 되는 것입니다.

또한 그들이 져야 할 십자가도 마찬가지입니다. 자기를 부인하는 것을 더 강조하고 있는 문맥입니다. 자기들이 바라고 있는 메시아상을 버리고 십자가를 지러 가신 예수님을 뒤따라가는 것입니다. 예수님이 받은 고난에 동참하는 것입니다. 예수님처럼 자기를 다 주는 사랑으로 예수님의 뒤를 따라가는 것이 십자가를 지는 삶이 되는 것입니다. 이제 예수님이 세우는 나라에서는 죽어야 사는 것입니다.

예수님처럼 자신들이 죽어야 사는 것이 천국의 율법입니다. 주님을 위해 자기의 목숨을 버리는 자가 하늘의 백성이 되는 것입니다. 자기가 산다는 것은 자기를 위해 사는 것을 말합니다. 자신을 죽이는 삶은 하나님을 위해 자신의 삶을 드리는 것을 말하는 것입니다. 하나님을 위해 세상의 것들을 포기하고 자신을 죽이는 삶을 살 때 주님은 그런 자들의 모든 것을 갚아 주실 것입니다.

주님이 세우신 나라는 주님이 자신의 몸을 주어 만든 나라입니다. 그렇기 때문에 그 나라의 백성으로 사는 길은 주님처럼 자신의 세상적인 욕심을 버리고 오직 주님을 위해 자기에게 맡겨진 십자가를 지고 주님을 따르는 것입니다. 그런 자들에게 주님은 하늘의 상으로 갚아 주실 것입니다. 주님의 나라를 위해 주님처럼 자신의 생명을 다해 죽음을 두려워하지 않고 목숨을 다해 하나님의 나라를 봉사하면 그런 자들은 하늘의 생명이 있을 것입니다.

주님의 나라는 자기를 부정해서 만든 나라입니다. 그러니 그 나라의 삶의 법칙도 하나님을 위해 자기를 부정하는 십자가를 질 때 주님 오셔서 상을 주실 것입니다. 여러분, 여러분이 져야 할 십자가는 무엇입니까? 주님 때문에 받는 고난입니까? 주님 때문에 드리는 연보의 문제입니까? 믿음 때문에 겪는 핍박입니까? 시간입니까? 주님을 섬기기 위해 잃은 건강입니까? 환경은 다르지만 주님을 섬김으로 해서 오는 모든 것이 여러분이 주님처럼 져야 할 십자가입니다.

여러분이 자기를 부정하고 이겨야 할 것은 이것입니다. 여러분의 생각과 이기심과 욕심을 부정하고, 믿음을 지켜야 할 환경에서 죽음을 각오하고, 믿음으로 굳게 서는 것이 자기를 부정하고 십자가를 지는 삶이 되는 것입니다. 여러분이 이런 자기부정과 십자가를 지는 삶을 살아 장차 주님 강림하셨을 때 하늘의 상급을 풍성히 받는 자들이 되기를 바랍니다. 아멘.

제45강

| 성경: 골로새서 3장 1~17절 |

제목: 위의 것을 찾으라

　　　예수님의 은혜와 평강이 '위의 것을 찾으라'입니다. 한 해가 가고 또 한 해가 우리 가운데 왔습니다. 사람들이 과학문명의 이기를 꽃피우지만 세월의 흐름은 그 누구도 어거할 수 없는 것 같습니다. 그 이유는 하나님이 한 가지의 목표의 완성을 위해 시간을 진행시키기 때문입니다. 그것은 바로 하나님 나라의 완성입니다. 지난해에 가장 마음이 아팠던 부분은 인도의 지진으로 5만 명가량의 사람이 이 세상을 떠난 것입니다.

　아픔도 많았고, 나라에 대한 불신도 많은 해였습니다. 그러나 새로운 해는 우리에게 변함없이 다가왔습니다. 하나님이 주신 새로운 시간이고 해입니다. 하나님은 어제의 중요성에 더 큰 가치를 두는 것이 아니라 오늘에 더 가치를 두고 계십니다. 그렇게 볼 때 어제의 우리 모습이 중요한 것이 아니라 오늘의 우리의 모습이 중요하다고 볼 수 있습니다. 오늘부터 올해부터 여러분이 더욱 교회를 잘 세워내고 믿음으로 승리하는 한 해가 되시기를 바랍니다.

그러면 우리가 새해에는 어떤 한 각오로 살아야 할 것인가? 저는 바울이 골로새서에 말하고 있는 위의 것을 찾고 사는 여러분이 되었으면 좋겠습니다. 그래서 오늘은 말씀의 제목이 '위의 것을 찾으라' 입니다. 위의 것 하면 반대로 땅의 것이 될 것인데 땅의 것을 찾지 않고 위의 것을 찾으라는 것은 땅의 것은 영원한 것이 아니라, 썩을 것이며, 변할 것이기 때문입니다. 거기에 반해서 위의 것은 하늘의 것으로 변치 않는 것이고 영원한 것입니다.

위의 것을 찾는다는 것은 위의 것 곧 하늘나라의 것을 추구하는 삶을 산다는 것을 의미합니다. 우리나라 속담 중에 아주 좋은 속담이 있는데 "콩 심은 데 콩 나고 팥 심은 데 팥이 난다."는 것입니다. 그리고 성경도 '자기가 무엇을 심든지 그대로 거두리라' 하고 있습니다. 무엇을 추구하고 살 것인가 하는 것은 참으로 중요합니다. 자기의 선택에 달려 있습니다. 하나님은 운명의 하나님이 아니라 인격의 하나님이십니다. 곧 사람의 고백과 행동을 따라서 그 사람을 인도하신다는 것입니다.

첫째로 왜 예수 믿는 자들은 위의 것을 찾으면서 살아야 하는가 하는 것입니다. 교회 밖의 사람들은 하나님 나라의 존재를 알지 못하기 때문에 그들은 땅에 모든 것을 심으려고 노력합니다. 자식들의 출세, 그러기 위해서 모든 재산을 다 물려줍니다. 거대한 묘지를 만들고 자신의 공덕비를 세웁니다. 그들의 땅에 나라에 속했기 때문입니다. 땅에 모든 가치가 있습니다. 잘 먹고 잘사는 것, 장수하는 것, 건강해지는 것, 자식이 잘되는 것, 그러나 성도는 땅에 속한 자들이 아니라 하늘에 속한 자들입니다.

하늘에 속한 자들이기 때문에 하늘의 것을 추구하는 삶을 살아야 하는 것입니다. 예수 믿는 자들은 하늘에 속한 자들입니다. 이 진리가 우리의 삶의 절대적인 가치입니다. 자신이 어디에 속해 있는 것인가. 그것은 자신이 무엇을 추구하고 살 것인가를 결정해 주고 있기 때문입니다. 골로새서는 바울이 골로새 교회에 쓴 편지입니다. 바울이 편지를 쓸 당시 골로새 교회에는 문제가 발생했는데 그것은 예수님의 교회 머리 되심을 부인하고 율법을 지켜야 의를 얻을 수 있다는 가르침과 천사를 숭배하는 사상이 교회에 만연하였습니다.

바울은 그들의 잘못된 사상과 그리스도의 복음을 따라 고쳐 주기 위해서 이 서신을 기록했다고 볼 수 있습니다. 사실 이단과 아님은 벽지 한 장 차이입니다. 천주교도 예수 믿음으로 구원을 얻는다고 가르칩니다. 동시에 마리에게 기도하여도 하나님이 응답하신다고 말합니다. 절대적인 진리가 아니라 보편의 진리를 말합니다. 사람들은 천주교를 택한 이유가 조상들에게 제사를 드리는 자유를 주기 때문이라고 말합니다. 또 담배와 술을 마음대로 피우고 마실 수 있으니까 그렇다 말합니다. 예수 믿음과 그를 따르는 유일한 길이 아니라 보편의 진리를 말하는 것입니다. 예수 믿으면 천국 가고 그리고 세상의 즐거움도 즐기고 두 가지의 보편의 진리를 말하고 있는 것입니다.

그런데 진리는 보편성을 가지고 있지 아니합니다. 하나의 사상과 윤리를 가지고 있을 뿐입니다. 지금 골로새서 교회도 보편의 진리를 추구하고 있습니다. 예수 믿음이 다가 아니고 또 다른 진리를 추구하고 있습니다. 그것은 율법을 지켜도 의를 얻고, 천사를 숭배해도 구원을 얻고 구원의 보편성을 추구하고 있는 것입니다. 구원이라는 산에 올라가는 데 있어 예수 믿음은 많은 방법 중에 한 가지의 길이라는 사고입니다.

얼마 전 성탄 때 중들이 주님의 오심을 축하하였습니다. 플래카드를 절 입구에 걸었습니다. 어떻게 보면 같은 종교도 아닌데 저 사람들 인간냄새가 난다고 좋아할 수도 있습니다. 사실 천주교나, 절이나, 율법주의 교회나, 기복주의 교회나 다 보편의 진리를 추구한다는 데에는 동일합니다. 성경에서 말하는 그리스도의 몸은 아닙니다. 절은 자기의 고행으로 극락을 가고, 천주교는 예수를 믿고 천국을 가고, 율법주의는 자기의 행위로 구원을 받고 결국은 장차 회복된다고 믿는 예루살렘 성전에서 피의 제사를 소망하며 사는 자들입니다.

그러니까 성경에서 말하고 있는 하나님 나라와는 무관한 가르침이어서 기독교는 아닌 것입니다. 바울은 예수도 믿으면서 천사숭배도 하고 율법도 추구하고 있는 그들에게 오직 하나님의 형상이요, 만물보다 먼저 나신 예수님이 교회의 머리가 되신다고 말하고 있습니다. 주님이 죽고 부활하심으로 의문에 쓴 증서를 도말하시고 정사와 권세의 나라를 벗기 위해 십자가 위에서 승리하셨다고 말합니다.

그러니 예수 믿는 자들은 예수님이 머리로 이미 끝을 낸 옛 시대의 질서인 율법과 천사숭배로 살아서는 안 된다는 것을 말하고 있습니다. 이제 아들 안에 아버지의 충만함이 있습니다. 아들이 이제 만물의 머리입니다. 그러니 아들을 믿고 머리로 인정하는 삶을 살도록 말하고 있는 것입니다. 예수님 외에 다른 것을 머리로 하며 살아서는 안 되는 것입니다. 머리로 삼는다는 것은 머리로 삼은 대상을 추구하고 믿는다는 것을 의미하고 있습니다.

이제 천사가 머리가 아니요, 율법이 머리가 아니라 예수님이 머리이니 예수님을 믿고 추구하라는 것입니다. 예수님만이 하나님의 충만함이 있는 하나님의 아들이요 구세주이십니다. 그러니 예수님 믿고 의를 얻는 것 외에 천사를 믿으면 의를 얻고 지켜 주고, 율법을 지키면 하나님의 의를 얻고 하는 것은 어리석은 일이 되는 것입니다. 그러한 방법은 예수님 오기 전에 이스라엘이 추구했던 방법인 것입니다. 하나님이 예수님이 오기 전에는 그러한 방법으로 이스라엘을 사랑하셨지만 이제는 아들을 통해서 자기 백성을 사랑하시는 것입니다.

교회는 머리 되신 예수님에게 속해서 하늘에 속한 자들이기 때문에 하늘을 추구하는 삶을 살아야 하는 것입니다.

성도는 하늘에 속한 자이기 때문에 위의 것을 추구해야 하는데 그러면 어떻게 해야 위의 것을 추구하는 것인가입니다. 둘째로 땅의 것을 생각하지 말고 하늘의 것을 생각하라는 것입니다. 하늘의 것은 예수님이 계신 하늘의 우편의 것입니다. 예수 믿으면 그 순간 우리는 땅의 것들에 죽고 하늘에 속한 것들에는 산 자들입니다. 우리가 예수 믿는 순간 우리는 예수님과 같이 하나님보좌 우편에 앉아 있기 때문입니다. 우리는 알고 있습니다. 땅의 것들이 아무리 좋아도 결국은 썩고 변할 것이고 하늘을 향해 심는 것만 영원하다는 사실을 압니다. 그리고 주님 다시 오실 때 지금은 우리의 생명이 세상에는 감추어져 있습니다. 세상 사람은 우리 안에 있는 영생을 알지 못합니다. 그러나 예수님 오시면 그들은 지옥으로 가고 우리는 하나님 우편에 안길 때 비로소 예수 안에 감추어진 생명이 세상에 드러나게 될 것입니다.

그러면 땅의 것들이 무엇입니까? 음행과 더러움과 정욕과 악한 욕망과 탐욕입니다. 이 탐욕을 우상숭배라고 말합니다. 이런 것들 때문에 하나님이 진노를 내린다고 말합니다. 이런 것들은 우리가 예수 믿기 전에 가졌던 행실입니다. 그런데 이제 예수 믿는 자가 되었으므로 그것들을 버리고 새사람을 입어야 하는 것입니다. 우리를 창조하신 자의 형상을 좇아 지식에까지 새로움을 입었기 때문입니다.

예수 믿으면 모든 자가 그렇게 해야 합니다. 주님은 만유의 주가 되셨기 때문입니다. 앞의 것들이 예수 믿기 전에 땅의 것을 추구하는 것이었다면 그러면 하늘의 것들은 무엇입니까? 형제를 사랑하는 것입니다. 여기서는 구체적으로 형제를 사랑하는 방법에 대해서 12~14절까지 말하고 있습니다. 결국은 사랑하라는 것입니다. 이것이 하늘을 추구하는 삶입니다. 사랑에는 격식과 외식과 겉치레와 체면이 없습니다.

오직 형제가 아파하면 자기도 가슴이 아프고, 형제가 기뻐하면 자기도 기쁘고 그런 마음이 그리스도의 마음입니다. 그런 자가 하늘이 추구하는 삶을 살고 있는 것입니다. 형제가 시험에 들고 아파하는데 가슴에 아파하는 마음이 조금도 없다면 사실 그 사람은 그리스도의 심장으로 숨 쉬고 있는 것이 아닙니다. 교회는 이런 지체의식이 있어야 합니다. 형제의 나약함으로 인해서 외식이 아니라 가슴이 저려 잠이 오지 않는 밤이 한 번도 없다면 스스로 그리스도인이라고 해서는 안 되는 것입니다.

셋째로 사랑을 어떻게 나타낼 것인가? 서로 그리스도의 말씀에 거하여 모든 지혜로 피차 가르치며 권면하고 시와 찬미와 신령한 노래로 마음에 감사함으로 하나님을 찬양하고 무엇을 하든지 말에나 일에나 다 주 예수 이름으로 하고 그를 힘입어 하나님 아버지께 감사하는 것입니다. 이것이 위의 것을 추구하는 삶이요, 형제를 사랑하는 방법입니다. 새사람으로 사는 길입니다. 과거에는 모든 민족이 하나님을 섬기지 못했으므로 한 몸의 교제가 불가능했고, 정사자와 권세자들의 질서와 천사의 인도를 따라 하나님을 섬겼습니다.

　그러나 이제 머리 되신 예수 안에서는 모든 차별이 무너지고 만물을 충만케 하시는 머리 되신 주님을 따라 새롭게 입은 몸을 가지고 한 지체가 된 교회의 형제를 말씀을 따라 사랑으로 섬기는 실천의 삶을 사는 것이 위의 것을 추구하는 삶이 되는 것입니다. 여러분이 새해에는 그리스도를 머리로 새사람을 입은 자로 그리스도의 충만함을 따라 형제 된 지체를 뜨겁게 사랑하여 가슴과 가슴으로 아픔과 기쁨을 서로 공유하는 진정으로 그리스도의 심장으로 사는 복된 자들이 되기를 바랍니다.

제46강

제목: 복음전도와 능력

예수님의 은혜와 평강이 여러분에게 함께하시기를 기원합니다. 오늘 말씀의 제목은 복음전도와 능력입니다. 요즘 모든 교회가 하나같이 말하기를 새로운 신자가 줄고 있다고 합니다. 이 말을 다른 말로 바꾸어 말하면 요즘 성도들은 복음의 증거를 하지 않는다는 것이고 그러므로 복음증거를 통해 얻는 성령의 능력을 체험하지 못한다는 것입니다. 예수 믿는 사람들은 있으되 무기력증으로 점철되었다고 볼 수 있습니다.

그러니까 무기력증이 문제지 복음의 능력이 상실된 것은 아니라는 것입니다. 문제는 예수 믿는 그 순간부터 복음을 증거하는 자로 부름을 받았는데 그 직무를 감당하지 않고 교회가 부흥이 안 되면 목회자의 능력을 탓하는 자들도 있습니다. 보통 예수님을 믿으면 세 가지 직분에로 부름을 받았다고 말합니다. 제사장의 직무, 선지자의 직무, 왕의 직무입니다. 첫째, 제사장의 직무는 모든 성도가 동일하게 하나님께 예배를 드린다는 것입니다. 둘째, 선지자처럼 복음을 증거하는 것입니다.

셋째, 왕의 직무입니다. 온 세상만물을 하나님의 질서를 따라 바르게 다스리는 것을 의미합니다. 하나의 창조명령입니다. 이 세 가지 직무는 연합되어 있어서 뗄 수가 없는 것입니다. 그러니까 어느 것 하나만 하지 못하더라도 정상적이라고 말할 수 없는 것입니다. 그중에서 사도행전은 특히 성령의 역사를 통해 증거되는 복음증거에 대해 말하고 있습니다. 그리고 복음의 능력에 대해 말하고 있습니다.

복음은 생명입니다. 성도가 가장 많이 복음의 생명을 누리는 장은 복음전파에서입니다. 복음의 무기력은 자신이 믿음으로 서서 고백하고 자신의 고백으로 행하지 않기 때문입니다. 가장 무기력한 사람은 환경을 탓하여 믿음으로 서지 않는 사람입니다. 저는 한 여인에게 아주 큰 감동을 받았는데 팔 없는 천사로 부름을 받고 있는 스웨덴 출신인 레나 마리아라는 수영선수이자 가스펠싱어인 여인입니다.

그녀는 태어날 때부터 두 팔이 없었고 다리도 한쪽이 다른 한쪽에 비해 절반 길이밖에 되지 않았습니다. 그러나 그녀의 부모는 그녀가 태어나는 순간부터 절망하지 않고 사랑으로 키웠습니다. 그녀가 물과 친숙하다는 것을 알고 어려서부터 수영을 가르쳤는데, 수영은 천성적으로 약한 그녀의 심장을 튼튼하게 해 주었고, 그래서 아름다운 목소리로 긴 호흡의 노래도 잘할 수 있게 되었습니다. 마스터스 보이스라는 가스펠 합창단에서 활동을 하기 시작했고, 스웨덴 국왕의 도움으로 국제성서학교에 입학했으며, 대중 앞에서 가스펠을 부르기 시작하면서 세계를 돌며 하나님의 노래를 전하고 있습니다.

복음의 능력은 환경을 뛰어넘는 힘이 있는 것입니다. 단지 사람들이 복음으로 분명하게 서서 살지 않을 뿐입니다. 오늘은 바울이 에

베소지방에서 복음을 증거하는데 그 복음증거를 통해 나타난 하나님의 능력에 대해서 강론을 하겠습니다. 이 말씀을 들음으로 우리가 다시 한 번 복음의 무기력에서 벗어나 환경을 정복하는 능력의 사람들이 되시기를 바랍니다.

복음의 능력은 전함으로 그리고 복음으로 행함으로 그 능력이 나타난다는 것입니다.

복음이라는 것은 우리를 구원하기 위해 십자가에서 죽으시고 삼일 만에 부활하시고 그리고 하늘로 승천하시고 그리고 성령을 파송하시고 나중에 재림하셔서 세상을 심판한다는 내용입니다. 이것이 복음의 핵심 내용이고 그 내용을 자세하게 말하고 있는 것이 성경입니다. 이 복음이 사람을 살리기 때문에 바로 능력입니다. 그런 면에서 볼 때 복음의 의미 중에 가장 중요한 의미는 사람의 영혼을 살리는 것입니다. 그러니까 복음을 알면 사람의 영혼을 살리는 데로 소명이 된 것입니다.

맨 처음 복음을 접한 사람들이 한 행동은 복음을 전하는 것이었습니다. 바울도 그와 같은 사람입니다. 그는 환경을 뛰어넘어 복음을 증거함으로 하나님의 능력을 가장 많이 맛본 사람입니다. 우리가 이 본문을 통해 듣고자 하는 것은 복음은 전할 때 그 능력이 나타난다는 것이고 복음의 능력은 모든 환경을 넘어서는 능력이라는 것입니다. 그리고 모든 성도의 가장 큰 소명은 복음을 증거하는 데 부름을 받았다는 것입니다.

굳이 나누자면 복음전파는 선지자적인 직무입니다. 모든 사람들에게 이 세 가지 직무가 있습니다. 에베소지방은 지금으로 보면 터키 지방입니다. 바울이 그의 일행들과 에베소에 도착해서 처음 만난 사람들은 세례요한의 제자들입니다. 그들은 예수님이 누구인가를 알고 있었지만 자세한 복음의 내용에 대해서는 알지 못하였습니다. 그들은 성령이 누구인지도 몰랐고 세례도 그리스도의 이름으로 받지 않은 자들이었습니다.

바울은 예수를 믿으라고 하고 예수의 이름으로 세례를 베풀었습니다. 그러자 그들에게 성령이 임하고 그들의 방언을 말하고 예언을 말하였습니다. 그 인원이 12명이나 되었습니다. 바울의 복음전파로 하나님의 능력이 나타나서 사람의 영혼을 살리고 그들은 예수를 믿음으로 새로운 체험을 하게 되었는데 곧 방언을 말하고 예언을 하게 되었습니다. 이로써 처음 에베소에 교회가 생기게 된 것입니다.

그러면 지금도 처음 예수 믿으면 구원을 얻었다는 표로 다 방언을 말하고 예언을 해야 할 것인가 하는 것입니다. 그것은 아닙니다. 바울이 복음을 증거할 당시는 교회가 그 기초를 놓는 시기입니다. 그러니 하나님의 특별한 구원의 표가 요구되는 시기이기 때문에 구원의 표를 준 것입니다. 지금의 교회는 계시가 완성이 되었고 교회가 든든히 세워진 시기이기 때문에 구원의 표를 주시지는 않는 것입니다.

물론 개인에 따라서 세례를 받을 때 체험이 있을 수는 있지만 모든 사람이 세례를 받을 때 구원받은 표로 체험이 있어야 한다고 말하면 문제가 있는 것입니다. 그러면 왜 구원 얻는 표의 방언과 예언을 하였는가입니다. 사도행전은 지금 노아 홍수 때 흩어진 자들이 복음 안에서 몸으로 구원받았음을 말하고 있습니다. 하나가 되었다는 표로 언어가 하나라는 것을 보여 주고 있습니다. 그러니까 방언을 한다는 것은 하나의 말을 하는 것입니다. 천국의 말이겠죠.

복음 안에서 하나라는 표가 중요한 것입니다. 처음 복음이 증거될 때 복음이란 무엇을 말하는가 하는 것이 아주 중요한 것이기 때문에 구원 얻는 자들이 방언을 말함으로 예수 안에서 모든 인류가 하나 되는 시대가 도래되었음을 알리게 되는 것입니다. 지금은 이미 복음 의 의미가 다 편안히 드러나 있는 시기이기 때문에 과도기 때 주었 던 표의 방언은 나타나지 않는 것입니다. 그러나 구원의 표가 아니 라 성도 개인의 유익을 위해서는 방언이 있습니다.

예언은 미래를 말하는 것입니다. 장차 될 일들을 말하는 것입니다. 이것은 하나님의 역사의 미래를 말하는 것입니다. 그때는 계시가 진 행되는 시기이기 때문에 예언을 함으로 하나님의 계시가 진행되어 성경을 기록되게 하고 예언을 통해서 하나님의 미래의 일을 가르친 것입니다. 그러나 지금은 성경이 완성되어 우리에게 주어졌기 때문 에 예언이 더 이상 필요가 없는 것입니다. 바울이 유대인회당에서 석 달 동안, 두란노서원에서 이 년 동안 복음을 증거했습니다. 유대 인들은 로마에 망하면서 각국으로 흩어졌는데 가는 곳마다 회당을 세우고 예배와 율법을 가르쳤습니다.

두란노서원은 두란노라는 헬라철학자의 철학강론장인데 회당에서 는 유대인의 예배시간에 복을 가르쳤고, 두란노서원에서는 철학을 강의하는 시간에 복음을 강론하였습니다. 바울에게 하나님이 복음을 증거하는 데 있어 하나님이 함께하심과 복음의 은혜를 바울을 통해 나타내셨습니다. 바울이 만지는 자마다 병이 낫고, 심지어 바울이 소 유하고 있는 손수건이나 앞치마를 가져다가 병자에게 얻으면 병이 낫고 악귀도 나갔습니다.

복음이 전파되는 곳에 하나님의 능력이 나타난 것입니다. 하나님 의 은혜가 나타난 것입니다. 전파하지 않으면 복음의 능력이 나타날 수가 없는 것입니다. 환경에 굴하지 않고 담대히 복음을 증거하자 그 환경이 바뀌고 하나님의 은혜의 능력이 나타난 것입니다. 그렇다면 요즘 교회의 가장 큰 복음의 능력은 무엇인가입니다. 처음 교회가 세워질 때는 하나님의 특별한 역사로 구원의 외적인 증거가 필요한 시기였습니다.

구원을 얻은 표로 병이 낫는다거나 방언을 한다든가 예언을 한다든가 하는 것입니다. 그러나 교회 시대는 과도기 시대가 아니라 교회가 정착된 시기이기 때문에 구원을 얻는 사람들에게 그렇게 외적인 구원의 증거나 일률적으로 나타나지는 않는 것입니다. 그렇다면 지금의 복음의 능력은 무엇인가? 외적인 증거는 무엇인가? 그것은 복음을 증거하면 그 사람이 구원을 얻는다는 것이 가장 큰 능력이요 그리고 구원을 얻은 사람이 어떤 환경 속에서도 굴하지 않고 복음의 말씀으로 사는 것이 복음의 능력인 것입니다.

복음으로 자신이 분명히 서 있으면 두려움이 없습니다. 그것이 복음의 능력입니다. 복음을 증거하면 사람들이 돌아오고 환경이 바뀝니다. 베드로처럼 그렇게 다시 로마로 돌아가 복음을 위해 자신을 버릴 수 없는 복음의 고백만 있다면 우리의 환경은 변하는 것입니다. 그것이 우리를 통해 나타나는 복음의 능력인 것입니다. 문제는 십자가를 지는 삶, 자신을 포기하는 삶을 살지 않기 때문에 복음의 능력은 우리를 통해 나타나지 않는 것입니다.

복음의 능력을 전함으로 행함이 나타나는 것이지 침묵 속에서는 절대 하나님의 능력을 체험할 수는 없는 것입니다. 하나님은 복음으로 사는 자들의 하나님이시지 위선자들의 하나님이 아니기 때문입니다. 바울의 복음전파로 미신과 우상이 무너지고 주의 말씀이 전파되고 힘을 얻게 되었습니다. 여러분, 복음의 힘은 전파함으로 체험할 수 있고 행함으로 능력을 발휘할 수 있는 것입니다.

행하지 않고 멈추어 있는 자는 평생 그 자리에 있는 것입니다. 여러분이 이 사실을 알고 새해에는 복음을 따라 행하고 복음을 전함으로 하나님의 능력을 체험하는 풍성한 한 해가 되시기를 바랍니다. 아멘.

제47강

제목: 소명 받은 자의 모습

예수님의 은혜와 평강이 여러분에게 함께하시기를 바랍니다. 오늘 말씀의 제목은 소명 받은 자의 모습입니다. 소명이라는 의미는 calling입니다. 부르심입니다. 부름을 받은 자들을 소명된 자라고 합니다. 성경의 용어로 하나님을 떠났던 인간이 하나님의 은총에 의해 부름을 받고 새로운 사명을 향해 살아가는 것을 소명이라고 합니다. 그러니까 하나님의 백성으로 부름 받고 하나님이 주신 은사를 따라 그 은사를 이용해 하나님을 위해 사는 것이라 볼 수 있습니다.

모든 예수 믿는 사람들은 이 두 가지의 의미로 소명을 받은 것입니다. 다른 말로 쉽게 해석을 하면 구원과 그리고 그 구원에서의 삶입니다. 소명이라는 의미는 두 가지입니다. 하나님의 백성으로 부름을 받고 하나님의 뜻을 이루는 삶이라 볼 수 있습니다. 그 하나님의 뜻을 이루는 삶을 소명 받은 자의 삶이라고 볼 수 있습니다. 그러니까 소명이라는 핵심은 첫째는 하나님의 백성으로 구원을 받아서 둘째는 자기가 하나님으로부터 부여받은 은사를 따라 셋째는 하나님의 말씀을 따라 하나님의 일을 하는 것입니다.

우리는 보통 예수님이 오시기 전에 하나님께 부름을 받고 하나님의 일을 한 자들을 선지자라고 합니다. 곧 소명을 받은 자들입니다. 선지라고 하면 하나님의 뜻을 알아서 하나님의 백성들에게 전해 주는 자들입니다. 그것이 선지자들의 직무입니다. 그리고 예수님이 오신 시대를 신약시대라고 하는데 그 시대에 소명 받은 자들이 있는데 바로 사도들입니다. 사도들은 예수님에게서 복음을 위해 부름을 받은 자들입니다. 그들은 복음을 증거하는 사도로 소명되었습니다.

이제 교회 시대는 모든 자가 예수님을 믿음으로 소명된 자들입니다. 구원을 받았다는 말은 하나님의 소유화된 백성으로 선택이 되었다는 것을 의미합니다. 이전에는 자기의 인생이 자기의 소유여서 자기 마음대로 주장을 하였는데 이제는 자기 인생이 자기 것이 아니라 하나님의 주장에 의해서 하나님의 뜻을 따라 살아야 할 자들로 소유화되었다는 것입니다. 그러니까 소명에서 가장 중요한 것은 자신이 하나님의 것으로 소유화되었다는 사상입니다.

오늘 본문은 예수님의 부르심에 곧 소명자로 부르심에 있어 그들이 취한 소명에 대한 행동이 무엇이었는가 하는 것을 말해 주고 있습니다. 다시 말하자면 소명이라는 것은 하나님의 부르심과 그리고 그 부르심으로 동행하는 것입니다. 하나님의 소유로 부름을 받음 이것이 소명입니다. 예수님의 사역은 제자들을 부르시는 것으로 시작이 되었습니다. 제자들을 통해 하나님의 나라를 증거하도록 하기 위함입니다.

예수님이 게네사렛 호숫가에서 하나님의 말씀을 증거하고 있을 때였습니다. 마침 거기에 시몬이라는 사람이 고기를 잡고 있었는데 그는 밤새 고기를 잡으려고 했으나 고기를 잡지 못했습니다. 그때 예수님은 무리에게 말씀을 가르치는 것을 마치신 다음에 시몬에게 깊은 데로 가서 그물을 내리라고 하였습니다. 베드로는 자기의 경험으로는 고기를 잡을 수 없다는 것을 알고 있었지만 예수님의 말씀에 순종하여 그물을 내렸습니다.

그 결과 그물이 찢어져 올릴 수 없는 정도로 고기를 많이 잡았습니다. 그리고 고기를 너무 많이 잡아 배가 가라앉을 정도가 되었습니다. 베드로는 그 일을 보고 예수님 발 앞에 꿇어 엎드리어 말하기를 "주님 나를 떠나가십시오. 나는 주님을 맞이할 수 없는 죄인입니다."라고 고백을 하였습니다. 베드로는 자기 앞에 서 있는 그분이 하나님의 아들인 것을 알게 되었습니다. 그러자 그는 자신이 죄인이고 그 하나님의 아들 앞에 설 수 없다는 것을 알게 된 것입니다. 구약 레위기를 보면 하나님이 계신 성전에는 누구든지 죄인은 들어갈 수 없는 것입니다. 그러했듯이 지금 베드로는 자신이 죄인이이서 주님 앞에서 살 수 없다는 것을 고백하고 있는 것입니다.

그러자 예수님은 자신이 죄인인 것을 알고 두려워하는 베드로에게 "두려워 말라. 이제부터는 내가 고기가 아니라 사람을 낚는 어부가 되게 할 것이라."고 하시고 나를 따르라고 하였습니다. 곧 주님이 베드로를 소명하신 것입니다. 곧 부르신 것입니다. 예수님의 소명에 베드로는 두말없이 자기의 것을 던지고 자기를 위해 추구했던 삶의 방식을 버리고 예수님의 소명에 순종하였습니다.

주님은 물고기 사건을 통해 자신이 만물을 창조하고 다스리시는 하나님인 것을 증거했고 베드로는 그 주님의 부르심에 자기의 모든 것을 버려두고 주님을 따라갔습니다. 그는 지체 없이 사도로서의 직무를 감당하기 위해 이전의 삶의 방식을 정리해야 했습니다. 그것이 소명된 자로서 취할 행동이었습니다.

우리도 예수님께 소명된 자들입니다. 곧 예수님으로부터 부르심을 받은 자들입니다. 우리는 그 부르심에 응답해서 지금 하나님의 백성이 되었습니다. 곧 소명된 자들입니다. 곧 하나님의 백성으로 부름을 받은 자들입니다. 그러면 하나님의 우리를 왜 부르셨는가? 우리를 소명시킨 이유가 무엇인가입니다.

그것은 하나님의 백성으로 살도록 하기 위합니다. 그렇다면 각자가 하나님의 소명에 응답하는 삶이 무엇인가입니다. 각자 환경도 다르고 은사도 다르고 직무도 다릅니다. 그 은사와 환경과 직무를 따라 우리가 하나님의 소명된 자로 사는 길이 어떤 것인가입니다. 과거에는 이 소명이라는 단어의 의미를 너무 왜곡하거나 축소해서 설명을 한 나머지 많은 부작용을 낳았습니다. 60~70년대만 해도 예수 믿는 자의 소명이라고 하면 전부 목회자가 되는 것이었습니다.

목회자가 되는 것이 유일한 소명이었기 때문에 성도의 구원과 삶에 대해서는 이원론이었습니다. 그때는 조금만 신앙이 좋으면 무조건 신학하라는 것이 인사였습니다. 오직 목회자가 되어야만 소명 받은 걸로 알았기 때문입니다. 그러나 성경은 모든 자가 하나님께 소명을 받았다고 말하고 있습니다. 각자의 자리와 각자의 환경과 각자의 은사로 직무로 소명을 받은 것입니다. 그러니까 소명 받은 직무와 은사에 따라서 소명 받은 자의 삶의 모습이 달라지는 것입니다.

베드로는 예수님의 부르심에 자기의 모든 직업을 버려두고 예수님을 좇았습니다. 그는 사도로 부름을 받았기 때문에 사도의 직무를 감당하기 위해 그 직업을 버려야 하는 것입니다. 사도의 직무는 말씀을 증거하는 직무입니다. 그 말씀의 증거를 통해 하나님이 먹이시고 살리실 것입니다. 그러니까 이 본문을 읽고 예수 믿는 사람들이 직업을 버려두고 예수님을 증거하는 전도의 일만 하라는 것은 아닙니다.

소명 받은 자의 삶이라는 것은 부름 받은 환경에서 부름 받은 직무에서 부름 받은 은사를 따라 하나님의 뜻을 이루는 삶을 말합니다. 곧 먹든지 마시든지 무엇을 하든지 그 일이 하나님의 영광을 위해서 하는 것입니다. 자녀를 키워도 이 자녀를 키워 돈을 많이 벌게 하고 건강하게 하고 사회적인 명성을 얻게 하고 그렇게 해서 내가 영광을 취하여야겠다는 것이 아니라 어떻게 하면 주님을 위해 최선의 내 인생을 투자할 수 있을 것인가를 생각하는 것입니다. 어떻게 하면 효과적으로 주님을 위해 내 인생을 투자할 것인가 하는 데서 공부도 하고 돈도 벌고 직장도 갖고 그래야 한다는 것입니다.

그것이 아니라 자기의 편리를 위해 직장을 갖고 공부를 하는 것은 주님의 나라와 아무런 상관이 없는 것입니다. 어떻게 하면 자신의 삶을 주님께 효과적으로 드릴 수 있는 것인가 하는 대로 자라 가야만이 소명 받은 자로 성공적인 삶을 살 수 있는 것입니다. 사회구조에서는 효과를 내지 않는 조직은 도태되고 살아남지 못합니다. 하나님 나라도 마찬가지입니다. 그 사람이 얼마나 주님을 위해 많은 일을 하고 있는가가 아니라 그 사람이 얼마나 자신의 삶을 주님을 위해 효과적으로 투자하고 있는가가 중요하다는 것입니다.

주님과 같이 거닐고 주님과 같이 생각하고 주님과 같이 일하고 이 삶이 바로 소명 받은 자의 삶이 되는 것입니다. 자신의 모든 삶의 의미와 그리고 추구하는 것이 주님과 별개가 아니라 어떻게 하면 주님을 기쁘게 할 것인가? 어떻게 하면 주님의 몸 된 교회를 세울 것인가? 자신을 주님을 위해 가장 효과적으로 드릴 수 있는 생각과 그리고 삶으로 나아가는 것이 우리가 소명으로 사는 것이고 하나님은 그런 자들을 복 주시고 인도하시고 승리하게 할 것입니다.

소명 받은 자들은 믿음의 고민이 있어야 합니다. 배부른 돼지가 아니라 배고픈 사람으로서의 고민과 같은 그런 믿음의 고민이 있어야 한다는 것입니다. 자신이 무엇을 하든 무슨 은사를 가지고 있든 어떤 환경에 있든 그 자리에서 주님이 그 자리에 세우신 이유를 알고 고민하고 그곳에 하나님이 자신을 세우신 뜻을 따라 자신을 헌신하는 삶 이것이 소명 받은 자의 바른 모습인 것입니다. 그런 자가 바로 양으로 사는 삶인 것입니다. 그 사람이 바로 복 있는 사람이고 승리하는 사람인 것입니다.

베드로가 그런 사람입니다. 주님이 불렀을 때 자신의 모든 것을 버리고 소명 받은 자의 삶을 살았습니다. 여러분이 주님을 위해 포기해야 할 것들이 무엇인가? 주님과 나 사이에서 고민만 하고 있지 않는 것인가? 주님을 위해 자신의 인생을 가장 효과적으로 드리는 삶이 소명 받은 자의 삶이고 주님을 위해 자신을 가장 많이 포기하는 삶이 가장 하나님 나라에 영광으로 나타나는 삶이 되는 것입니다.

여러분 모두가 이 소명자로 여러분의 인생을 주님을 위해 가장 효과적으로 드리는 것에 고민하고 아파하고 그런 주님의 흔적으로 사는 자들이 되기를 바라고 그리고 주님을 위해 여러분의 것을 항상 포기하는 그런 소명자의 삶을 살아 베드로처럼 승리하는 자들이 되기를 바랍니다. 아멘.

제48강

제목: 주님을 따르는 제자의 도

예수 그리스도의 은혜와 평강이 이 시간 여러분에게 함께하시기를 기원합니다. 오늘 말씀의 제목은 주님을 따르는 제자의 도입니다. 다른 말로 하면 예수님을 믿는 자들이 어떻게 어떤 모습으로 예수님을 따라갈 것인가? 주님을 닮아서 주님 앞에 갈 때까지 어떤 모습으로 살 것인가 하는 것입니다. 주님을 따르는 자들의 삶의 형태를 말한다고 볼 수 있습니다.

그 형태라고 하는 것은 하나의 폼인데 삶의 모양 또는 모습입니다. 주님이 원하는 모습으로 살 것인가입니다. 그 모습 안에서 사고와 가치와 삶의 습관과 행동이 포함되어 있습니다. 오늘 본문의 핵심은 주님을 따르는 도는 낮아져 섬기는 것입니다. 높아지려고 함으로 높아지는 것이 아니라 낮아짐으로 높아지는 것입니다. 그것이 주님을 따르는 길이요 하나님 나라의 삶의 법칙인 것입니다.

사람은 거의 자신으로 굽어져 있습니다. 그러니 거의 영광을 구하고 자기의 이익을 추구하는 데로 나아갑니다. 세상의 법칙은 낮아지고 자기의 것을 양보하고 겸손히 섬김으로 높아지는 것이 아니라 자기의 것을 절대로 놓지 않고 상대방을 이겨 내 높아지는 것입니다. 이것이 세상의 법칙입니다. 이익을 따라 움직이는 것입니다. 사상가인 한비자라는 사람이 이러한 말을 했습니다. 사람의 행동의 모티브는 의리나 애정이나 정이 아니라 자신의 이익이다.

그 이익 안에는 인간의 모든 영광이 다 포함되어 있습니다. 오늘 본문은 두 가지를 대비시켜 주님을 따르는 자들의 모습에 대해 말씀하고 있습니다. 예수님이 하나님 나라의 왕으로 예루살렘을 입성하시기 전에 제자들에게 가르치시기를 내가 예루살렘에 들어가면 제사장과 서기관과 이방인들이 나를 붙잡아 십자가에 매달아 죽일 것이다. 그러나 삼 일 만에 살아나리라 하셨습니다.

예수님이 예루살렘에 들어가는 목적은 하나님의 뜻을 이루기 위함입니다. 그 목적은 죄의 세계를 끝내고 하나님의 나라를 세우기 위해서입니다. 하나님의 나라를 세우는 것이 예수님이 예루살렘에 들어가는 목적입니다. 그런데 예수님은 그 목적을 이루는 수단으로 자신이 십자가에 죽는다는 것이었습니다. 이것이 제자들이 이해하기 어려운 내용이었습니다. 그들은 조상 대대로 보고 들어온 것이 있는데 어떤 유명한 하나님의 사람이 나타나서 나라를 세울 때 적군을 죽이고 자신은 살아서 나라를 세운 것은 보았어도 자신이 낮아져 섬기고 자신을 욕하는 자들을 위해 십자가에 매달려 죽어서 나라를 세운다는 것을 보지 못했기 때문입니다.

나라를 세우는 장군이 죽어서는 나라를 세울 수 없고, 적병을 죽이지 않고서는 나라를 세울 수 없는 것입니다. 구약성경 여호수아 10장 12절부터를 보면 아모리 사람과의 전투장면이 나오고 있습니다. 그 유명한 태양을 멈추게 하고 싸운 전투에 대한 기록입니다. 여호와께서 아모리 사람을 이스라엘 손에 넘기셨습니다. 여호와께서는 여호수아 장군의 기도를 들으시고 태양이 넘어가는 것을 멈추게 하고 굴에 숨은 이스라엘의 대적인 다섯 왕과 그리고 모든 군사를 다 쳐서 죽였습니다.

그리고 죽은 왕들을 잡아 나무에 매달아 두었습니다. 그렇게 함으로써 여호수아 장군은 이스라엘 나라를 가나안 땅에 세웠습니다. 이 사실을 예수님의 제자들이 알고 있습니다. 이전에 어떤 사람도 나라를 세우고자 하는 리더가 죽어서는 나라를 세울 수가 없었습니다. 그런데 예수님은 자신이 자기 백성을 위해 낮아지고 섬기고 결국은 자기 백성의 죄를 담당하고 죽어서 다시는 망하지 않는 하나님의 나라를 세울 것이라고 가르쳤습니다. 이 예수님의 가르침은 예수님이 죽으시고 부활하기 전까지는 그 누구도 이해할 수 없는 말씀이었습니다.

그러니까 구약의 장수들과는 다르게 낮아지고, 섬기고, 자신이 결국에는 십자가에 매달려 죽어서 나라를 세운다는 것입니다. 예수님의 이런 가르침을 이해하지 못했던 베드로는 깜짝 놀라서 예수님이 죽으면 모든 것이 물거품으로 돌아갈 것인데 그렇게 할 수는 없는 일이라고 예수님이 십자가를 지지 말 것을 권하고 있습니다. 그러자 예수님이 네가 하나님의 일을 생각하지 아니하고 사람의 일을 생각하는 사단이라고 책망을 하였습니다.

그리고 나서 오늘 본문은 이렇게 자신이 낮아져서 섬겨서 그리고 결국은 자기 백성의 죄를 위해 자신의 몸을 십자가에 매달아 죽어서 세울 나라에서는 어떠한 모습으로 주님을 따라서 살아야 할 것인가를 말씀하십니다. 또한 그 나라에서는 어떻게 살아야 높아지는 것인가도 가르치고 있습니다. 천국의 나라에서 살아가야 할 삶의 모습을 말해 주고 있습니다. 삼국지를 보면 제갈공명이 싸움에 이기면 반드시 보상을 해 주고 있습니다.

싸움에서 공을 세운 장수들은 직급을 올려 주고 상을 주고 그리고 모든 장수들에게 잔치를 해 주는 것을 볼 수 있습니다. 가까운 장수들은 그 영광을 같이 나누어 가집니다. 이스라엘 나라도 마찬가지입니다. 다윗과 사무엘하를 보면 전쟁에서 승리하면 공과에 따라 상을 베풀고 있습니다. 나라를 세울 때 큰 공을 세운 사람들은 그 공에 맞는 직급과 상을 줍니다.

그러니까 지금 제자들은 두 가지의 사상에 사로잡혀 있습니다. 첫째는 예수님이 나라를 세우기 위해서 죽어서는 안 된다는 것이고, 그래서는 결코 하나님의 나라를 세울 수가 없다는 것입니다. 그들은 메시아가 죽어 나라를 세운 것을 보지 못했던 것입니다. 둘째는 나를 세우고 나면 예수님을 따랐던 자들인 자신들에게 영광의 자리를 보장받을 수 있다는 것이었습니다. 남을 섬기고 하는 노예가 아니라 남의 위에 군림하고 다스리는 그런 자리를 원하고 있었습니다.

세상이나 이스라엘이나 섬기는 자는 낮은 자고 높은 자는 군림하고 섬김을 받는 것입니다. 그러니까 우리는 세베대의 아들인 야고보와 요한의 부탁을 아주 형편이 없는 사람들이라고 비방할 수 없다는 것입니다. 그들의 주장이 지극히 타당한 것입니다. 그들은 그러한 사고를 가졌고 그러한 삶을 살아왔기 때문입니다. 그러자 예수님을 그들에게 내가 어떻게 나라를 세울 것인가를 그렇게 말해도 알아듣지 못하느냐 하셨습니다.

그리고 예수님이 말씀하시기를 너희들은 너희들이 나에게 원하는 그것이 무엇인지를 모르고 있다고 하셨습니다. 다른 말로 바꾸면 너희들에게 나에게 구하여야 할 것이 무엇인지를 모르고 구한다는 것입니다. 또 다른 말로 너희들이 구하는 것을 나는 줄 수 없다는 의미입니다. 그들은 예수님의 제자입니다. 그들은 예수님이 누차 옛날 방식으로 하나님의 나라를 세우는 것이 아니라 이전과는 다르게 하나님의 아들인 자신이 세상 죄를 위한 대속물로 자신을 낮추고, 섬기고, 죽음을 통해 다시는 죄가 지배되지 않는 하나님의 나라를 만들겠다고 가르치셨습니다.

예수님이 세우는 나라는 이전에 다윗과 모세와 여호수아가 세웠던 가나안의 나라가 아니라 다시는 죽음이 없는 하나님의 나라입니다. 그리고 그 나라는 다윗과 모세와 여호수아와 같은 방법이 아니라 자신을 십자가에 죄의 값으로 내어 줌으로 세울 것입니다. 이 나라는 죽음이 없는 하늘나라요 영생의 나라입니다. <u>그러니 그들은 나라를 구하되 높아지는 나라가 아니라 낮아져서 높아지는 나라를 구하여야</u> 할 것입니다.

우리도 "어떻게 하면 주님의 길을 갈 수 있습니까." 그렇게 물어보아야 했을 것입니다. 그런데 그들은 지금 다윗과 같은 높아짐의 나라 군림의 나라를 구하고 있는 것입니다. 이 나라를 주님이 주실 나라의 영광이 아닌 것입니다. 이제 주님의 나라는 자신이 낮아지고 섬기고 죽고 하는 자가 높아지는 나라입니다. 하나님이 천국의 나라를 그렇게 만드셨고 천국의 삶의 법칙이 그렇게 되게 하였습니다.

그들이 높아지는 나라를 구하였을 때 예수님은 그들에게 너희들이 내가 마시는 잔을 마실 수 있으면 내가 받는 세례를 받을 수 있느냐

하였습니다. 마시는 잔은 고난의 잔이요, 세례는 죽음의 세례입니다. 세례는 속함의 표입니다. 그가 죽음에 속한다는 것입니다. 그러자 그들은 예수님의 질문에 그렇다고 답하였습니다. 그러자 너희들이 나와 같이 잔을 마시고 죽음의 길을 간다고 할지라도 하늘나라의 영광을 주는 분은 하나님의 소관이라고 말씀하셨습니다.

지금 아들이 하는 일은 아버지의 뜻을 이루는 역할입니다. 아들을 따라 동행을 하는 자들의 상은 아버지께서 주실 것입니다. 세베대의 아들들이 장차 주님의 세울 나라의 영광을 구하자 그들은 역시 높아짐의 영광을 따라 화를 냈습니다. 당신들이 다 장관을 차지하면 우리는 뭐란 말인가? 그때 예수님을 세상나라의 관리들은 약한 자들을 섬기는 것이 아니라 권세로 내리누르고 고관들도 세도를 부린다.

그것이 세상나라의 법칙이다. 그러나 내가 세운 하나님의 나라에서는 높은 자리에 있는 자일수록 세상나라와는 반대로 자신을 비어 낮추고 연약한 형제를 섬기고 약한 형제의 종이 되어야 그 나라에서는 높임을 받을 수 있다고 가르치셨습니다. 왜냐하면 주님이 세상 왕들과는 다르게 다윗과는 바르게 자신이 하나님의 뜻을 따라 낮아져 죽기까지 섬김으로 하나님이 자신을 하늘의 영광의 자리에 높이셨기 때문입니다.

그러나 하늘나라에 높아지는 비결은, 하늘의 상을 받는 비결은, 자신의 목숨을, 자신의 육신을 자신의 마음을 자신의 물질을 주님을 위해 내어놓는 삶입니다. 자신을 철저하게 부인하기 전에는 하늘의 능력으로 사는 비결이 없는 것입니다. 하늘의 법칙은 아들처럼 자신을 하나님위해 내어놓고 낮아지고 섬기며 자기 목숨을 초개와 같이 하나님을 위해 버릴 때 그는 하나님 앞에서 높아질 것이요, 천국의 법칙으로 사는 자가 될 것입니다.

바로 이자가 주님을 따르는 제자의 도로 사는 자들입니다. 이렇게 여러분도 천국의 법칙으로 낮아지고 섬기고 죽음을 초개같이 버려 하나님의 뜻에 순종함으로 제자의 도를 바르게 걸어가는 자들이 되기를 바랍니다. 아멘.

김두흠

대불대학교 사회복지학과 졸업
개신대학원대학교 졸업
U.S.A. Bethany 신학대학원 종교교육학 석사
U.S.A. California(I.T.S.C) 박사(D.Min)
U.S.A. Shepherd University 박사(Th.D)

한국어린이선교원신학교 교수
Holy People University General Education
In The Field of Education Church Professor
바울선교신학연구원 교무처장 및 교수
한국국제 기아대책기구 전주지역 이사
법무부 보호관찰위원(목회자 협의회)
지방분권신문사 전남·북 총괄 지국장
전주 새힘교회 담임목사(합동)
한민대학교 전주학습관 관장(교수)

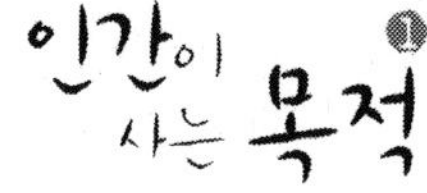

초판인쇄 | 2010년 10월 11일
초판발행 | 2010년 10월 11일

지 은 이 | 김두흠
펴 낸 이 | 채종준
펴 낸 곳 | 한국학술정보㈜
주   소 | 경기도 파주시 교하읍 문발리 파주출판문화정보산업단지 513-5
전   화 | 031) 908-3181(대표)
팩   스 | 031) 908-3189
홈페이지 | http://ebook.kstudy.com
E-mail | 출판사업부 publish@kstudy.com
등   록 | 제일산-115호(2000. 6. 19)

ISBN   978-89-268-1197-9 04230 (Paper Book)
        978-89-268-1198-6 08230 (e-Book)
        978-89-268-1195-5 04230 (Paper Book set)
        978-89-268-1196-2 08230 (e-Book set)

이담 Books 는 한국학술정보(주)의 지식실용서 브랜드입니다.

이 책은 한국학술정보(주)와 저작자의 지적 재산으로서 무단 전재와 복제를 금합니다.
책에 대한 더 나은 생각, 끊임없는 고민, 독자를 생각하는 마음으로 보다 좋은 책을 만들어갑니다.